シリーズ
繰り返す自然災害を知る・防ぐ

古今書院

シリーズ繰り返す自然災害を知る・防ぐ
刊行にあたって

　2005年11月『シリーズ日本の歴史災害　第一巻　手記で読む関東大震災』を皮切りに、全6巻からなるシリーズ日本の歴史災害を古今書院は刊行した。このシリーズの巻頭言で、執筆者でもあり企画者でもある小林芳正京都大学名誉教授は、つぎに引用するようにその趣旨を述べた。今回のシリーズはその趣旨を継承するものである。

　　　　前シリーズ日本の歴史災害　巻頭言より一部抜粋

「天災は忘れたころに来る」という警句は、寺田寅彦のものだといわれている。災害が頻発するので「災害は忘れられないうちに来る」などという人もこの頃はいるようだが、これは取り違えであろう。災害とは、単なる自然現象ではなく、本質的に社会的な現象で、過去の教訓を忘れたときに起こるものだとの戒めだからである。
　この意味で過去の災害の教訓は社会に定着しているだろうか？　われわれは、ほんの少し前の災害の実相も簡単に忘れてしまってはいないだろうか？
　筆者は長年、災害調査・研究に携わってきたが、先人の被災経験が人々にあまり活かされていないことを繰り返し体験してきた。「こんなことはお爺さんからも聞いたことがなかった」というせりふを何度聞かされたことか！
　先祖たちの痛切な体験がたちまち風化して子孫に伝わらないのは悲しいことである。
　科学者の行う災害の分析や理論化は間違っていないとしても、多くの場合、一般市民に訴える力が足りないのではあるまいか？　知識は人々の心に響いてこそはじめて防災力の向上につながる。その意味で、災害研究者としての筆者も、自身の無力を認めざるを得なかった。そして「理論としての防災知

識」を「実感できる防災知識」に脱皮させる必要を感じてきた。それはいつか自分がやらなければならないと考えてきた。

「シリーズ日本の歴史災害」はこのような意図から生まれたものである。そのきっかけは、筆者がかつて奈良県十津川村を訪ねて明治22年の大水害その記録「吉野郡水災誌」に接したときにさかのぼる。これこそこのような力を持った文書だと直感した。事実としての災害経過の記述の中から災害の生々しい実態がひしひしと伝わってきたからである。これはぜひ多くの人々に見てほしいと思った。

　全6巻のこのシリーズは、第1巻「昭和二年北丹後地震」（蒲田文雄著）
　第2巻「十津川水害と北海道移住」（蒲田文雄・小林芳正著）　第3巻「濃尾震災」（村松郁栄著）第4巻「磐梯山爆発」（米地文夫著）　第5巻「手記で読む関東大震災」（武村雅之著）　第6巻「昭和二八年有田川水害」（藤田崇・諏訪浩編）が刊行された。

　つづく第二弾として、先の巻頭言で述べられた趣旨をどういうかたちで実現したらよいか、そのような課題をかかえていた矢先、津波防災の研究者であり体験に基づく啓蒙者としていくつもの著書のある山下文男先生が、趣旨にぴったりの原稿を用意して現れた。もちろん先のシリーズがあったからこそであるが、山下先生との意見交換もして、先のシリーズの趣旨を継承しつつ、また反省も踏まえ、新たに今回のシリーズを立ち上げることにした。

　自然災害と防災に関する本は多くあるが、古今書院では、「自然災害を知る・防ぐ」（大矢雅彦・木下武雄・若松加寿江・羽鳥徳太郎・石井弓夫著1989年4月刊、第二版は1996年10月刊）があった。この本の初版には伊勢湾台風のときに高潮災害の範囲を予測した「木曽川流域水害地形分類図」が添えられて、版を重ねた。この本そして、この書名は、早稲田大学総合科目を担当なさった著者たちのコミュニケーションから生まれものだが、その趣旨は、「自然災害から身を守るには、国任せばかりでなく、一人ひとりの防災知識が身を守る。ハードな防災対策でなく、ソフトな防災をまず個人レベルで身につけよう」という一貫した主張を通したものであり、いま、盛んに叫

ばれている「安心・安全の…」標語や「防災教育」などの言葉がまだ盛んになる前のことであった。

　今回のシリーズは、これらを踏まえて、自然災害にたいする心構えをどう育成するか、その教材として過去の災害にテーマを求めている。これまで多くの自然災害に関する調査研究がなされてきた蓄積を活かして、繰り返される自然災害にどう対応したらよいか。先のシリーズの趣旨に加え、「自然災害を知る・防ぐ」の趣旨をも合わせて構成し、ここに「シリーズ繰り返す自然災害を知る・防ぐ」全9巻を刊行する次第である。

　　　　　　　　　　　　　　　　　　　　　　　　　古今書院編集部

噴火の土砂洪水災害
― 天明の浅間焼けと鎌原土石なだれ ―

井上公夫著

シリーズ
繰り返す自然災害を知る・防ぐ
第5巻

古今書院

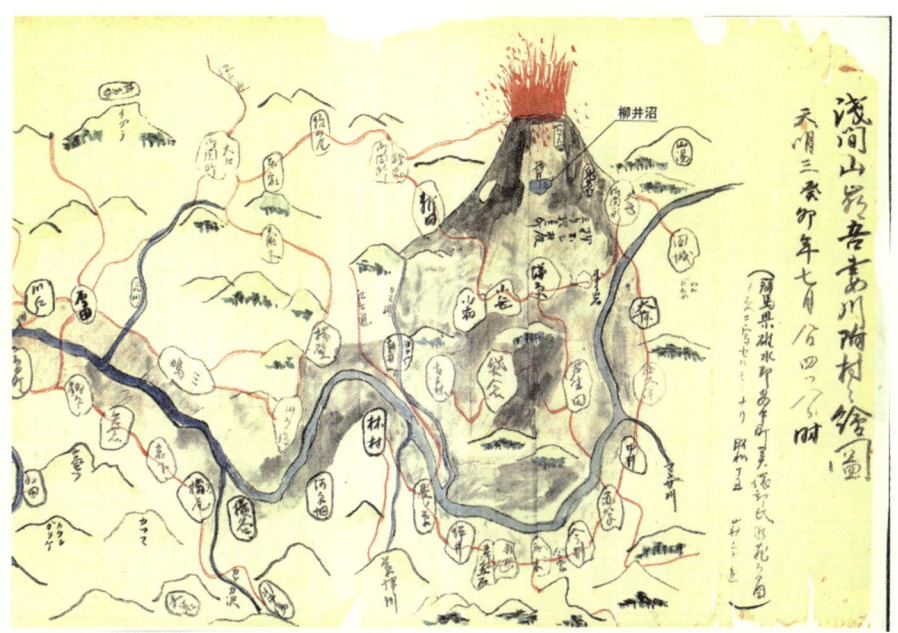

カラー口絵 1　浅間山嶺吾妻川村々絵図（美濃部明夫氏所蔵、萩原進氏模写）

カラー口絵 2　吾妻川筋被害絵図（飯島栄一郎氏所蔵）

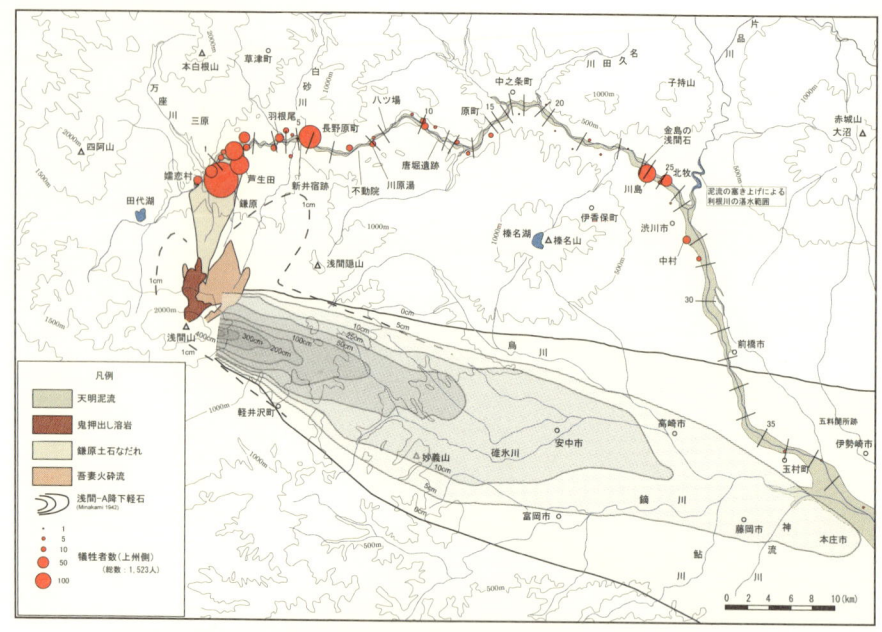

カラー口絵3　天明三年浅間山噴火に伴う堆積物と犠牲者の分布図
（古澤, 1997, 国土交通省利根川水系砂防事務所, 2004をもとに作成）

カラー口絵4　土石なだれに襲われた鎌原村（想像図）
（群馬県土木部中之条土木事務所, 1997a）

カラー口絵 5
鎌原土石なだれが吾妻川になだれ落ちるようす（想像図）（群馬県土木部中之条土木事務所, 1997a）

カラー口絵 6
観光地としても有名な鎌原観音堂

カラー口絵 7
延命寺の発掘調査（嬬恋村教育委員会, 1994）

カラー口絵8　南西側上空からみた浅間山（群馬県土木部中之条土木事務所，1997a）

カラー口絵9　群馬県の天然記念物「金島の浅間石」
　　　　　　（2009年撮影）

カラー口絵10　伊勢崎市戸谷塚にある供養地蔵（2009年撮影）

はじめに

　浅間山（標高 2,568 m）が天明三年（1783）に大噴火した被害の状況は、大量の史料や絵図に描かれており、非常に多くの調査研究がなされている。そのなかでも、荒牧重雄先生と萩原進先生の研究が特筆に値する。荒牧（1968）によれば、天明噴火は和暦の四月九日（新暦の5月9日）に始まり、連日のように多量の降下軽石（浅間A軽石）を噴出し、関東地方に重大な社会的混乱を引き起こした。噴火の最末期の七月七日（8月4日）に吾妻火砕流、七月八日（8月5日）には鬼押出し溶岩流と鎌原火砕流が噴出した。

　この鎌原火砕流には、堆積物の構成や状況からいくつもの意見があり、火砕流・熱雲・岩屑流・岩なだれ・土石なだれなどと命名されてきた。筆者は「鎌原土石なだれ」と命名した。本書では最初は「鎌原」と呼ぶことにする。

　「鎌原」は、浅間山北麓の鎌原村（高台にあった観音堂にいた人や鎌原の外にいた人のみ助かる）を埋没させた後、吾妻川に流入して「天明泥流」となり、吾妻川や利根川沿いに大規模な災害を引き起こした。

　この一連の土砂移動現象は、100km 以上も下流まで続いており、浅間山で発生した他の噴火現象とはかなり異なっている。天明泥流は吾妻川・利根川を流下し、利根川河口と江戸川河口まで達した。

　被害者数にも諸説がある。気象庁の「日本活火山総覧（第2版）」（1991作成, 1996発行）では、死者・行方不明者 1,151 人であるのに対し、群馬県立歴史博物館（1995）の第 52 回企画展「天明の浅間焼け」では 1,502 人、国土交通省利根川水系砂防事務所（2004）では 1523 人と集計している。この数値は気象庁（1991, 2005, 第3版）より3割も多い。

　表紙写真は天明噴火の状況を示した鳥瞰図である。「鎌原」の分布範囲を見て頂きたい。このような分布は山頂噴火で形成されるのであろうか。筆者は日本各地の 500 年前以降の地震・火山・降雨による大規模土砂災害の事

例調査・研究を継続して行っている（井上，2006b，井上・向山，2007など）。浅間山の天明噴火による土砂災害については、1992年から古文書・絵図の分析や現地調査を継続し、分布や堆積状況がかなり明確となったので、「鎌原」が中腹噴火した可能性を指摘した（山田・他，1993a,b，井上・他，1994，井上，2004，小菅・井上，2007）。

　火山研究者による天明噴火時の噴火メカニズムの調査は進んだが、一番被害の大きかった「鎌原」以降の土砂移動については、あまり触れられていない。2003年版浅間山ハザードマップでも、このことは説明されていない。中央防災会議・災害教訓の継承に関する専門調査会（2006）の『1783浅間山天明噴火』報告書でも、あいまいなままである。

　このままで、浅間山周辺の今後の火山防災対策が議論されて良いのであろうか。1,500人もの住民が亡くなった土砂移動現象の発生・流下・堆積機構を、発生域から利根川・江戸川の河口まで、一連の土砂移動現象としてきちんと議論すべきであろう。

　上記の観点から、本書では「鎌原」と天明泥流について、流下・堆積・被災状況を詳細に説明し、中腹噴火の発生機構について筆者らの独自の説を考察した。この説は火山学会などでは認められておらず、解明すべき問題点が多く残されている。2003年版のハザードマップでは、山頂噴火のみで対応策が図示されている。

　本書で述べた問題点が議論されることにより、浅間山地区のより合理的な警戒・避難対策や土砂災害対策が再検討されることを望みたい。

　本書は荒牧先生や萩原先生など、実に多くの方々と議論をさせて頂いた結果をまとめたものである。

　　　　平成20年11月　　　　　　　　　　　　　　　　　井上　公夫

　昭和62年（1987）4月1日～平成18年（2006）10月1日の平成の大合併によって、多くの市町村の合併が行われ、市町村名が変更になった。本書では、史料との関係などから平成の合併以前の郡・市・町・村名で表現する。表0.1で、現市町村名との関係を確認して欲しい。

表0.1 群馬県における平成合併前後の市町村名の対比

都県	新市町村	よみがな	旧市町村	よみがな
群馬県	前橋市	まえばしし	前橋市	まえばしし
			勢多郡大胡町	せたぐんおおごまち
			勢多郡宮城村	せたぐんみやぎむら
			勢多郡粕川村	せたぐんかすかわむら
	高崎市	たかさきし	高崎市	たかさきし
			群馬郡春名町	ぐんまぐんはるなまち
			群馬郡倉渕村	ぐんまぐんくらぶちむら
			群馬郡箕郷町	ぐんまぐんみのごうまち
			群馬郡群馬町	ぐんまぐんぐんままち
			多野郡新町	たのぐんしんまち
	桐生市	きりゅうし	桐生市	きりゅうし
			勢多郡新里村	せたぐんにいさとむら
			勢多郡黒保根村	せたぐんくろほせむら
	伊勢崎市	いせざきし	伊勢崎市	いせざきし
			佐波郡赤堀町	さはぐんあかほりまち
			佐波郡東村	さはぐんあずまむら
			佐波郡境町	さはぐんさかいまち
	太田市	おおたし	太田市	おおたし
			新田郡尾島町	にったぐんおじままち
			新田郡新田町	にったぐんにったまち
			新田郡藪塚本町	にったぐんやぶつかほんまち
	沼田市	ぬまたし	沼田市	ぬまたし
			利根郡白沢村	とねぐんしらさわむら
			利根郡利根村	とねぐんとねむら
	渋川市	しぶかわし	渋川市	しぶかわし
			勢多郡北橘村	せたぐんきたたちばなむら
			勢多郡赤城村	せたぐんあかぎむら
			北群馬郡子持村	きたぐんまぐんこもちむら
	藤岡市	ふじおかし	藤岡市	ふじおかし
			多野郡鬼石町	たのぐんおにしまち
	富岡市	とみおかし	富岡市	とみおかし
			甘楽郡妙義町	かんらぐんみょうぎまち
	安中市	あんなかし	安中市	あんなかし
			碓井郡松井田町	うすいぐんまついだまち
	みどり市	みどりし	勢多郡東村	せたぐんあずまむら
			新田郡笠懸町	にったぐんかさかけまち
			山田郡大間々町	やまだぐんおおままち
	多野郡神流町	たのぐんかんなまち	多野郡万場町	たのぐんまんばまち
			多野郡中里村	たのぐんなかさとむら
	吾妻郡東吾妻町	あがつまぐん ひがしあずままち	吾妻郡東村	あがつまぐんあずままち
			吾妻郡吾妻町	あがつまぐんあずままち
	利根郡みなかみ町	とねぐんみなかみまち	利根郡月夜野町	とねぐんつきよのまち
			利根郡水上町	とねぐんみなかみまち
			利根郡新治村	とねぐんにいはるまち

埼玉県・栃木県・茨木県・東京都・千葉県・長野県の市町村は省略
昭和62年（1987）4月1日から平成18年（2006）10月1日までの実績

目　次

はじめに

第 1 章　浅間山の噴火　　1

1　寺田寅彦の浅間山観察　　1
2　浅間山の地質図　　2
3　三重構造の火山　　3
　（1）　黒斑火山　　3
　（2）　仏岩火山　　4
　（3）　前掛火山　　5
4　繰り返される大規模噴火　　7
5　天仁元年（1108）の噴火　　10
　（1）　どのような規模の噴火だったのか　　10
　（2）　天仁噴火の堆積物はどこにあるか　　11
　（3）　噴火の影響　　12
6　天明三年（1783）の噴火　　13
7　天明噴火の経緯を記録した史料　　15
　（1）　噴火の開始　　20
　（2）　四月（5月）〜六月（7月）　　21
　（3）　最後の 4 日間　　22
　（4）　吾妻火砕流の流出　　23
8　天明噴火の火山噴出物に記録された噴火現象　　24
　（1）　降下火砕堆積物　　24

	(2) 火砕丘の形成	26
	(3) 吾妻火砕流堆積物	27
	(4) 鬼押出し溶岩流	28
	(5) 鎌原火砕流／岩屑なだれ堆積物、「鎌原」	29
	(6) 噴火の経過と現象の火山学的考察	31
コラム1	「天明三年浅間焼け」を扱った小説	33

第2章　鎌原土石なだれ　　34

1	「鎌原」の名称の変遷	34
2	浅間山山麓の鎌原土石なだれ	40
	(1) 浅間石（長径5m以上の本質岩塊）は3000個以上	40
	(2) 鎌原土石なだれの堆積量は4700万 m^3	44
	(3) 鬼押出し溶岩流の地質調査	49
3	史料・絵図による鎌原土石なだれの記載	50
	(1) 鎌原土石なだれの発生と鎌原村の被災状況	52
	(2) 鎌原土石なだれの流下状況	56
コラム2	根岸九郎左衛門鎮衛『耳嚢(みみふくろ)』にみる鎌原村の復興	58
コラム3	蜀山人書「大笹駅浅間碑」	59
4	鎌原村での発掘調査	60
	(1) 鎌原村の概要	60
	(2) 十日ノ窪の発掘	61
	(3) 鎌原観音堂の発掘	61
	(4) 延命寺の発掘	62
	(5) 発掘調査からわかったこと	63
コラム4	天明災害の「信州浅間嶽下奇談」	64
5	鎌原土石なだれの発生・流下機構の問題点	65
	(1) 鎌原土石なだれの発生機構に関する問題点	65
	(2) 荒牧（1993a, 第4刷, 2001）のメモ	65

（3）鎌原土石なだれの発生・流下機構についての問題提起　　66
　　　（4）鎌原土石なだれの発生機構の仮説　　68
　　　（5）今後の調査計画の提案　　70
　コラム5　天明大飢饉の原因？―もう一つの大噴火―　　71

第3章　天明泥流　　72

　1　吾妻川沿いの天明泥流と土砂災害　　72
　　　（1）吾妻川の上流地域　　74
　　　（2）吾妻川の中流地域　　87
　　　（3）吾妻川の下流地域　　94
　コラム6　人助けの「へだまの木」　　98
　2　主な地点の流下断面と泥流到達時間　　100
　　　（1）吾妻川の塞き上げ区間より上流　　102
　　　（2）八ツ場付近の塞き上げ区間　　104
　　　（3）塞き上げ区間より下流　　105
　　　（4）中之条〜利根川合流点付近　　105
　3　利根川沿いの泥流・洪水　　106
　　　（1）利根川合流点の直下流付近　　106
　　　（2）前橋付近　　108
　　　（3）烏川合流点より利根川中流まで　　110
　　　（4）利根川中流から利根川河口付近　　114
　　　（5）江戸川を流下した泥流・洪水　　117
　4　天明泥流の流下特性　　118
　　　（1）大量の本質岩塊を含む流れ　　119
　　　（2）天明泥流中の水の起源　　121
　　　（3）吾妻川の下流では流されても助かった人がいた　　122
　　　（4）天明泥流の流下形態の水理学的検討　　125

第4章　長野県側の天明噴火に伴う土砂災害　128

1　長野県側から描かれた浅間山の噴火　128
2　降灰・砂礫による東麓・南麓の被害　132
3　浅間山南麓における泥流の発生　134
コラム7　南麓における中腹噴火（？）－金沼村の「陥没」現象　136

第5章　慰霊碑でたどる災害跡と救済復興事業　138

1　浅間山焼け供養碑和讃（江戸川区東小岩　善養寺）　138
2　天明噴火による被害の集計　139
3　救護と復興　144
　（1）　近隣篤志家による救済　144
　（2）　勘定吟味役・根岸九郎左衛門鎮衛の見分　145
　（3）　細川藩による御救い普請　146
　（4）　前橋陣屋（川越藩）の取り組み　147
　（5）　伊勢崎藩の取り組み　148
4　天明騒動と天明大飢饉　149
　（1）　天明騒動　149
　（2）　天明大飢饉の発生・激化　151
5　長期間にわたった利根川の洪水災害　152
　（1）　天明泥流による河床上昇と洪水の発生　152
　（2）　長期にわたる洪水被害の増加　153
6　吾妻川沿いの天明災害の供養碑　154
　（1）　嬬恋村鎌原観音堂　154
　（2）　吾妻町・中之条付近　158
　（3）　吾妻川下流付近　159
7　利根川・江戸川沿いの天明災害の供養碑　161
　（1）　前橋付近　161

（2）　烏川・古利根川との合流点付近　　　　　　　162
　　　（3）　江戸川沿い　　　　　　　　　　　　　　　　163
　　　（4）　利根川下流　　　　　　　　　　　　　　　　167

第6章　浅間山の火山防災マップと防災対策　　170

　1　平成7年（1995）版浅間山火山防災マップ　　　　　170
　2　平成15年（2003）版火山防災マップ　　　　　　　171
　3　火山活動度レベルと火山情報　　　　　　　　　　　176
　コラム8　浅間山の火山観測―近代的火山観測の発祥地―　178

あとがき－謝辞　　179

引用・参考文献一覧　　181

　萩原進（1985～95）：『浅間山天明噴火史料集成』の史料一覧　196

第1章　浅間山の噴火

1　寺田寅彦の浅間山観察

　拙著（2006c）では、『天災は忘れられたる頃来る』というコラム6で、寺田寅彦が実際に書いた防災論を紹介した。

　寅彦は浅間山についても多くの論文や随筆を書いている（井上，2008，鈴木堯士，2003）。八木健三（1998）は『寺田博士と浅間山』（岩波書店）に、寅彦と一緒に浅間山に登った時の様子を書いている。昭和8年(1933)の夏、寅彦は東京大学地震研究所付属・浅間火山観測所設立の落成式に招待された。八木は当時旧制第八高等学校の学生で、父（八木貞助・当時飯田高等女学校の校長）とともに同行した。落成式の翌日、地震・火山学者達（石本巳四雄地震研究所所長、坪井忠二、津屋弘達など）と一緒に、浅間山の鬼押出しの火山巡検に行った時の一部始終を『鬼押出しへのエクスカーション』と題して、八高の学寮誌に投稿した。巡検が一段落したところで、休憩所の押出し茶屋の二階で、寅彦を中心に浅間山の熔岩の流れ方などについて、激しい議論が戦わされた。議論の中心は150年前の天明噴火の際、火口から流れ出た岩石の成因についてであった。津屋博士などの火山学者は「グラニュラー（粒状）になって外に出た」と主張したのに対し、寅彦は「あれはリキッド（液状）の状態、つまり溶岩流として流れ出たものだ」と述べ、議論が対立した。火山学者が「岩石の性質からみて、リキッド（液状）の状態で流れて来るほど熔岩の粘性が低いとは疑わしい」と言うと、寅彦は「この付近の傾斜は7〜8度、最大でも15〜20度位だから、グラニュールの状態では自分で転がっては来れない。……誰かこの鬼押出しの内部に行って見た人はありませんかね。実際内に行って見るときっと面白い事にぶつかると思うんだがね」と言っ

た。

　当時から、浅間山の天明噴火について、様々な議論があったことがわかる。

　寅彦は浅間山に関して、以下の随筆などを書いており、インターネット上の図書館、青空文庫（http://www.aozora.gr.jp/）で読むことができる。

　　『軽井沢』（1933年6月，経済往来）
　　『浅間山麓より』（1933年6月，経済往来）
　　『小浅間』（1933年6月，東京朝日新聞）
　　『小爆発二件』（1935年11月，文学）
　　『浅間山小爆発の二例に就て』（1935年，地震研究所彙報）

2　浅間山の地質図

　浅間山は日本を代表する活火山である。威風堂々たる山容は遠く関東平野からも望むことができる。現在の浅間山の姿はどのようにつくられたのであろうか。浅間山については、巻末の引用・参考文献に示したように、荒牧重雄東京大学名誉教授が長年地質調査を続けている。荒牧（1968）に基づき、地質調査所から『浅間山火山地質図』（荒牧，1993b）が発行された。浅間山ハザードマップ検討委員会（2003）は、荒牧説に沿って浅間山の地質や発達史を『浅間火山防災マップ2003年版』で説明している。関係市町村は防災情報を追加して『防災マップ』を全戸に配布した。これらの防災マップは国土交通省利根川水系砂防事務所や関係市町村のホームページからダウンロードできる。

　群馬大学教育学部の早川由紀夫教授は『浅間火山の地質見学案内』（1995）や『浅間火山北麓の2万5000分の1地質図』（2007d）を作成するとともに、自らのホームページで火山関係の多くの情報を公表している。

　表紙写真は天明三年（1783）浅間山噴火の状況を示す鳥瞰図（群馬県中之条土木事務所，1997a）で、国土数値情報の標高データをもとに作成した鳥瞰図である。人工衛星からの画像（Landsat TM Image by NASDA, 1989/Oct./24）と天明噴火の噴出物の堆積状況を重ねたものである。

これらの図や多くの論文をもとに、浅間火山の形成史を振り返ってみよう。

3 三重構造の火山

浅間山（標高2568m）は、烏帽子・湯ノ丸、籠の登、高峰山等、東西に連なる烏帽子火山群の東の延長上に位置し、同じく東西方向に配列する黒斑、仏岩、前掛の3火山から構成されている（カラー口絵8, 図1.1）。

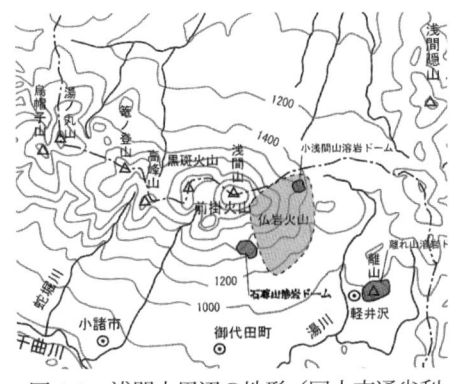

図1.1 浅間山周辺の地形（国土交通省利根川水系砂防事務所, 2004）

(1) 黒斑火山

最も古い黒斑火山（最高点は三ツ尾根山, 標高2455m）は、活動期が2.1万年前から1万年前で、最盛期には標高2800m以上に達する富士山型の成層火山であった。2万数千年前に大規模な山体崩壊が起きて、山体の東側が破壊され、崩れた土砂は南北に広がった（図1.2）。南に流れ下ったものは御代田町塚原付近に多く

図1.2 山体崩壊による土石なだれの流下範囲（荒牧, 1968, 国土交通省利根川水系砂防事務所, 2004）

写真1.1 塚原土石なだれ堆積物
（佐久市塚原）

写真1.2 前橋泥流堆積物の露頭
（前橋市の利根川沿い）

の流れ山を作った。一方、北へ流れたものは長野原町応桑（北軽井沢）付近で流れ山を作った。ここでは「鎌原」と合せて塚原・応桑土石なだれ（国土交通省利根川水系砂防事務所，2004，早川，2007d）と呼ぶことにする（写真1.1）。土石なだれ堆積物は群馬側では前橋泥流（新井，1962）と呼ばれている（写真1.2）。この土石なだれは吾妻川へ流れ込み、中之条盆地から前橋付近まで一気に流れ下った（吉田，2004，吉田・須貝，2005，竹本，2007a,b,c）。

(2) 仏岩火山

約2万年前から1万年前までの期間は珪長質（SiO_2=65〜70wt％）のマグマが活動する時期であった。この時期には離山や小浅間山と呼ばれている溶岩ドームが形成され、大規模なプリニー式噴火が発生した。約1.5万年前には大規模な軽石噴火が発生し、大

写真1.3 仏岩火山の丸みを帯びた山体
（万山望付近から）

量の火砕流や溶岩流を流出した。仏岩火山は約1.3万年前に形成された（写真1.3）。約8km³のデイサイト〜安山岩質マグマが流出した（図1.3）。その後に、白糸降下軽石と呼ばれる降下火砕物が噴出し、白糸の滝を造る軽石

写真 1.4 白糸の滝を構成する軽石層（軽井沢町）

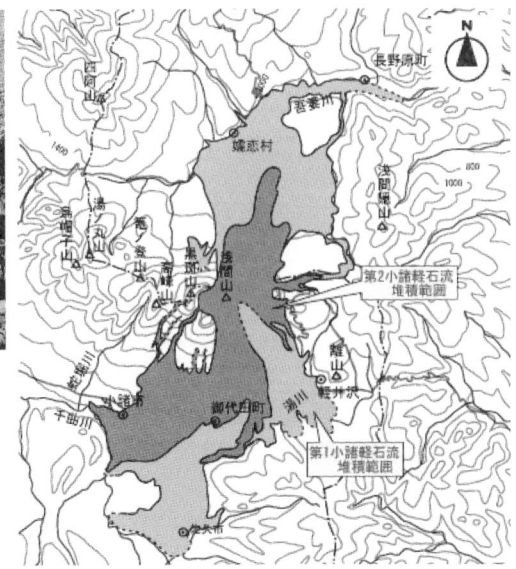

図 1.3 軽石流堆積物の分布（荒牧，1968）
（国土交通省利根川水系砂防事務所，2004）

層を形成した（写真 1.4）。次いで大規模な軽石流噴火・第 1 軽石流が発生した。その後、1.1 万年前にも大規模な噴火が生じ、降下火砕物と第 2 軽石流が噴出した（図 1.3）。早川（2007d）は平原火砕流と呼んでいる。

(3) 前掛火山

前掛火山（標高 2568m）はもっとも新しい山体で、約 8000 年前頃に活動が始まったと考えられている。この時代には数百年に一度の噴火を起こしていた。とくに、約 2500 年前からは、約 700 年周期で大規模なプリニー式噴火を生じた。その最後の 2 回の大規模噴火が、天仁元年（1108）と天明三年（1783）の噴火である（図 1.4）。前掛山は明治時代以降も中・小規模の噴火を繰り返しているため、ほとんど谷らしい谷も発達せず、まさに現在成長中の火山である。

①数万年前(成層火山の成長)

②2万年数千年前(山体崩壊)

③2.0〜1.6万年前(仏岩火山の成長)

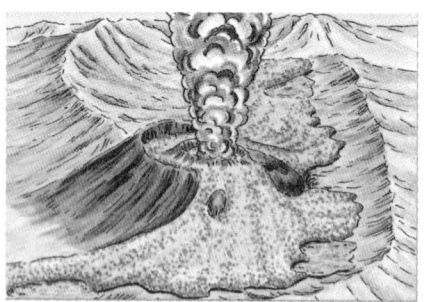
④1.3万年前(大軽石流の流出)

⑤1万年前以降(前掛山の成長)

⑥繰り返される大噴火

図1.4 浅間山の成り立ち
(群馬県・長野県, 1995)

4 繰り返される大規模噴火

　過去 2500 年の間に、浅間山では約 700 年に一回の割合で大規模なプリニー式噴火を起こした。プリニー式噴火とは、大量の降下火砕物（テフラ）が火山ガスとともに、垂直に空高く噴き上げられる烈しい噴火のことである。対流圏を越え、成層圏（地上から 11km）に達するような噴煙柱の発生を特徴とする。浅間山の存在する中緯度地帯の上空では偏西風が卓越しているため、大部分の降下火砕物は火山の東側に厚く堆積することが多い。火山の近くには粒径の大きな火山砂礫が降下し、厚く堆積する。火山から離れるにつれて、粒径が小さくなり、堆積物の厚さは薄くなる。規模の大きな噴火ほど広範囲に堆積する。関東地方のように、西側に富士山や浅間山・榛名山・赤城山などが存在する地域では、繰り返される火山噴火によって、何枚もの降下火砕物（テフラ、火山灰・砂礫）が堆積する。噴火時の風向によっては東側でない方向に流され、堆積することもある。このような降下火砕物は噴火時のマグマの性質によって特徴があり、地学的時間で考えれば極めて短期間に広域に堆積するため、この地域の地形発達史を検討するのに非常に役に立つ鍵層・キーテフラとなる。

　このような鍵層の堆積状況から、火山などの地形発達史を検討する学問をテフロクロノロジー（Tephrocronology）と呼んでいる。浅間山における 2500 年前以降の大規模噴火を表 1.1 に示した。これらの噴火に共通しているのは、大量の火砕物（スコリア・軽石）の噴出、火砕流の発生、溶岩流の

表 1.1　浅間山の代表的なプリニー式噴火

時代	噴火間隔	降下火砕物	火砕流など	溶岩流
古墳時代 （4世紀中頃）		浅間C（As-C）	小滝	丸山 下の舞台
天仁元年（1108）	約750年	浅間B（As-B）	追分	上の舞台
天明三年（1783）	675年	浅間A（As-A）	吾妻 鎌原土石なだれ 天明泥流	鬼押出し

荒牧（1968,93b）：浅間火山地質図等をもとに作成

表1.2 浅間山噴火年表（国土交通省利根川水系砂防事務所，2004，修正）

西暦	和暦	噴火記事	形態	死者	被害等
					685（天武天皇十四）噴火？
1108	天仁元	大噴火	□◎		広範囲の降底砂、田畑大被害。追分火砕流及び舞台溶岩流が火口外に流出。噴出物約30億m³。1281（弘安四）噴火？，1472（応永四）噴火？，1527（大永七）噴火，1528（享禄元）噴火。
1532	享禄四	噴火	☆		噴石は火口の周囲8kmにわたり落下、直径25m以上の「七尋石」が残っている。荒廃は120kmに及びその後の雨とともに積雪が融解・流下し、山麓の道路、人家に被害。なお、この後同年中（天文元年）さらに噴火。
1596	慶長元	噴火		多数	5月1日～5日、噴石のため死者多数、8月19日噴火。1598（慶長三）噴火，1604（慶長九）噴火，1609（慶長十四）噴火，1644（正保元）噴火，1645（正保二）噴火，1646（正保三）噴火。
1648	慶安元	噴火	☆		1m以上の積雪を融解、追分駅を流出、夏にも噴火。
1649	慶安二	噴火			1649（慶安二）噴火，1652（慶安五）噴火。
1652	承応元	噴火			噴火のため山麓焼ける。
1655	明暦元	噴火			1655（明暦元）噴火，1656（明暦二）噴火，1657（明暦三）噴火。
1658	万治元	噴火			鳴動、降砂。
1659	万治二	噴火			鳴動、降砂。1659（万治三）噴火。
1661	寛文元	噴火			年間数回。1704（宝永元）噴火，1706（宝永三）噴火，1708（宝永五）噴火。
1708	宝永五	噴火			江戸に降砂。
1709	宝永六	噴火			広範囲に降灰。1710（宝永七）噴火。
1711	正徳元	噴火			降灰。1717（正徳三）噴火。
1718	享保三	噴火			鳴動。1720（享保五）噴火。
1721	享保六	噴火		15	6月22日噴石のため登山者15名死亡、重傷1名。
1722	享保七	噴火			1722（享保七）噴火，1723（享保八）噴火，1728（享保十三）噴火。
1729	享保十四	噴火			降灰。1231（享保十六）噴火，1732（享保十七）噴火。
1733	享保十八	噴火			噴石。
1754	宝暦四	噴火			夏から秋に数回、降灰のため農作物被害。
1776	安永五	噴火			降灰。
1777	安永六	噴火			数度にわたり噴火。
1783	天明三	大噴火	□◎☆	1,523	5月9日から8月5日頃まで約90日間活動。特に7月28日には江戸で戸障子振動し降灰あり。8月2日には火山雷・噴石のため前掛山は火の海となった。8月3日は牙山にも噴石落下、山麓まで山火事、銚子まで降灰。8月4日は北麓に吾妻火砕流を流出。関東中部で降灰のため昼も暗夜のようになる。8月5日午前大爆発とともに鎌原火砕流（鎌原土石なだれ）が発生、北麓に流下。下流では泥流に変化して吾妻川を塞ぎ、次いで決壊、多量の水が利根川に出て流域の村落を流失した。鎌原火砕流発生直後に鬼押出し溶岩が北側斜面を流下。気象庁編（2005）では死者1,151名、流失家屋1,061棟、倒壊家屋130余棟、噴出物総量4.5億m³
1803	享和三	噴火			7月4日降灰。11月7日噴石のため分去茶屋倒潰。11月20日江戸で降灰。1815（文化十二）噴火。1815年（文化十四）～1869年（明治二）までの54年間の静穏期。
1869	明治二	噴火			春から秋にたびたび噴火。
1875	明治8	噴火			1875（明治8）噴火。
1889	明治22	噴火			噴石のため山火事。鳴動。1890（明治23）噴火，1891（明治24）噴火，1892（明治25）噴火。
1894	明治27	噴火			4月～6月に数回噴火、降灰、爆発音。
1899	明治32	噴火			3,7,8月に噴火、8月7日には爆発音・降灰が関東北部まで。
1900	明治33	噴火			1月～4月に噴火、爆発音大、空振、噴石・降灰広範囲。8,11,12月にも噴火、降灰、鳴動。
1901	明治34	噴火			4月～8月、10月噴火、降灰。
1902	明治35	噴火			鳴動、降灰。
1904	明治37	噴火			降灰。1905（明治37）噴火。
1906	明治39	噴火			鳴動。
1907	明治40	噴火			1,3,8月噴火。鳴動、降灰。
1908	明治41	噴火			2,8,9月噴火。鳴動または降灰。
1909	明治42	噴火			1月29日空振のため山麓で小被害。4月噴煙多量、関東北部に降灰。5月31日爆発音80kmまで、降灰広範囲。7月7日国東北部に降灰。8,11月鳴動、12月7日空振のため山麓で家屋、窓ガラス被害。東京でも家屋振動、降灰は太平洋岸、鳴響は仙台付近及び美濃東部までに及ぶ。山林焼失する。
1910	明治43	噴火			2,5,7,10,11月に鳴動または降灰など。12月2,15,16,25日には爆発音100km以上に及ぶ。
1911	明治44	噴火		1	1月～4月活発に活動、爆発音大、降灰広範囲で、しばしば関東北・中部に及ぶ。特に爆発音は1月18日には東方100～150km以上、4月3日、4日には富山まで。5月8日噴石多量、死者1名、負傷者2名、空振による家屋の被害、爆発音240kmに及ぶ。7,8月ときどき噴火、8月15日死者多数。10月22日、12月5日爆発音100km以上に及ぶ。
1912	明治45～大正元	噴火			1,2,4,7月ときどき噴火、爆発音、降灰。10月連続して噴火し、火口底浅くなる。12月噴火続き、火口底さらに浅くなり火口縁と同じくらいになる。
1913	大正2	噴火		1	2月、4月～11月活発に噴火、爆発音大、噴石、降灰広範囲。特に5月29日登山者1名死亡、負傷1名。6月17日には降灰は東方太平洋まで、爆発音の外聴域出現。
1914	大正3	噴火			1月～6月、11月～12月活発に噴火、爆発音大（東京でも聞こえる）、降灰広範囲。特に3月3日空振強く山麓で戸障子ははずれる。
1914	大正3	弱い噴火			5,6,8月に山頂赤く見える。次第に活動衰えた。
1916	大正5	弱い噴火			5月～10月。
1917	大正6	弱い噴火			5,6月。
1919	大正8	噴火			3月14日噴火、噴石、降砂。5,7,8月に弱い噴火。
1920	大正9	噴火			連続的の噴火活動、噴煙多量、12月14日噴石のため峰の茶屋焼失、軽石多量噴出。12月22日山火事200ヘクタールに及ぶ。
1921	大正10	噴火			1月～6月噴火活発、1月18日、6月4日に空振のため山麓で戸障子破損。その他鳴動、降灰。
1922	大正11	噴火			1月～3月噴火、噴石・降灰。1月14日爆発音が東京でも聞こえ、山麓で空振のため戸障子破損。

西暦	和暦	噴火記事	形態	死者	被害等
1927	昭和2	噴火			9月～12月噴火、4月頃から噴煙の増加が始まり、9月から鳴動、10月には爆発音大、降灰もあった。
1928	昭和13	噴火			2月23日爆発音大、山麓で空振のため戸障子破損、噴石広範囲で分去茶屋焼失、屋根の破損多数。3月は数回噴火し、鳴動、降灰など。7月も数回噴火し、鳴動、降灰。
1929	昭和14	噴火			9月5日山頂有感地震。9月18日直径30～60cmの噴石が3km飛び、山林焼失。空振のため山麓で戸障子破損。爆発音の外聴域出現。4月、10月、11月にも1回ずつ噴火。
1930	昭和15	噴火		6	4月は数回鳴動、少量の降灰。6月11日噴火4～5回、強い空振、爆発音の外聴域出現、山火事。7月数回鳴動、降灰。8月活発に噴火し噴石、降石、20日火口付近で死者6名。9月の爆発も強く噴石、降灰広範囲。
1931	昭和16	噴火		3	3月、5～7月に1回から数回の噴火、降灰。8月は活発に活動し噴火、降灰など。特に20日に死者3名、爆発音の外聴域出現。9月全半に数回噴火、降灰、噴石。10月、12月数回噴火し、特に12月8日には空振のため山麓でガラス破損、爆発音の外聴域出現、関東中部にまで降灰。
1932	昭和17	噴火			2月～7月毎月十数回～数十回噴火。爆発音大、降灰広範囲の噴火もあった。9月にも数回噴火・鳴動・降灰。
1934	昭和9	噴火			1月、5月に1～2回噴火、降灰。7月、11月噴煙。
1935	昭和10	噴火			1月、2月に1回ずつ噴火。4月に数回噴火し特に20日は爆発音、空振が大きく山麓で戸障子はずれガラス破損。5月も活発でしばしば山火事発生。6月～11月も毎月数回噴火、農作物被害。
1936	昭和11	噴火		1	2月、4月、7月～11月に毎月数回～数十回の噴火。特に7月22日には爆発音の外聴域出現。7月29日及び10月17日にはそれぞれ登山者1名死亡。
1937	昭和12	噴火			2月～7月に毎月数回噴火。3月18日爆発音、空振大きく山麓で戸障子被害、降灰は関東中部に及ぶ。
1938	昭和13	噴火			3月～12月毎月数回～数十回の噴火。5月21日には爆発音の外聴域出現、山麓でガラス破損。6月7日降灰多量。噴出物総量20万m³。7月16日登山者遭難若干名、農作物被害。9月20日に山麓でガラス破損。10月4日、12月11日、12月28日に爆発音大きく可聴域大。9月26日13時43分噴煙高度8,200m。
1939	昭和14	噴火			全月数回噴火。2月2日、2月15日には爆発音大きく可聴域大。
1940	昭和15	噴火			2月、4月～6月、9月～11月に毎月数回、12月から噴火回数増加。
1941	昭和16	噴火		1	毎月十数回～数十回の噴火。4月1日爆発音の可聴域大、山麓でガラス破損多数。7月9日死者1名、負傷者1名。
1942	昭和17	噴火			毎月数回～数十回の噴火。5月には可聴域大、山火事など。
1944	昭和19	噴火			
1945	昭和20	噴火			1月～8月、10月～11月に数回～数十回の噴火。
1946	昭和21	噴火			10月に1回噴火。
1947	昭和22	噴火		11	6,7,8月に1回ずつ噴火。8月14日12時17分の噴火では噴石、降灰、山火事、噴煙高度12,000m、登山者11名死亡。
1949	昭和24	噴火			3,4月、7月～10月噴火。8月15日負傷者4名。特に9月3日、9月21日に噴火。
1950	昭和25	噴火		1	9月23日04時37分の噴火で登山者1名死亡。6名負傷、山麓でガラス破損、爆発音の外聴域出現。10月、12月にも1回ずつの噴火、噴石。
1951	昭和26	噴火			2月～6月に1回～数回の噴火。
1952	昭和27	噴火			6月に1回噴火、降灰。
1953	昭和28	噴火			12月に6回噴火、降灰。
1954	昭和29	噴火			1月～7月毎月数十回、8月以後10月を除き毎月数回噴火。6月24日関東南部に達する降灰。9月6日かなりの範囲に噴石、降灰。
1955	昭和30	噴火			1月～5月毎月1回～数十回の噴火。6月11日爆発音の外聴域出現。
1958	昭和33	噴火	◎		10月～12月活発に噴火。11月10日22時50分爆発、爆発音の可聴域大、多量の噴石、火砕流、降灰、噴出物総量36万m³、空振による山麓のガラス・戸障子の被害広範囲、爆発地震の震度2（追分）。
1959	昭和34	噴火			3月～8月毎月1回～十数回噴火し時々降灰。4月14日は噴石のため山腹に多数の山火事、関東南部まで降灰。
1961	昭和36	噴火		1	8月～11月毎月数回～数十回の噴火。8月18日に23か月ぶりに噴火、かなりの範囲に噴石、降灰、行方不明者1名、耕地、牧草に被害、噴出物総量7万m³。
1965	昭和40	噴火			5月に弱い、黒煙の噴火確認。その後、約4年間地震活動の活発な状態続く。
1973	昭和48	噴火	◎		2月1日11年3か月ぶり（1965年5月の弱い噴火を除く）に大きな噴火。5月24日まで活動続く。2月1日空振により山麓のガラス破損。小規模な火砕流が3回発生。 1981（昭和56）地震群発，1982（昭和57）地震群発。
1982	昭和57	噴火			小規模な火砕流、房総半島まで降灰。群馬県長野原町で極少量の降灰。
1983	昭和58	爆発			爆発音、火口上に電光と火柱、南斜面で山火事発生、長野県・関東地方北部・福島県の太平洋岸まで降灰。
1990	平成2	微噴火			火口から東～東北東山麓の狭い範囲で微量の降灰。8月～12月地震回数やや多い。
1991	平成3	地震			地震回数やや多い。
1994	平成6	地震			地震回数やや多い。11月24日M2.7発生。
1995	平成7	地震			地震回数やや多い。噴煙活動やや活発。
1996	平成8	地震			地震回数やや多い。噴煙活動やや活発。
1997	平成9	地震			地震回数やや多い。噴煙活動やや活発。
1999	平成11	地震			8月上旬～中旬地震回数、11月～12月上旬地震回数やや多い。
2000	平成12	地震多発			9月18日～23日地震多発。10月下旬～12月地震回数やや多い。11月下旬～12月噴煙活動やや活発。
2001	平成13	地震			地震回数やや多い。噴煙活動やや活発。
2002	平成14	地震多発			6月～9月地震回数やや多い。噴煙活動やや活発。
2003	平成15	極小規模			2月6日火口周辺の、3月30日は山頂南部から山腹にかけて少量の降灰。4回の噴火のいずれかにより、火口付近（火口縁から約300m）に最大5cmの火山礫（れき）が飛散。噴火活動活発。
2004	平成16	噴火			9月1日に21年ぶりに爆発して活動を再開。9月1日の爆発は、大きい爆発音と空振を伴い、噴石を飛散、山頂の北東6kmまで最大3cmの火山礫が降下、北東方向の群馬県・福島県（最も遠いところは相馬市）の一部で降灰。9月14～18日 小噴火がしばしば発生、特に16日未明～17日夕方にはほぼ連続的に発生。南東の軽井沢町には多量の降灰があり、群馬県・埼玉県・東京都・神奈川県・千葉県（最も遠いところは勝浦市）の一部でも降灰。この頃火口底に新しい溶岩が出現。9月23日、9月29日、11月14日も爆発。

※気象庁編（2005）：日本活火山総覧3版をもとに作成。天明噴火は国土交通省利根川水系砂防事務所（2004）に変更。
※噴火形態は、□：溶岩流 ◎：火砕流 ☆：泥流 を示す。 ※噴火のみの記録は、西暦（和暦）のみを示した。

発生が一連の火山活動として続いていることである。

　テフラには研究者間で統一した名称（記号）が付けられている。多くは火山名と発見場所の略称と年代順の記号が多いが、研究が進むにつれて細分化されていく。地層の層序や鉱物組成による識別をして、テフラの名称が確定できれば、遠方でもテフラを同定することができる。

　古墳時代（4世紀中頃）には、浅間C（As-C）が広範囲に噴出し、山麓に小滝火砕流と丸山・下の舞台溶岩流が流下・堆積した。900年前の天仁元年（1108）には、浅間B（As-B）が広範囲に噴出し、山麓に追分火砕流と上の舞台溶岩流が流下・堆積した。天明三年（1783）には、浅間A（As-A）が広範囲に噴出し、山麓に吾妻火砕流と鬼押出し溶岩流が流下・堆積した。さらに、鎌原土石なだれと天明泥流が噴出・流下した（死者1500名以上）。

　表1.2は、気象庁（1996, 2005）『日本活火山総覧（第2, 3版）』や菊池（1984）などをもとに、浅間山の噴火記録を一覧表としたもので、浅間山では噴火活動が頻繁に繰り返されていることがわかる。

5　天仁元年（1108）の噴火

(1)　どのような規模の噴火だったのか

　天仁元年（1108）の噴火は総噴出量が$1km^3$（10億m^3）で、前掛火山期の噴火の中では最大であった（表1.3, 図1.5）。この時の噴火では最初に降下火砕物である浅間B（As-B）が降り続き、続いて追分火砕流の発生、上の舞台溶岩流の流出があった。この一連の噴火は天明三年の噴火と類似している（表1.5）。

　中御門右大臣・藤原宗忠が上野国の国司からの手紙として、天仁元年七月二十一日（1108年8月5日）から始まった浅間山の噴火で、上野国の田畑に激甚な被害がでたことを、『中右記』に書き残している。

「近日、上野国司が解状を進めて云ふ。国内に高山在り、麻間峯と称す。而るに治暦年間より峰中細煙出て来り、其後微々なり。今年七月二十一日

表1.3 天仁元年の噴出物
（国土交通省利根川水系砂防事務所，2004）

噴出物	体積
As-B降下火砕物	4億m³
追分火砕流	6億m³
上の舞台溶岩流	1億m³

荒牧（1968）

図1.5 天仁噴火堆積物の分布
国土交通省（利根川水系砂防事務所，2004）

（1108年8月5日）より猛火山嶺を焼き、其煙天に属し、砂礫国に満つ。猥燼積庭国内田畠之に依りて已に以て滅亡す。一国災未だ斯の如きことあらず。稀有の怪なるにより記し置く所なりと。」

(2) 天仁噴火の堆積物はどこにあるか

　このときの浅間山の火山灰（As-B）によって覆われた田畑の状況は、群馬県内の考古学の発掘によって明らかとなった（能登，1988，93，能登・峰岸，1889，早田，1995，2003，07）。この地域で7月下旬に行われる「土用干し」の後の水田管理中、すなわち、真夏に起こったことを示しており、中右記の記載と矛盾しない。また、放射性炭素年代（^{14}C）に基づく結果（新井，1979）もあり、以前は弘安四年（1281）説があったが、現在では1108年が定説となっている。

　追分火砕流は浅間山の北麓と南麓の両側に流下し、約80km²の地域に流下して平均8mの厚さで堆積した（荒牧，1968，1993b）。噴出物の総体積は6億m³（0.6km³、雲仙普賢岳の平成噴火の3倍）と見積もられている。湯の平から石尊山にかけての斜面に分布する堆積物は溶結している（写真1.5）。また、北麓の吾妻川の両岸に大笹・大前の集落を載せている段丘は、軽度に溶結した火砕流堆積物からなる（写真1.6）。火砕流の堆積物の中に

写真 1.5　南麓（御代田町広戸、楓ケ丘）の追分火砕流（国土交通省利根川水系砂防事務所，2004）

写真 1.6　北麓（嬬恋村大前）の追分火砕流（国土交通省利根川水系砂防事務所，2004）

は「追分けキャベツ」と呼ばれる黒色のスコリア質火山弾が多数、含まれているのが特徴である。

　この噴火によって、浅間山の噴火口は北に少し傾くようになり、1783年の天明噴火では、火砕流や溶岩流はすべて北麓方向に流下した。現在も火口は北側に傾いているが、噴火時の山体変形によって、今後の噴火時には天仁噴火と同様、南側にも火砕流や溶岩流が流下する可能性も考えられる。

(3)　噴火の影響

　追分火砕流が流れ下った天仁元年頃、浅間山の南麓・北麓には、すでにいくつかの集落が存在し、中には一瞬にして埋没してしまった村もあった。しかし、古文書などの記録はあまり残されておらず、詳細は不明である（堤，1993，長野県埋蔵文化財センター，1994，長野県佐久建設事務所，1999）。

　一方、大量の降下火砕物（As-B）により、上野の国では田畑に甚大な被害が生じ、そのまま放棄された農地が多く存在することが、多数の考古学の発掘調査で明らかにされた（図 1.6）。このため、律令制の統治機構は大打撃を受け、12世紀の中葉には火山灰によって荒廃した関東地方北部地域には、

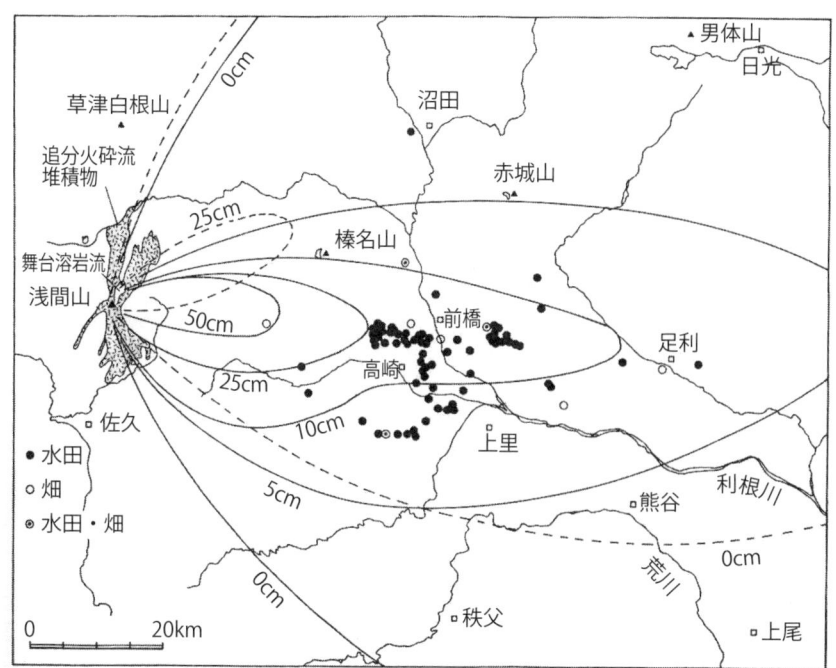

図 1.6　天仁元年（1108）の噴火によるテフラと被災遺跡の分布（早田，1995）

荘園の設立ラッシュが訪れた（峰岸，1993）。

6　天明三年（1783）の噴火

　天仁元年の噴火から約700年後の1783年、再び大噴火が発生した。「天明の浅間焼け」と呼ばれる天明三年の噴火である。天明噴火は江戸時代後期にあたり、地方でも文書を書くことができる階層が増えたため、多くの古文書・絵図が残されている。武士階級だけでなく、農民（名主層）や町民でも多くの被災記録を残している（萩原，1985～95）。

　カラー口絵3は天明三年噴火に伴う堆積物と災害の状況を示している。噴火は旧暦の四月九日（新暦の5月9日）に始まったとする資料が多い。約2ヶ月をかけて徐々に火山活動が活発化し、七月五日（8月2日）から

猛烈なプリニー式噴火が始まり、七月七日（8月4日）から八日（5日）の朝にかけて、クライマックスを迎えた。まず、七日の夕刻頃、吾妻火砕流が流下した。また、鬼押出し溶岩流も流下を始めたらしい。翌八日（5日）、午前10時過ぎに鎌原火砕流／岩屑なだれが流出した（荒牧, 1968）。カラー口絵3は天明三年の浅間山噴火に伴う堆積物と災害の分布を示した災害実績図（Disaster Map）である。降下軽石（As-A）の等層厚線は、Minakami（1942）、水上・行田（1982）を転記した。吾妻火砕流、「鎌原」、鬼押出し溶岩流の分布は荒牧の地質図を参考にした。

山田・他（1993a,b）、井上・他（1994）は、北側の中腹で大爆発が生じ、浅間山山麓を構成していた土砂や地表水・地下水を取り込んで、土石なだれが発生し、吾妻川に流入し天明泥流となり、利根川・江戸川に大洪水が流下

表1.4　天明三年の噴火活動
（国土交通省利根川水系砂防事務所, 2004）

旧暦	新暦	主な出来事
四月八～九日	5月8～9日	最初の噴火 46日間の静穏期
五月廿六日	6月25日	二度目の噴火 19日間の静穏期
六月十八日	7月17日	北方向への噴火 7日間の静穏期
七月二日	7月30日	激しい噴火が始まる
七月七日	8月4日	プリニー式噴火の開始 吾妻火砕流の流下
七月八日	8月5日	噴火のクライマックスへ 鬼押出し溶岩流の流下 鎌原土石なだれの発生 天明泥流の流下

浅間山北麓と吾妻川・利根川沿川に大被害が発生
荒牧（1993），井上・他（1994）などをもとに編集

表1.5　天明三年の噴出物
（国土交通省利根川水系砂防事務所, 2004）

噴出物	体積
As-A降下火砕物	2億m^3
吾妻火砕流	1億m^3
鬼押出し溶岩流	1.7億m^3
鎌原土石なだれ（本質岩塊のみ）	0.1億m^3
鎌原土石なだれの堆積量	0.47億m^3
噴出物の総量	4.8億m^3
天明泥流の総流量	（1億m^3）

荒牧（1993b），井上・他（1994）などをもとに編集

表1.6　天明三年噴火の被害概要

地域	死者・不明	被害家屋数	流死馬
群馬県側①	1151名	1242戸	—
群馬県側②	1502名	1977戸	648
群馬県側③	1523名	2065戸	642
長野県側	1～2名	200～220戸	—

群馬県側①の被害は気象庁（2005）
群馬県側②の被害は古澤（1997）
群馬県側③の被害は国土交通省利根川水系砂防事務所（2004）
長野県側の被害は根岸九郎左衛門
『浅間焼に付見聞覚書』（萩原：II, p.332-348）による

したと想定した。

　一連の天明噴火によって、天明噴火の総噴出量を、表 1.5 に示したように、5 億 m^3 鎌原土石なだれと天明泥流の総量を 1.5 億 m^3 程度と見積った（荒牧，1993b，井上・他，1994））。このため、表 1.6 に示したように、多くの住民が犠牲となった。

7　天明噴火の経緯を記録した史料

　萩原が 60 年間にわたって収集・整理した『浅間山天明噴火史料集成』（1985 〜 95，全 5 巻，計 1787 ページ）には、非常に多くの史料が掲載されている。各史料の最後には、史料の成立過程や現在の所蔵者などが説明されており、古文書を読み慣れていない私にも大変役に立った（井上，1992）。本書では、巻末に史料名と巻数・ページ数を史料一覧として示したので参照されたい。また、本書で引用した史料については、本文中に巻数とページ数を示した。

　第Ⅰ巻（1985）は日記編で、巻頭には刊行の辞－天明三年浅間山噴火史料調査五十五年の道程－と天明三年浅間山噴火史料の目録があり、先生と浅間山との関係やなぜ天明噴火の史料を集めるようになったかの経緯が書かれている。本巻には、川越藩前橋陣屋日記、川越藩日記、伊勢崎藩関重嶷の沙降記、小諸藩日記、小諸藩江戸邸日記、大久保村名主中島宇右衛門の歳中万日記、総社町名主三雲源五右衛門の浅間山焼砂一件日記、千渓の足利学校痒主日記、信濃国松代藩士の上州草津道法・夢中三湯遊覧など 17 点が収録されている。

　第Ⅱ巻（1986）は記録編（1）で、巻頭の天明三年浅間山噴火記録探訪記―自序にかえてでは、先生が昭和 4 年（1929）群馬師範 2 年生のときから始めた浅間山噴火史料の探訪の経緯が、各史料との関連性とともに説明されている。本巻は天明噴火による被害記録について、鎌原地区から吾妻川・利根川両岸の前橋付近までの記録を集めたものである。大笹村無量院住職の浅間大変覚書、大笹村黒岩長左衛門の浅間山焼荒一件、草津村山口魚柵の浅

間焼出山津波大変記、原町富沢久兵衛の浅間記（浅間山津波実記）、公田村石原清蔵の浅間山大焼変水巳後日記、新堀村伝左衛門の浅間山焼覚、幕府勘定吟味役・根岸九郎左衛門の浅間焼に付見聞覚書など25点が収録されている。

第Ⅲ巻（1989）は記録編（2）で、巻頭では各史料の関連性が説明されている。本巻は利根川両岸の前橋より下流の埼玉県地域の記録と噴煙災害区域の西上州の記録を集めたものである。伊勢崎藩常見一之の天明浅嶽砂降記、世良田村毛呂義卿の天明三年七月砂降候以後之記録、五料村高橋清兵衛の利根川五料河岸泥流被害実録、高崎宿羽鳥一紅の文つきの記など33点が収録されている。

第Ⅳ巻（1993）は記録編（3）で、長野県側の記録を中心に収録されている。本巻には、井出貝川の天明信上変異記、佐藤雄右衛門将信の天明雑変記、内堀幸助の天明卯辰物語、古蹟玉寶の浅間山大変実記、雫田覚右衛門の浅間震動の覚大全、松浦静山の甲子夜話など40点が収録されている。

第Ⅴ巻（1995）は雑編で、随筆編、詩文編、供養・記念碑編、書翰編、瓦版編、文書編（災害届書・訴状・願書類、復旧工事関係、被災者救助関係）、あとがき，―全巻刊行を終えて―からなる。

史料には、目撃者が直接記録したものと、それらの記録が流布され、他の人が転記したものがある。科学技術や交通機関が発達しておらず、激甚な災害によって社会が混乱していた時期に書かれたものであるので、間違った情報をそのまま記録しているものもある。また、誰が誰に何の目的で書いたのか、確認する必要がある。藩や代官所などの公的日記であれば、日付が明確であるので、比較的信憑性が高い。私的な日記の場合は、個人差が大きいので注意する必要がある。名主→代官所，代官所→藩主，藩主→幕府のように、下から上に書かれた文書（年貢の免除願い、お助け救助願い）はどうしても過大な表現となる。逆に支配者が書いた文書（年貢の取り立てなど）は、災害を過少に評価する場合が多い。また、譜代大名が幕府に被災報告する場合には、参勤交替の繰り延べや救助金を得るため、被害を誇大に記すことが多い。外様大名の場合には、災害そのものを隠し、被害を過少に報告すること

が多い。本書では、萩原先生の解説などを参考に、なるべく天明噴火直後に書かれた史料を重視し、作者の周辺の被災報告は信憑性が高いと判断した。また、幕府勘定吟味役の根岸九郎左衛門や藩などの報告は信憑性がかなり高いと判断した。

史料で記載されている江戸時代の時刻表示と現在時刻との一般的な対比を表 1.7 に示した。一般には、「一刻＝ 2 時間」と解されることが多い。しかし、

表 1.7　江戸時代と現在の時刻表示との一般的な対比

現在 時刻		江戸時代の時刻表現	
12時間制	24時間制		
午前 0時	0時	子刻	夜九ツ
1時	1時	子半刻	九ツ半
2時	2時	丑刻	夜八ツ
3時	3時	丑半刻	八ツ半
4時	4時	寅刻	暁七ツ
5時	5時	寅半刻	七ツ半
6時	6時	卯刻	明け六ツ＊日の出の30分前
7時	7時	卯半刻	六ツ半
8時	8時	辰刻	朝五ツ
9時	9時	辰半刻	五ツ半
10時	10時	巳刻	昼四ツ
11時	11時	巳半刻	四ツ半
12時	12時	午刻	昼九ツ
午後 1時	13時	午半刻	九ツ半
2時	14時	未刻	昼八ツ
3時	15時	未半刻	八ツ半
4時	16時	申刻	夕七ツ
5時	17時	申半刻	七ツ半
6時	18時	酉刻	暮れ六ツ＊日没の30分後
7時	19時	酉半刻	六ツ半
8時	20時	戌刻	宵五ツ
9時	21時	戌半刻	五ツ半
10時	22時	亥刻	夜四ツ
11時	23時	亥半刻	四ツ半
12時	24時	子刻	夜九ツ

表1.8 1783年8月5日の前橋市における時刻表示の対比（関・諸田，1999）

新暦日付	7月17日	7月27日	7月28日	7月29日	8月5日
旧暦日付	六月十八日	二十八日	二十九日	七月朔日	七月八日
常用薄明始	4時08分	4時16分	4時17分	4時18分	4時24分
常用薄明終	19時30分	19時23分	19時22分	19時21分	19時14分
昼の長さ	15時間22分	15時間07分	15時間06分	15時間03分	14時間50分
夜の長さ	8時間38分	8時間53分	8時間55分	8時間57分	9時間10分
昼の一刻	2時間33分	2時間31分	2時間30分	2時間30分	2時間28分
夜の一刻	1時間26分	1時間28分	1時間29分	1時間29分	1時間31分
明六つ	4時08分	4時16分	4時18分	4時18分	4時24分
六つ半	5時24分	5時31分	5時32分	5時33分	5時38分
五つ	6時41分	6時47分	6時47分	6時48分	6時52分
五つ半	7時58分	8時02分	8時03分	8時03分	8時05分
四つ	9時15分	9時18分	9時18分	9時19分	9時20分
四つ半	10時35分	10時33分	10時34分	10時34分	10時34分
九つ	11時49分	11時49分	11時49分	11時49分	11時49分
九つ半	13時05分	13時05分	13時04分	13時04分	13時03分
八つ	14時22分	14時20分	14時20分	14時20分	14時17分
八つ半	15時39分	15時36分	15時35分	15時35分	15時31分
七つ	16時56分	16時51分	16時51分	16時50分	16時45分
七つ半	18時13分	18時07分	18時06分	18時05分	17時59分
暮六つ	19時30分	19時23分	19時22分	19時21分	19時14分
六つ半	20時13分	20時07分	20時06分	20時05分	19時59分
五つ	20時56分	20時51分	20時51分	20時50分	20時45分
五つ半	21時39分	21時36分	21時35分	21時35分	21時31分
四つ	22時22分	22時20分	22時20分	22時20分	22時17分
四つ半	23時05分	23時05分	23時04分	23時04分	23時03分
九つ	23時49分	23時49分	23時49分	23時49分	23時49分
九つ半	0時32分	0時33分	0時34分	0時34分	0時34分
八つ	1時15分	1時18分	1時18分	1時19分	1時20分
八つ半	1時58分	2時02分	2時03分	2時03分	2時06分
七つ	2時41分	2時47分	2時47分	2時48分	2時52分
七つ半	3時24分	3時31分	3時32分	3時33分	3時38分

観測地点：前橋（東経139.06°，北緯36.39°，標高112m）

江戸時代の時刻表示は不定時法が用いられており、季節により時刻は変化する。明け六ツ（日の出の30分前）と暮れ六ツ（日没の30分後）の決め方から、季節によって夜と昼の一刻がかなり異なる。これに則って史料の記載がなされているので注意する必要がある。関・諸田（1999）によれば、新

第1章 浅間山の噴火

表1.9 天明三年噴火の経緯（国土交通省利根川水系砂防事務所，2004 一部修正）

時期	噴火頻度	月　日			噴火状況	
		新暦	旧暦	時間帯	史料から解読した状況	噴火推移
5月～7月中旬	数～数10日間隔の噴火	5月9日	四月九日		最初の噴火（4月8日の可能性）	
		6月25日	五月二六日	6時～	山鳴？	
				11時～	鳴動、降灰	
		6月26日	五月二七日	16時～18時	鳴動、「諸国へ灰降る」	
		7月17日	六月十八日	夜？	北（北東）方向に降下軽石	
7/21～7/27	1日1回間隔の噴火	7月25日	六月二六日	6時～12時	鳴動	
		7月26日	六月二七日	16時	鳴動	
		7月27日	六月二八日	16時～18時	鳴動、降灰	
7/27～8/2	数～数10時間間隔で連続1～2時間の噴火	7月28日	六月二九日	12時～	鳴動、降灰	
		7月29日	七月朔日	14時～	鳴動、降灰	
				15時～16時	強い	
		7月30日	七月二日	12時～	噴火	
				15時～	日暮れまで強い	
				20時～	特に強い	
		7月31日	七月三日	2時	大鳴動	
				4時	止む〈静穏〉	
		8月1日	七月四日		〈静穏〉	
		8月2日	七月五日	12時～	噴火、降砂。徐々に強まる	
8/2～8/4	数時間間隔で連続4～5時間間隔の噴火	8月2日	七月五日	夜から	特に強い	プリニー式噴火始まる(降下軽石下半部は40時間の噴火堆積物)
		8月3日	七月六日	朝	石→灰 降灰続く	
				14時～	活発化	
				17時	上州で赤い灰降る	（火砕流発生？）
				18時～24時	かなり強い	
		8月4日	七月七日	0時～	噴火続く	
				11時	かなり強い	昼間、吾妻火砕流が3度くらい流出？
				12時～	暗闇となる	
				14時～	上州で暗闇となる	
				16時	吾妻火砕流、振動強く降灰弱まる。上州で暗闇一旦晴れる。	
8/4～8/5	連続10時間前後の噴火	8月4日	七月七日	夜	再び噴火	山頂火口から鬼押出溶岩流出？
				22時	強く降る	
		8月5日	七月八日	3時	強まる。	
				8時	やや強まり、石→灰になり、晴れに向かう	
				10時	鎌原土石なだれ発生、一部は乾いた流れとして鎌原村を襲い、一部は山麓の柳井沼や地下水を取り込んで泥流となって吾妻川へ流入した。上州で黒い泥が降る。	天明泥流の発生
8/5以降	数10日間隔の噴火	8月5日	七月八日	12時	地震が止む。夕方泥のようなものが降る	
		8月15日	七月十八日		降灰	
	9月ごろまで活動続く					

暦1783年8月5日の前橋市における昼間の一刻(和時計研究家・澤田平氏の教示)は、2時間28分となる(表1.8)。天明泥流の流下速度など、時刻を定量的に扱う場合には、不定時法の問題を慎重に扱うべきである。また、一般に不定時法を現代時刻に換算するには、「刻」の始まりを取ることが多い。

表1.9は、萩原(1985-96)の『浅間山天明噴火史料集成』をもとに、天明三年噴火の経緯を整理したものである)。

(1) 噴火の開始

天明三年四月八日(1783年5月8日)か四月九日(5月9日)に、浅間山は噴火を開始した。安永六年(1777)から6年ぶりの噴火であった(表1.2)。

四月八日(5月8日)

吾妻郡吾妻町金井・片山豊滋氏蔵(著者不明)『天明浅間山焼見聞覚書』(Ⅱ, p.157)は、「天明三癸卯(みずのと)四月八日に雨降り、浅間山鳴候て下沢渡村のみの原辺原岩本村辺は青草の上に白く灰ふり。」と記している。

三河国設楽郡長篠村医師・阿部玄喜『信州浅間山上州石砂之大変』(Ⅳ, p.223)は、「一、毎年浅間山へ四月八日四ツ前(10時)に登る、此日祭礼有。四時過(8時間後)候ては焼候ゆへ不能登事」と記している。

四月九日(5月9日)

上野国吾妻郡大笹村・無量院住職『浅間大変覚書』(Ⅱ, p.48)は、「浅間今年焼出しの事　天明三癸卯四月九日初(はじめ)に焼出し煙四方に覆、大地鳴ひびき戸障子ひびき地震の如し。」と記している。

上野国吾妻郡草津村,山口魚柵『浅間焼出山津大変記(浅間山大変記)』(Ⅱ, p.108)は、「天明三癸卯四月九日より焼けはじめ、夜となく昼となく震動雷電して、……」と記している。

上野国吾妻郡原町・富沢久兵衛『浅間記(浅間山津波実記)上』(Ⅱ, p.122)は、「……三原村々より毎年四月八日参詣に登り釜の廻り壱り余之所を掛ケ念仏にて廻り、六拾年以前閏四月八日大に焼、参拝之人夥(おびただ)敷死る。其後は壬年は決て参拝無用と言伝。ほやほや焼る事昔より昼夜無限。扱又五三年之間には五度三度大焼有。其時にははい(灰)・すな(砂)ふき上げ火焼

上り、どろどろ雷のごとくなり焼る。其をと（音）風下え三拾里（120km）余りも聞へる。然所に天明三年 癸卯の七月八日朝四ツ時焼け崩押出し大変之儀前代未聞也。先当四月九日焼候所拾里四方にて雷電かじしんかと思へば浅間に焼立焼上る。それより度々焼。……」と記している。

大武山義珍・『浅間焼出大変記』（沼田市下川田，深代茂雄氏蔵、II, p.229）は、「一．于時天明三癸卯四月九日より焼け初め、夫より日々に止事をなく灰砂降り、……」と記している。

信濃国佐久郡香坂村・佐藤雄右衛門将信『天明雑変記』（IV, p.35）は、「一、四月八日諸人登山、同九日より焼初ると沓掛宿立札有。」と記している。

『浅間記（浅間山津波実記）上』や『浅間焼出大変記』など、一般に広く流布している噴火開始は、四月九日（5月9日）としている（荒牧，1968など）。一方、田村・早川（1995a,b）は「四月八日は浅間山の山開きの日で、多くの人が登山する予定があり、午前10時頃に噴火が起こり、山に登ることができなくなったという証言は信憑性がある」として、四月八日（5月8日）に小噴火があって、翌九日（9日）に周辺まで聞こえるような大きな噴火があったとした。しかし、「噴火のため山に登ることができなくなった」という記載は、60年前頃の噴火のことを誤記している可能性もある。

(2) 四月（5月）〜六月（7月）

2度目の噴火は、五月廿六〜廿七日（6月25〜26日）であった。とくに、廿七日の噴火は大きく、噴煙は東方に流れて、諸国へ火山灰が広く降下・堆積した。

上野国吾妻郡原町・富沢久兵衛『浅間記（浅間山津波実記）上』（II, p.122）は、「五月廿七日に諸国へ灰降る。その後も度々焼灰降り、草木白く成る。馬の草洗いてあたへ葉も洗いて蚕にあたへ候得ども、毎日ふり候事なれば蚕半吉成。六月十八日（7月17日）浅間麓田代・大笹・大前・鎌原へ小石三寸程降る。其後も度々焼灰降候事常陸国迄灰降る。七月成り毎日毎日焼る。信州、上州、相州、武州、越州、野州迄灰二、三寸より五、六寸（6〜18cm）程の白毛降る。」と記している。

次の噴火は、六月十八日（7月17日）で北麓の田代・大笹・大前に降砂した。この時の噴煙はさらに北に流され、現在の新潟県上越市や佐渡で降灰の記録が残されている。下記の2つの史料は日付が1日ずれているが、関（2003b）は十九日の日付を翌未明と考え、同一の噴火を示していると判断した。

出雲崎町史編さん委員会（1999）『長谷川家文書、卯六月　浅間山噴火による降灰の注進　頸城郡土尻村乍恐以書付御注進奉申上候（出雲崎）』は、「乍恐以書付御注進奉申上候　六月十八日（7月17日）昼過より南風に而黄昏より薄雲に御座候所、戌申刻（22〜23時）頃俄急に閙く相成灰降申候に付、驚人門江罷出候所、眼口江入歩行難相成、諸人打驚罷在候所、巳上刻（10時）頃晴申候、翌朝に相成見届候所、一面厚壱分（3mm）余降申候、変成儀に御座候に付御注進奉申上候、則降候灰奉入御賢候、以上　卯六月十九日」と記している。

佐渡郡教育会（1974）新潟県立佐渡高校舟崎文書所蔵,『佐渡年代記』、天明三年癸卯年　佐渡年代記』は、「一、六月十九日（7月18日）夜佐渡中灰降事夥敷折々振動せしに付人々恐懼せし處越後邊の便りにて信州浅間山大焼のよしを聞且驚且安堵す、……」と記している。

六月廿六日（7月25日）からは、ほぼ毎日のように噴火を起こし、廿九日（28日）からは数〜数十時間間隔で1〜2時間程度噴火が継続するようになった。廿八日（27日）〜七月朔日（29日）の噴火では、北東方向へ降灰があり、会津や岩手でも記録が残っている。八ツ場ダムの発掘調査では、数cmの火山灰が天明泥流と耕作土の間に見つかっている（関，2002，2003a〜d）。

（3）最後の4日間

最初の噴火から80日かけて徐々に噴火活動が激しくなったが、ついに七月五日（8月2日）からは、それまでとは比較にならないような激しい噴火活動が始まった。古文書の記載も最初のうちは、「とくに強し」とか「殊のほか強し」などの表現を使っていたが、日に日に激しくなるため、最後は使う言葉が見つからず、「筆舌に尽くし難し」という最大級の形容詞を用いるようになる。とくに、七月七日（8月4日）はそれまでよりさらに激しかっ

たらしい。

　上野国吾妻郡大笹村・無量院住職『浅間大変覚書』（Ⅱ，p.48）は、「同七日　鳴音前日百倍きひしく地動事千倍なり。依之老若男女飲み食をわすれ立たり居たり身の置所なく、浅間の方はかりなかめ居り候所、山より熱湯湧出しおし出し、南木の御木見る内に皆燃え尽くす。鹿犬の類皆焼死す。原も一面火に成り目もあてられぬ次第也。天に吹あくる事百里も有へきかと云。惣のめくりより石落こと雨の如し、……」と記している。形容詞で語ることをあきらめ、数詞を羅列している。この激しい噴火は、最後の大爆発が発生した七月八日（8月5日）の朝まで続いていた。

　なお、「鬼押出し」という名称は当時の史料に記載はなく、いつから言われるようになったかは明らかでない。『上州浅間嶽虚空蔵菩薩縁起』によれば、浅間山には"鬼"が住んでいることになっている。鬼の行状が噴火に係わっていると見られることから、奇異な溶岩（？）の流出現象を目にした里人によって、自然発生的に名付けられたものであろう（松島，1999）。

（4）　吾妻火砕流の流出

　七月五日（8月2日）から始まったプリニー式噴火の中で、七日（4日）の夕方頃噴煙柱が崩壊して、吾妻火砕流が流下し始めた（表1.9）。

　上野国吾妻郡原町・富沢久兵衛『浅間記（浅間山津波実記）上』（Ⅱ，p.123）は、「七日の申の刻（4日16時）頃、浅間より少し押し出し、なぎの原へぬっと押しひろがり二里（8km）四方斗り押ちらし止る。扨又七日ばんより八日の朝迄其焼ようのすさまじさ、拾里（40km）四方にて戸かきもはづるる程にゆれわたり大地にひびき焼る。」と記している。

　大武山義珍『浅間焼出大変記』（沼田市下川田，深代茂雄氏蔵、Ⅱ，p.230）は、「一、同七日は別て鳴事強く、土をうごかし大地しん之如くにて、戸障子ぐわらぐわらとなり、山より北石とまりまで其日三度押出し、鎌原にても先年之石とまり故夫より下へ押出すへしとは思はず、ただ火石降る事を安事、人々土蔵岩穴抔心掛置しとなり。」と記している。

　これらの史料から、吾妻火砕流は七月七日申刻（8月4日16時頃）から、

山頂から三度にわたって押し出していること、浅間山北東の南木原（なぎのはら）の御料林が完全に燃えつくしたことがわかる。

このため、吾妻火砕流の分布域には樹木が蒸し焼きにされてできた溶岩樹型（1/2.5万地形図「北軽井沢」図幅に表現）を見ることができる。溶岩樹型の多くは、直径が50cm以上、深さは数mにも達する空洞で、吾妻火砕流の表面からほぼ垂直に穿たれている。つまり、吾妻火砕流は大木を倒すことなく、非常に緩やかな速度で流下したことを示しており、『浅間記』の「なぎの原へぬっと押しひろがり」という表現と符号すると思われ、興味深い。

吾妻火砕流は、その後に流出したとされる鬼押出し溶岩流や鎌原土石なだれの分布範囲にどの程度流下したかは不明である（図1.10参照）。しかし、鬼押出し溶岩流の西側にも小規模な分布があることから、東側と西側に枝分かれして流下したことは間違いない。

8　天明噴火の火山噴出物に記録された噴火現象

中央防災会議・災害教訓の継承に関する専門調査会（2006）に基づき、天明噴火の地質特性を説明する（安井真也委員担当，第1章，p.6～39.より一部引用）。

(1) 降下火砕堆積物

天明三年（1783）噴火の降下火砕堆積物（浅間A軽石，As-A）は、浅間山の山頂火口から東南東方向、北東方向、及び北北西方向に分布する（図1.7）。このうち、東南東方向の

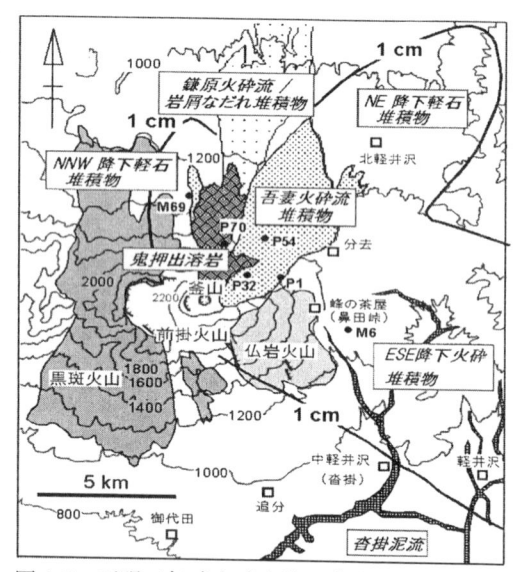

図1.7　天明三年噴火噴出物の分布と代表的な露頭地点図（Yasui & Koyaguchi, 2004 のFig.1に修正加筆，安井，2006）

写真 1.7　火口の東 4.4km、峰の茶屋付近の天明噴火の降下火砕堆積物（東京大学地震研究所浅間火山観測所構内，安井，2006）

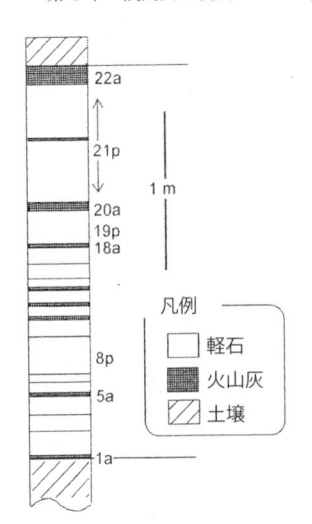

図 1.8　天明三年噴火 ESE 方向の降下火砕堆積物の柱状図（火口から東南東 5.6km の地点，万山望の北西，安井，2006）

降下火砕堆積物の規模が特に大きい。

　東南東方向の降下火砕堆積物は多くの軽石層や火山灰層の積み重なりであり、噴火の繰り返しにより形成されたものである。火口から東南東方向に 4.4km の地点（東京大学地震研究所浅間火山観測所の構内）では、浅間 A 軽石（As-A）は 22 枚の層に区分できる（図 1.8，写真 1.7）。基底部（噴火前の地表の直上）には、岩片に富む淡灰色の火山灰層が認められる（1番層）。2,3,4,6,7,8,9,11,13,15,16,17,19 番層は軽石層で、それぞれの厚さと構成軽石の粒は大きくない。とくに 19 番層は軽石の粒が粗く、粒間に空隙が目立つ。この特徴は広範囲に追えるため、異なる地点間の対比に役立つ。21 番層は、天明噴火の軽石層の中で最も軽石層の粒が大きく、層厚も厚い。このことはこの層をもたらした噴火が最も激しく、大量のマグマを噴出したことを示している。5,10,12,14,18,20 及び 22 番層は火山灰層で、いずれも淡赤橙色で粒が非常に細かい。

　北東方向の降下軽石層は、東南東方向の降下火砕堆積物に比べ、規模が小さいが、火口から北東に約 9km までの地点では、地表下約 14cm の土壌層中のレベルに明瞭な軽石層として確認される。北東降下軽石は、吾妻川流域で天明泥流の堆積物の直下に認められる。

北北西方向の降下軽石は、北東方向の降下軽石よりさらに規模が小さく、火口から約6kmまでの地点では軽石層として認められるが、それより遠方では地表下約14cmの土壌層中のレベルに軽石粒子が散在する程度である。

(2) 火砕丘の形成

　浅間山の山頂部は二重構造になっている。外側の前掛山は東西に伸張した裁頭楕円錐形で、高度2000m以上の外側斜面の平均傾斜は30度、最大傾斜は南西方向の33度である。前掛山の頂部は皿状の凹地となっており、その内側の大部分を釜山が占めている（図1.9）。

　釜山は裁頭楕円錐形に近い形（半径570m，比高約150m）で、外側斜面の平均傾斜は19度、最大傾斜は北方向の30度である。標高は前掛山よりも釜山の方が48mほど高く、釜山の中心は前掛山の中心より150m北東にずれた位置にある。

　釜山の火口は東西にやや長い楕円形（長径500m，短径440m）で、火口の中心は釜山の中心よりも約100m西にずれている。火口縁の高度は東側（標高2568m）が最も高く、北側（標高2492m）が最も低い。近年の火口底は火口壁からの崩落物質により埋められ、

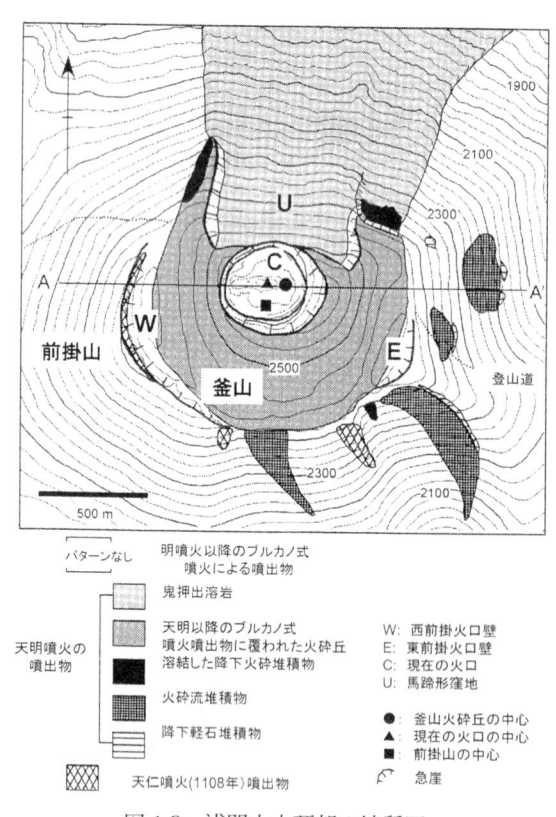

図1.9　浅間山山頂部の地質図
（Yasui & Koyaguchi, 2004 の Fig.6 に修正加筆，安井，2006）

深さは約 220m であった。平成 16 年（2004）9 月の噴火開始以来、深さに変化が見られる。釜山の火口壁は大きく 3 つの層（下方からユニット A,B,C）に分けられる。主体部をなす中央部のユニット B は、天明三年噴火時に形成された火砕丘で、3 つの層（下方からサブユニット Ba,Bb,Bc）に細分される。下方のサブユニット Ba は成層構造が著しいが、その上の Bb は厚く一様である。この特徴的な地層の積み重なりは、東南東方向の降下火砕堆積物が下半部では多くの軽石層からなり、上半部では比較的一様な厚い軽石層（21番層）からなることと似ている。このような地層の積み重なり方から、噴火が断続的な火砕物降下から連続的な大量の火砕物降下へ推移したと考えられる。つまり、火口壁の Ba は東南東方向の降下火砕堆積物の下半部、Bb は上半部に対比できる。したがって、釜山の下半部は断続的なプリニー式噴火の時期に、上半部は厚い軽石層（21 番層）をもたらした連続的な激しいプリニー式噴火時に形成されたと考えられる。

天明噴火以前の釜山は、前掛山よりも高度が低かったが、噴火後著しく高くなったことが、多くの史料や絵図に表現されている。

(3) 吾妻火砕流堆積物

吾妻火砕流と呼ばれる火砕流堆積物は、多くの流れ（フローユニット）の単位からなる（図 1.10）。全体に強く溶結（高熱と自重で堆積物下部が変形し、粒子同士が固結する現象）しており、谷の発達が良くないため、堆積物内部の様子を知

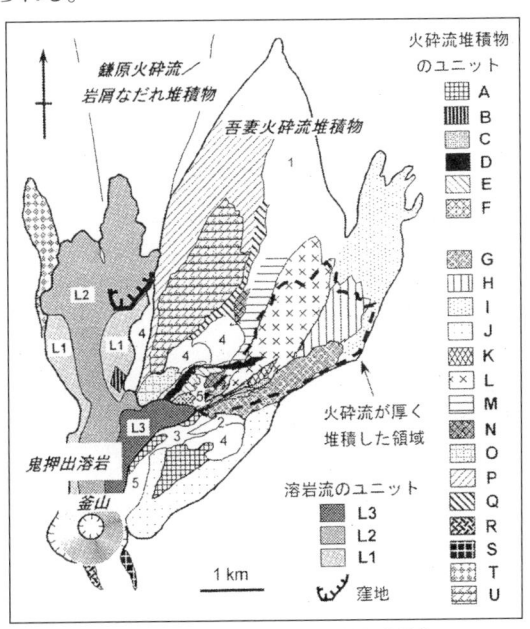

図 1.10　天明 3 年噴火の火砕流堆積物と溶岩流の分布（Yasui & Koyaguchi, 2004b の Fig.9 に修正加筆，安井，2006）

ることは難しい。表層では少なくとも21枚のユニットが確認されるが、実際にはより多くのユニットが積み重なっていると見られる。1ユニットの層厚は数m以内と薄いにもかかわらず、溶結の程度が高く、硬くしまっている。また、火砕流堆積物に囲まれた立ち木が蒸し焼きにされて形成された空洞である溶岩樹型が存在する。木が倒されずに樹型になっていることから、火砕流の速度はゆっくりであった。冷却節理（冷却時に収縮することによりできる柱状節理）と酸化帯（空気に触れて赤色に酸化）などの関係から、比較的短期間に火砕流が何度も流下したことがわかる。

　粒径が細かく、全体に赤味を帯びた火山灰層が火砕流堆積物のすぐ上に載っている。この火山灰は粒が細かく、全体に赤味を帯びており、火砕流流下時に空中に舞い上がった灰かぐらから降り積もったものであろう。このような火山灰層は東南東方向の火砕物堆積物中（5,18,20番層）にも挟まれている。このことから、プリニー式噴火の最中にも火砕流が時々発生していたことがわかる。

(4) 鬼押出し溶岩流

　井上素子（1996，98MS，2002）は、鬼押出し溶岩流の微地形を詳しく調査し、3枚の流れの単位からなることを明らかにした。一見、通常の安山岩質溶岩と変わらない厚い塊状の溶岩であるが、全体の幅が広く、表面の地形も複雑であり、少なくとも表層から10数mは溶結した火砕岩である（図1.11）。建設省土木研究所は、鬼押出し溶岩流の中で半円型凹地の地質構造解明のためのボーリング調査を実施した（写真2.4，図2.7参照）。鬼押出し溶岩は肉眼的・顕微鏡的に溶結構造を示し、酸化した火砕物を多く含んでいた。これらは一般に、火口近傍に高温の火砕物が堆積する場合に形成される特徴である。

　爆発的なマグマの噴出時には、マグマ中の結晶が破砕されて、破片状結晶が多く生産される。鬼押出し溶岩は、破片状の結晶が8割以上と非常に多くなっており、類質岩片（同じ火山を構成する以前の噴出岩類）もしばしば含んでいた。一般に、連続流体が火口から溢れ出す通常の噴火時の溶岩で

は、破片状結晶や類質岩片はほとんど含まれない。したがって、これらの観察事実は、鬼押出し溶岩が深部まですべて火砕成溶岩（溶結した火砕物が通常の溶岩と同様の運動様式で流下したもの，高橋，2003）であることを示している。

(5) 鎌原火砕流／岩屑なだれ堆積物，「鎌原」

「鎌原」は、最大60mにも及ぶ巨大な本質岩塊と、薄い砂質の部分からなっており、火山学的に極めて特殊な噴出物である（荒牧，1986）。その分布は、山頂火口から始まるのではなく、鬼押出し溶岩流の先端から北方へ溝状の地形を形成して、扇状に広がっている（図1.11，1.13）。この堆積物の堆積が始まる箇所（山頂から4.5km～7.0m）の東縁には、最大40mにも達する高さの急崖が存在し、現地形面を深く削剥していることがわかる。また、火砕流堆積物（火砕成溶岩）に由来する巨大な岩塊が散在するが、これらの岩塊は高温で着地した証拠を持っている。Aramaki（1956），荒牧（1968）は、鎌原火砕流／岩屑流が浅間山の北麓斜面を掘り起こしながら流下して溝状の地形を形成したと

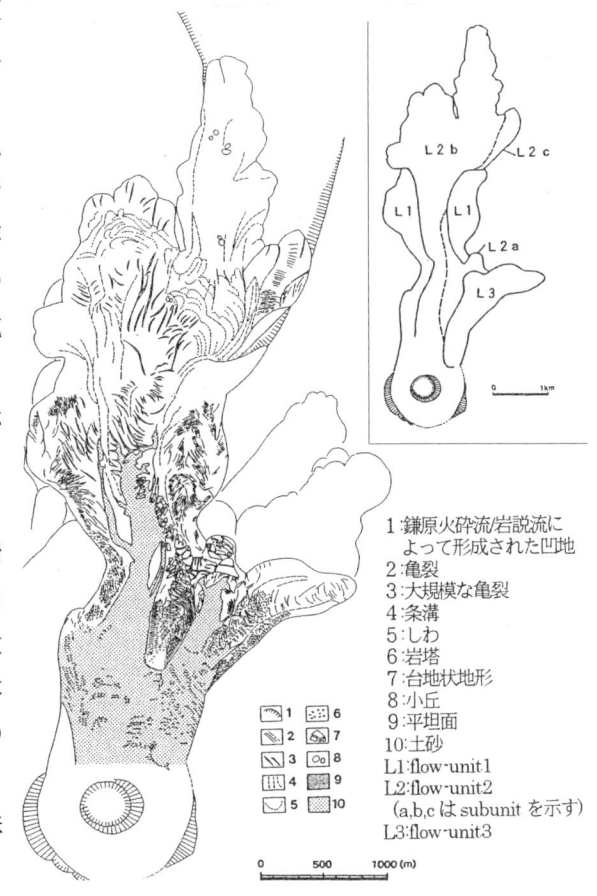

図1.11 鬼押出し溶岩流の微地形およびフローユニット区分図（井上素子，2002）

1:鎌原火砕流/岩屑流によって形成された凹地
2:亀裂
3:大規模な亀裂
4:条溝
5:しわ
6:岩塔
7:台地状地形
8:小丘
9:平坦面
10:土砂
L1:flow-unit1
L2:flow-unit2　(a,b,cはsubunitを示す)
L3:flow-unit3

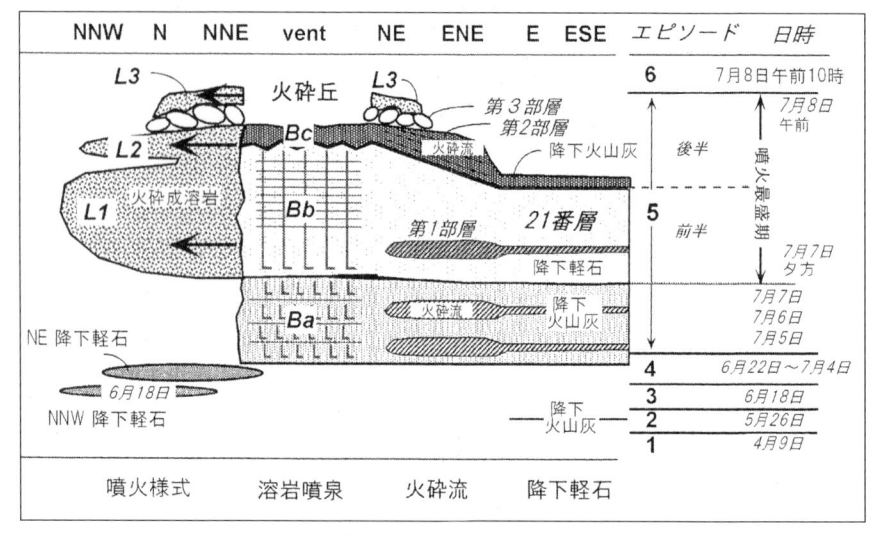

図1.12　天明三年噴火の経過の模式図（日付は旧暦）
（Yasui & Koyaguchi, 2004a の Fig.16 に修正加筆，安井，2006）

考えた．

「鎌原」堆積物は，上流から下流へ向かい様相が変化する．最上流の堆積物は，鬼押出し溶岩の北端付近（山頂から 4.5km）で見られ，径 10m 以上の巨大な岩塊が密集して積み重なっている．田中（2000MS）によれば，岩塊の分布密度は下流に向かって次第に減少する．巨大な岩塊は緻密で角張った形状を示し，しばしば表面数 cm に急冷縁（マグマが急激に冷やされて緻密な殻となったもの）があり，冷却節理も発達している．パン皮状火山弾（半固結状のマグマが破砕し，緻密で角張った溶岩塊が放出されると表面に急冷縁ができ，溶融部分からの脱ガス・発砲によりフランスパンのようなひび割れができる）と似た構造をもつ岩塊もある．一方，砂質部は数 m と薄く，暗灰色の本質岩片や雑多な礫を含む．本質岩片は黒色緻密で角張っており，ガラス状の光沢を示すので容易に見分けられる．また，天仁噴火より古い時代の火砕流堆積物に由来する岩塊やルーズな堆積物（風化火山灰など）も多く含まれている．

従来、鬼押出し溶岩は天明噴火の最末期に穏やかに火口から溢流した溶岩であると考えられてきたが、火砕成溶岩であるという新しい見解は、天明噴火時の流出機構や流出時期を見直す転機をもたらしたと言っても過言ではない。

(6) 噴火の経過と現象の火山学的考察

史料を用いて噴火の経緯を調べる際に注意すべきは、堆積物と史料の間に一対一の対応関係が見られないことである。その理由のひとつは、人口密度の差や噴火時の混乱により、人の少ない地域の史料が少ないこと、もうひとつは降灰の記録があっても、堆積物が現存しない小規模な噴火であったことである。

これらの点を考慮して、Yasui & Koyaguchi（2004a,b）は日別の噴火状況の記述地点を整理した。図 1.12 は、天明三年噴火の経過の模式図である。活動の推移をまとめると、四月〜六月中旬（5 月〜 7 月）までは、数日〜数十日間隔、六月廿二日（7 月 21 日）からは 1 日に 1 回程度、廿八日（27 日）からは数時間〜数十時間、七月五日（8 月 2 日）からは数時間間隔で噴火が起こった。噴火の強度は最後の 4 日間である七月五日から急激に増大し、七日（4 日）の夜から翌朝にかけて最高潮に達した。この時、連続的で大規模な最盛期のプリニー式噴火が起こり、天明噴火の降下堆積物全体の半分以上を占める火砕物（21 番層）が 15 時間程度の短時間に堆積した。

図 1.13 は最盛期の火砕噴火の様子を模式的に示している。七月七日（8 月 4 日）の夜から翌八日の早朝にかけての 15 時間にわたって、プリニー式噴火の噴煙柱が成層圏まで到達し、東南東方向に軽石（21 番層）が激しく降下するとともに、鬼押出し溶岩流と吾妻火砕流が流下した。

鬼押出し溶岩流は、（4）項で説明したように火砕成溶岩であり、火口近傍に急速に堆積した大量の火砕物が強く溶結して再流動したものと考えられる。釜山火砕丘は前掛山の火口原の中に形成されたが、火口の周囲と釜山北側は 30 度以上に達する急斜面からなる。この斜面上に激しい火砕物降下があり、熔結した火砕物は重力不安定により連続的に二次流動した。つまり、

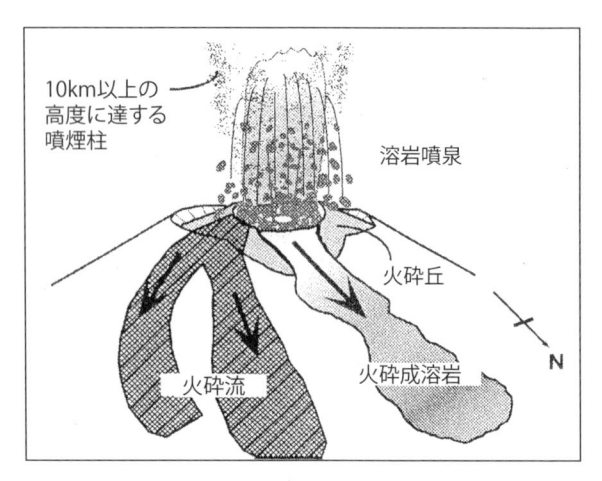

図 1.13　天明三年噴火・最盛期のモデル
（Yasui & Koyaguchi,2004a の Fig.17 に修正加筆，中央防災会議，2006）

　鬼押出し溶岩は火口から静かに溢れ出て流下したものではなく、火口近傍への激しい火砕物降下によって形成された。
　最盛期の噴火から、数時間の静穏期を経た七月八日（8月5日）の午前10時に「鎌原」が発生した。大きな爆発音が発生し、この音は京都まで聞こえたという。この大爆発は「鎌原」の成因と密接な関係があることは間違いない。

コラム1

「天明三年浅間焼け」を扱った小説

天明三年噴火は、多数の史料より、当時の様子を伺い知ることができる。そして、何よりも鎌原村の悲劇に代表される人間ドラマが存在することから、多くの文学作品の題材となってきた。その幾つかを紹介する。

根岸九郎左衛門鎮衛(やすもり)『耳嚢(みみふくろ)』(全三巻)(長谷川強編(1991), 上下, 岩波文庫)(鈴木棠編(2000), (1)(2), 平凡社ライブラリー)

根岸は浅間山天明三年噴火後の災害復興事業の総責任者である。応急的な災害復興の終了後の翌年には、「佐渡奉行」となった。この頃から、自らの体験談の他、同僚や古老の話を書き留めた随筆集の執筆を始める。内容は奇談、珍談、人生訓から荒唐無稽なうわさ話の類まで様々であるが、軽妙洒脱な文章は、根岸が文才に秀でていたことを示すものである。耳嚢の中で天明三年災害のエピソードについてもいくつか紹介している(コラム2)。耳嚢の内容は、多くの著者による怪談話として、本・DVDに編集されている。

池澤夏樹(1993)『真昼のプリニウス』(中公文庫)

浅間山を研究する火山学者の頼子は、大笹村のハツという女性が書き残したという古文書に引き込まれる。ハツはなぜ書き残したのか。人はなぜ火山に近づくのか。表題となっているプリニウスとは博物学者であり、政治家・軍人であった大プリニウスのことで、ヴェスヴィオ火山の紀元79年の噴火で亡くなっている。大プリニウスの甥で、この時の噴火の様子を記録した文人であり、政治家であった小プリニウスの名をとって、大規模な火砕物噴火のことをプリニー式噴火と呼ぶようになった。

立松和平(2003)『浅間』新潮社

主人公ゆいは貧しさゆえに、飯盛女の奉公に出される。そこで養蚕の技術を覚え、故郷の鎌原村へ帰り、養蚕を村に広めようとするが、浅間山の天明噴火による災害に遭う。生き延びたゆいは夫と娘、母を失うが、近隣の名主達の勧めで、同じ村内の口をきいたこともない男と結ばれ、親を失った子供二人、子を亡くした舅と姑を割り当てられ、新しい家族をつくる。蚕の変態のように、4たび生まれ変わるゆい。逞しく、強く。NHKのFMラジオでは、2004年1月3日に「オーディオドラマ浅間」として放送した。

第 2 章　鎌原土石なだれ

1 「鎌原」の名称の変遷

　表 2.1 や引用・参考文献に示したように、天明噴火の最後に噴出した「鎌原（かんばら）」の発生・流下・堆積現象の解釈や名称は、研究者によってまちまちで、混乱したままになっている。これは「鎌原」の史料記載がまちまちで、浅間山周辺の他の火山堆積物とはかなり異なるためであろう。

　浅間山で詳細な調査を進めてきた荒牧は、調査・研究の進展とともに、「鎌原」に関する解釈と名称を変更してきた。

　①　荒牧説 1　鎌原火砕流（鎌原熱雲）

　荒牧（1968）は、鎌原火砕流の成因について、「山頂火口と地下深所のマグマ溜まりに通じる火道の壁に付着していた半固結状態の溶岩が引きちぎられ、大塊となって火口より高く噴き上げられた。大岩塊はほとんど全部北側斜面に落下し、細粒物質とともに一団となって、なだれのように北側斜面を高速で流下した。……火口から 8km 距った地点では、鎌原火砕流の運動エネルギーは急速に減少し、また地表水を多量に取り込んで高速の泥流へ移化していった」と考え、「鎌原・大前・大笹の部落を破壊したのは高温の泥流となった部分である」と結論し、鎌原火砕流（鎌原熱雲）と定義した。

　②　荒牧説 2　乾燥粉体流

　荒牧（1981）は、鎌原観音堂前の発掘調査の結果に基づき、鎌原村を襲った流れは「家屋の構造体が組み合わさって露出した場合に、木材の隙間の空間は砂などで満たされず、空隙のままであった」ことから、流れには液体の水があまり含まれていなかったと考えた。また、木材の大部分は炭化しておらず、本質岩塊が少量しか含まれていないかたことから、乾燥粉体流と再定

表 2.1 「鎌原」の名称の変遷（井上，2004 に追記）

著者	浅間山の山頂→山腹	吾妻川→利根川
Aramaki(1956, 63), 荒牧重雄（1968）	鎌原火砕流（鎌原熱雲） Kambara Pf.（Nuee ardente）	
荒牧重雄（1981）	鎌原火砕流（熱雲）→二次（乾燥粉対流） Kambara Pf.（Nuee ardente）→Dry avalanche	二次洪水 Secondery flood
荒牧重雄・早川由紀夫・鎌田桂子・松島榮治（1986）	高温火砕流→岩屑流 Kambara Pf.（Nuee ardente）→Debris avalanche	洪水 Flood
澤口宏(1983, 86)	鎌原火砕流→泥流 Kambara Pf.→Mudflow	異常洪水 Flood
石川芳治・山田孝・井上公夫・山川克己(1991,92)	鎌原火砕流／土石なだれ Kambara Pf／Debris avalanche	天明泥流 Tenmei mudflow
山田孝・石川芳治・矢島茂美・井上公夫・山川克己（1992,1993a,b）	鎌原火砕流／土石なだれ Kambara Pf／Debris avalanche	天明泥流 Tenmei mudflow
井上公夫・石川芳治・山田孝・矢島重美・山川克己（1994）	鎌原土石なだれ Kambara debris avalanche	天明泥流 Tenmei mudflow
早川由紀夫（1995） 田村智栄子・早川由紀夫（1995a,b）	鎌原岩なだれ Kambara debris avalanche	天明泥流 Tenmei mudflow
群馬県立歴史博物館（1995）	鎌原土石なだれ	天明泥流
群馬県埋蔵文化財調査事業団（1997a）	鎌原土石なだれ	天明泥流
群馬県中之条土木事務所（1997a） 長野県佐久建設事務所（1999）	鎌原土石なだれ	天明泥流
浅間山火山ハザードマップ検討委員会（2003）	鎌原土石なだれ	天明泥流
国立歴史民俗博物館（2003）	鎌原土石なだれ Kambara debris avalanche	天明泥流 Tenmei mudflow
群馬県埋蔵文化財調査事業団（2003,05）	鎌原土石なだれ（岩屑なだれ）	天明泥流
堤 隆・浅間縄文ミュージアム（2004）	鎌原土石なだれ	天明泥流
国土交通省利根川水系砂防事務所（2004）	鎌原土石なだれ	天明泥流
井上公夫（2004, 06a,b）	鎌原土石なだれ Kambara debris avalanche	天明泥流 Tenmei mudflow
気象庁（2005）	鎌原土石なだれ	
中央防災会議災害教訓の継承に関する専門調査会（2006）	鎌原火砕流/岩屑なだれ	天明泥流
早川由紀夫（2007a,b）	鎌原土石なだれ Kambara debris avalanche	
かみつけの里博物館（2007）	鎌原土石なだれ	天明泥流
関俊明（2006a, 2007b）	鎌原岩屑なだれ	天明泥流

文献名は巻末の引用・参考文献一覧表を参照のこと

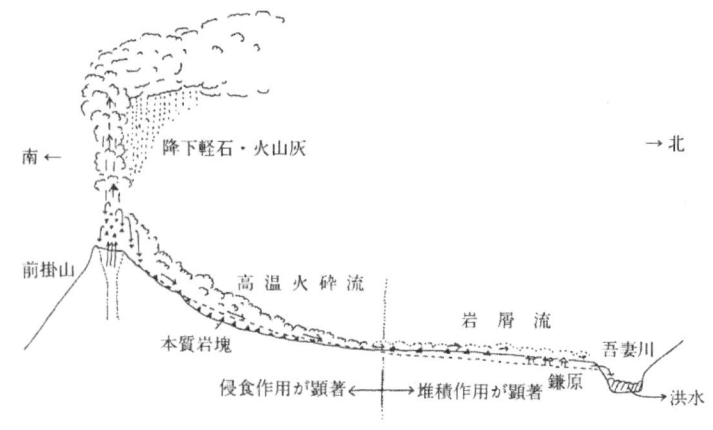

図2.1 鎌原火砕流／岩屑流の模式図（荒牧・他，1986）

義した。

③　荒牧説3　鎌原火砕流／岩屑流

　荒牧・他（1986）は、火口から噴出した火砕流を「強力なエネルギーを持つ、高速の粒子（粉体）の流れ」とし、一連のプロセスを次のように考えた。「火口頂部の火道を構成していた、ほとんど固結状態の岩塊が破壊され投出される。その大部分は北側山腹に落下し、一種の岩なだれを生じる。高温の岩粉が大量に発生することは、流れを構成する物質の流動化を促進し、内部抵抗を減少させるのに役立ったであろう。流れが火口から数km、現在の鬼押出し溶岩流の先端部付近に到達した時点で、巨大な岩塊による地表面の侵食は最大となり、40mに達する深さまで削り込まれた。……堀起こされ、大小のブロックに破壊されたこれらの岩塊へ運動エネルギーが伝えられ、これらが相当の早さで下流に流れ出すとともに、本質岩塊の多くは地表に取り残され停止した。鎌原村落に達した時点では、流れの大部分は類質物質（噴火前から火山体を構成していた物質）からなっていた。この一連の流れを、1980年5月18日のセントヘレンズ火山の噴火に際して発生した岩屑流（Debris avalanche）とほぼ同じ現象と考え、鎌原火砕流／岩屑流と定義した。この用語は、狭義の火砕流に該当する本質岩塊の流れが、中腹で地表物質と入れ替わり、下流ほど本質岩塊が少なく類質物質が多い岩屑流へ連

続的に変化したことを意味している。

④　山田・他（1993a），井上・他（1994）説　鎌原土石なだれ

　筆者ら（石川・他，1991,92，山田・他，1992，93a,b）は、山頂から中腹の凹地までを鎌原火砕流と呼び、中腹で旧地表物質と交換された以降の流れは、かなり巨大な本質岩塊も含んでいるので、鎌原火砕流／土石なだれと命名した。井上・他（1994）は、この堆積物に天明噴火で噴出した本質岩塊が7％しかなく（松島，1991）、噴火前から浅間山本体を構成していた岩塊・土砂が大部分を占めるため、鎌原土石なだれ（Kambara debris abalanche）と呼ぶことにした。また、鎌原土石なだれの発生要因の一つとして、中腹にあった柳井沼付近で生じた中腹噴火により発生した可能性があることを指摘し、図2.2の鎌原土石なだれの発生・流下のプロセスの概念図（山頂噴火と中腹噴火）を示した。

⑤　早川（1995），田村・早川（1995a,b）説　鎌原岩なだれ

　田村・早川（1995a,b）は、古文書の記載を中心に整理し、「鎌原」は前日から流れ始めていた鬼押出し溶岩流の先端部が火山性地震によって山体の一部とともに崩壊を起こし、急激な減圧を生じて「熱雲」を発生させ、「鎌原岩なだれ」が流下したと考察した。Debris avalancheの訳語としては「岩屑流」が一般的であるが、早川（1991）はavalancheの訳語として「流」はふさわしくなく、Debris flowの訳語として「岩屑流」という用語があることを指摘し、こなれた用語として「岩なだれ」という用語を提案した。しかし、Rock avalancheという用語もあり、Debris avalancheを「岩なだれ」と訳すことも適当ではない。Debrisは土石と訳すべきではないだろうか（Debris flowは土石流である）。

⑥　田中栄史（1999, 2000MS）説　鎌原岩なだれ

　田中（1999, 2000MS）は、半円形凹地（柳井沼）周辺の鬼押出し溶岩流の表面の一部に水冷破壊を示す本質岩片を特徴としたブラスト堆積物が見られ、本質岩片は鬼押出し溶岩流の岩相に似ており、共に溶結火砕岩であることを指摘した。このため、鬼押出し溶岩流は「鎌原」の発生前にこの凹地に到達していた可能性が高く、柳井沼に流入して水蒸気爆発を起こした。そ

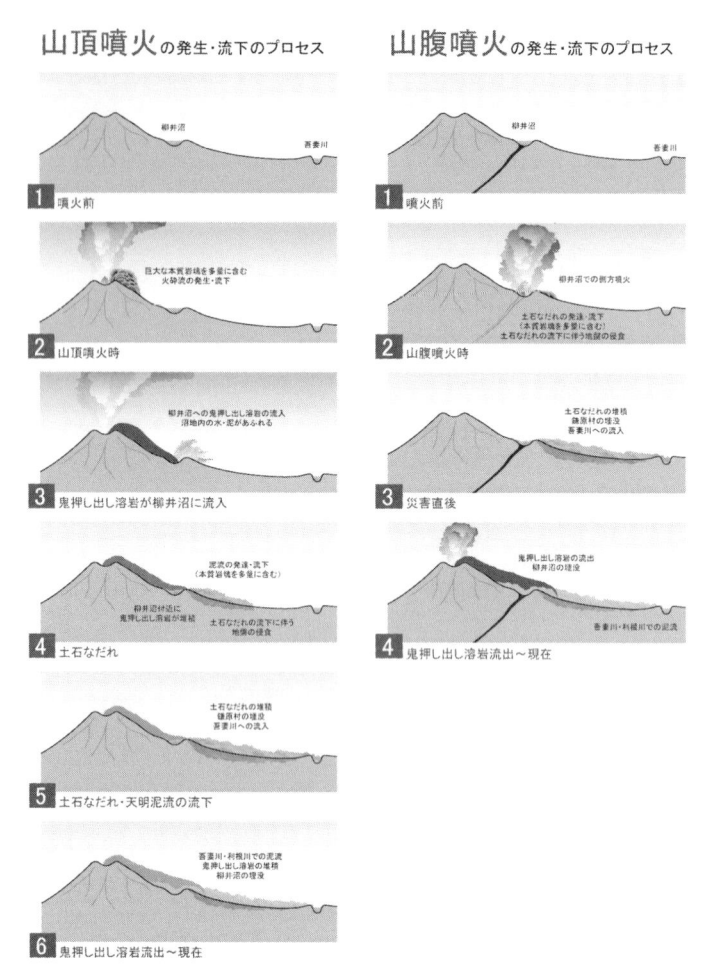

図 2.2　鎌原土石なだれ発生の概念（山田・他，1993a，井上・他，1994 を修正）
（国立歴史民俗博物館（2003）の展示パネルより）

して、溶岩流の先端部とその下の浅間山の斜面を構成する堆積物を破砕・侵食し、ブラストと共に流下したと考え、「鎌原岩なだれ」と命名した。

　荒牧の一連の研究では、吾妻川に流入以後のプロセスに関する記載は少ない。荒牧（1981）は「数多くの古文書の記述から、吾妻川の河谷を流下した洪水は、少なくとも部分的に熱い泥からなっていた。また、火を噴き、煙

を発する大きな石塊が多く流れ込んだ」と述べているだけである。

浅間山ハザードマップ検討委員会（2003）、国立歴史民俗博物館（2003）、国土交通省利根川水系砂防事務所（2004）、かみつけの里博物館（2007）では、鎌原土石なだれという用語を使っている。中央防災会議災害教訓の継承に関する専門調査会（2006）では、鎌原火砕流／岩なだれという用語を使用している。

⑦　早川（2007b,d）説　鎌原土石なだれ

早川（2007b,d）は、「塚原土石なだれ」と「鎌原土石なだれ」という用語を使い始めた。浅間山北麓の標高1730m付近にある鬼押出し溶岩の一角で、その表面を覆う吾妻火砕流の堆積物を発見し、そこには吾妻火砕流だけでなく、プリニー式軽石も認められたという。吾妻火砕流が山頂から流下し始めたのは、七月七日申刻（8月4日15時頃）だったことが史料（富沢久兵衛の『浅間記（浅間山津波実記）上』、Ⅱ, p.123）の記述から確かであり、鬼押出し溶岩が流れ始めたのは、七月八日（8月5日）に突然噴出した「鎌原」よりも前からということになる。吾妻火砕流が流下し始めた時には、鬼押出し溶岩はゆっくりと浅間山の北麓を流下中だった。また、鎌原土石なだれの発生源は山頂火口ではなく、鬼押出し溶岩の先端で柳井沼と呼ばれる湿地であった。

鬼押出し溶岩は鎌原土石なだれの噴出後、山頂火口から人知れずゆっくりと流れ下ったと長い間信じられてきた。しかし、田村・早川（1995a,b）では、
1) 鬼押出し溶岩の表面に多数のスコリアラフトが見つかる。鬼押出しはマグマのしぶきを激しく噴き上げる火口縁から溢れ出した溶岩である。
2) 山頂から流下した吾妻火砕流は、不自然に東西に分かれて流下している。流れを妨げる障害が上流部にあったにちがいないが、現在そこにそのような地形は見当たらない。
3) 鎌原土石なだれに含まれる本質岩塊が鬼押出し溶岩と酷似している。

という点をあげ、「これらの特徴から鬼押出し溶岩が七月五日（8月2日）午後から流れ始めていたとすれば、うまく説明できる。プリニー式の大噴火

が、噴煙柱→火砕流→溶岩流出という爆発力が次第に減ずるように推移するという従来の噴火モデルは、再検討される必要がある」としている。

2　浅間山山麓の鎌原土石なだれ

(1) 浅間石（長径5m以上の本質岩塊）は3000個以上

　鎌原土石なだれは、天明噴火の最後に山頂から噴出した鬼押出し溶岩流に覆われているため、斜面上部の分布範囲はよくわからない。山頂からの斜面は鬼押出し溶押岩流に覆われているため不明な点も多いが、鎌原土石なだれはこの凹地から下流30度の扇形の範囲にしか分布していない（表紙カバー写真）。浅間火山博物館の鬼押出しの遊歩道付近には、直径700mの半円形の凹地が存在する。半円形凹地の南側山腹には鬼出し溶岩や「鎌原」に覆われない直線状の谷が2本存在する（図2.13）。「鎌原」が山頂から噴出したとすれば、大部分の噴出物は空中を飛んで、柳井沼付近に着地し、削剥しながら流下しなければならない。

　山田・他（1993a,b），井上・他（1994）は、「鎌原」の堆積状況を詳細に知るため、天明噴火で地下から噴出した本質岩塊の分布と堆積物の総量を調査した。土石なだれの中には、高温のマグマが冷えて固まった巨大な本質岩塊（史料では火石と記され、通称浅間石と呼ばれている）が数多く存在する。本質岩塊はアグルチネート（高温状態の火口の中で軽石やスコリア質の岩滓が溶結したもの）で、縞模様の空隙が多く見られ、容易に他の岩石と区

写真2.1　プリンスランド別荘地内の浅間石（20×15×8m）

写真2.2　鎌原地区北部の浅間石（園児がすべり台にして遊んでいる）

写真 2.3　本質岩塊（浅間石）にみられる特有な縞模様の空隙

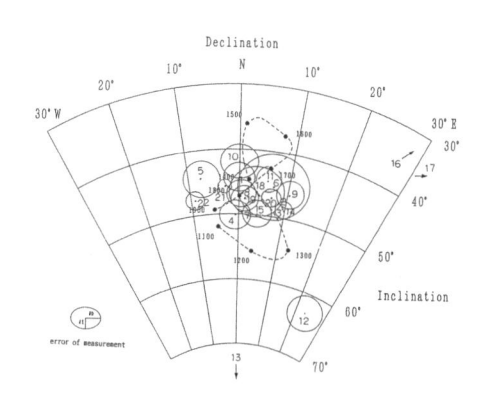

図 2.3　本質岩塊の古地磁気測定結果（山田・他，1993a，井上・他，1994）

別できる。

　写真 2.1 は浅間山北麓の別荘地内の大きな本質岩塊（浅間石）で，写真 2.2 は園児が滑り台として遊んでいた本質岩塊である。写真 2.3 は特有な縞模様の空隙を持っている本質岩塊の特徴を表している。図 2.3 は㈱パレオラボに依頼した古地磁気の測定結果である（藤根，1991）。測定試料は本質岩塊と思われる岩塊表面の数ヶ所において、ハンマーやグラインダーを用いて平坦面を作り、この面の最大傾斜の方位と傾斜角を改良磁気コンパスで測定し、試料上面に方位を示すマークと資料番号を記入した。そして、ダイヤモンドカッターで資料を切断し、交流消磁装置とリング・コア型スピナー磁力計を用いて熱残留磁化を測定し、真北を基準とする座標に数値を変換・補正した。なお、真北に対する磁北の偏角補正は、地形図の偏角図から読み取った 6.8°W の値を用いた。このようにして測定した平均偏角・伏角値を磁気永年変化図（シュミット・ネット図）にプロットした結果、データの多くは 1783 年当時の地磁気の方位に近いことが判明した。このことは、測定した本質岩塊は天明噴火によって生産されたもので、堆積後もキュリー温度（鉱物によっても異なるが 400℃程度）以上の高温であったことを示している。

　鎌原土石なだれの分布範囲（18.1km^2）には巨大な本質岩塊が多数存在

表 2.2　鎌原土石なだれ中の本質岩塊の個数と体積（山田・他，1993a を修正）

山頂からの距離（km）	調査範囲（km²）	個数	体積（m³）	密度（m³/km²）	平均粒径 d 最大（m）	平均粒径 d 平均（m）
4.6〜7.0	0.43	379	233,000	543,728	長径 37.0	長径 7.9
［調査範囲］	[3.30]	[3000]	[1790,000]	[540,000]	[---]	[---]
7.0〜8.0	2.05	87	76,961	34,815	26.0	9.9
8.0〜9.0	2.31	50	25,342	10,970	20.0	7.6
9.0〜10.0	3.01	119	22,418	7,448	20.8	5.5
10.0〜11.0	2.60	51	16,171	6,220	21.3	6.4
11.0〜12.0	1.98	65	10,658	5,397	17.1	5.6
12.0〜13.0	1.52	5	172	113	5.0	3.9
13.0〜14.0	1.04	4	274	254	6.2	4.8
14.0〜15.0	0.34	6	260	765	5.8	4.2
7.0〜15.0の計	14.85	387	149,256	10,051	26.0	6.8
4.6〜15.0の計	[18.2]	[3400]	[1940,000]	[107,000]	[37.0]	[---]

する。山田・他（1993a），井上・他（1994）は、この分布範囲で直径 5m 以上の巨大な本質岩塊の分布状況を調査した。大規模な別荘地開発以前の 1965 年に林野庁が撮影した航空写真を用いて、1/5000 の地形図を作成した。この地形図は 2m 間隔の等高線で、ほぼ自然状態の地形状況を示しており、10m 以上の巨大な本質岩塊を識別できた。米軍や林野庁の 2 倍拡大写真で 5m 以上の大きさの本質岩塊を判読するとともに、縞状構造のある真黒い溶岩であることを現地で識別し、図 2.4 の分布図を作成した。本質岩塊は浅間山の山頂から 4.6km 下流の鬼押出し遊歩道に存在する半円形の凹地より下流の地域（この地点からだと 30 度、山頂火口からだと 18 度の範囲）にしか存在しない。

　鬼押出し溶岩流は山頂から北方向に流下し、先端は 5.8km まで達している。山頂から 4.6km と 7.0km を通る県道の範囲（面積 3.3km²）には、雑木林が繁茂し、巨大な本質岩塊が密集して存在したため、個別に識別して計測することは困難であった。図 2.4 に示した A 地区（面積 0.43km²）については、1991〜92 年当時、第 7 次プリンスランドの別荘地が造成中で伐採作業が終了し、鎌原土石なだれの堆積状況を細かく観察することができた。別荘地の造成工事前の地形図（1/1000）を入手し、岩塊記号や等高線の閉

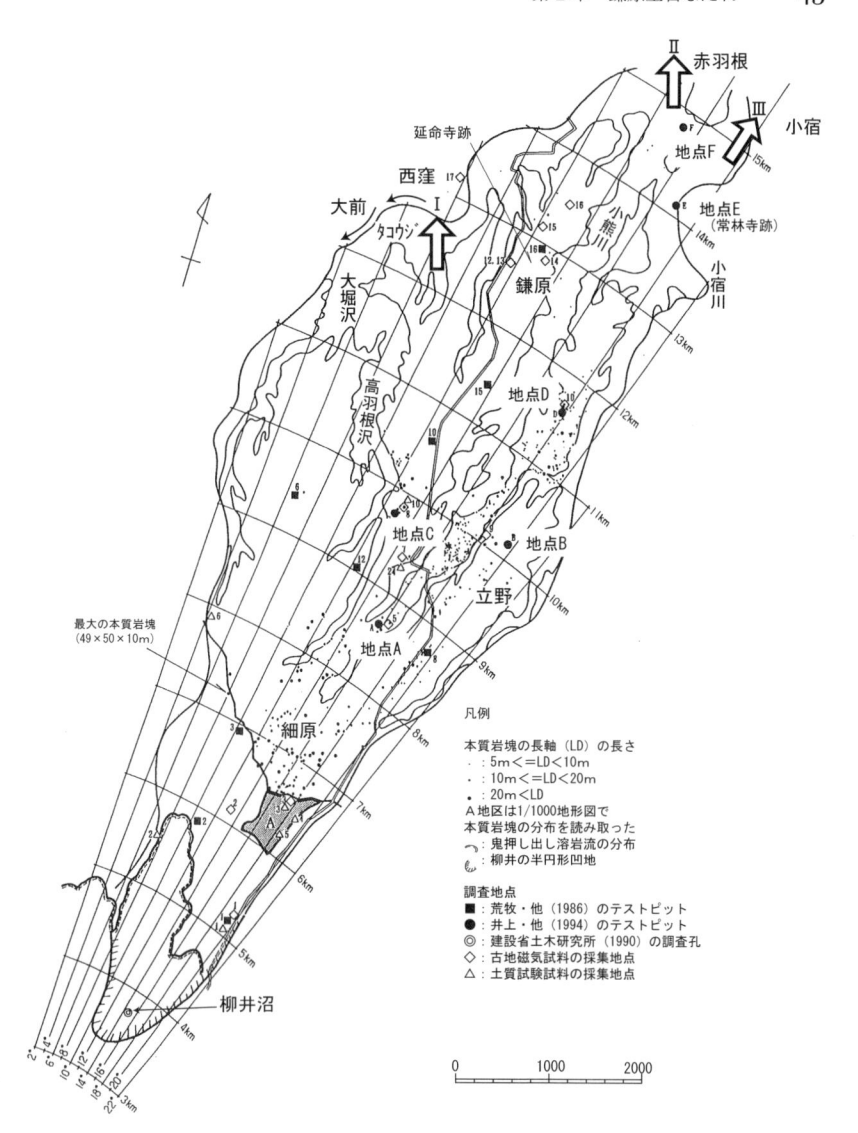

図 2.4　浅間山北麓の調査地点図（井上・他，1994，井上，1995）

曲部から長径 5m 以上の本質岩塊を読み取り、長径のみを地形図上で計測した（表 2.2）。

　県道より北側の下流地域については、5m 以上の本質岩塊の長径（a）・短

径（b）・高さ（c）を計測した。鈴木・他（1986）は Road Method（代表的道路から見える長径 5m 以上の本質岩塊）で同様に計測している。

岩塊には様々な形態があるが、楕円体とみなして、平均粒径（d）と体積（V）を次式で計算した。

$d = (a \times b \times c)^{1/3}$

$V = 1/6 \times \pi \times d^3 = 1/6 \times \pi \times a \times b \times c$

本質岩塊の集計結果を表 2.2 に示した。7.0〜15.0km の地区（14.85km^2）では、全部で 387 個の本質岩塊を計測した。合計体積 14.9 万 m^3、堆積密度 1.0 万 m^3/km^2、最大粒径 26.0m、平均粒径 6.8m であった。4.6〜7.0km の A 地区では、長径 5.0m 以上の本質岩塊が 379 個、合計体積 23.3 万 m^3、平均の堆積密度 54.3 万 m^3/km^2、最大粒径 37.0m、平均粒径 7.9m であった。4.6〜7.0km の範囲全体（3.3km^2）に直すと 3000 個程度（179 万 m^3）の本質岩塊が存在することになる。以上の計測結果から、鎌原土石なだれの分布範囲全体（18.2km^2）には、3400 個の 5m 以上の本質岩塊が存在し、総体積は 194 万 m^3 と推定した。

図 2.4 や表 2.2 に示したように、山頂から 11.5km 離れたサンランド（地点 D）でも、長径 31m にも達する巨大な本質岩塊が存在する。この地点近くの小宿川の上流・赤川の屈曲部（山頂から 19.0°E 方向に 11km 地点）に多量の本質岩塊が集積している箇所が見つかった。鎌原土石なだれの分布範囲の西側地区には、本質岩塊はあまり分布していない。戦後の別荘やゴルフ場の開発によって、かなりの本質岩塊（浅間石として高く売れる）が持ち出されたことも事実であろう。これらの数量を加える必要があるが、その数量は調査できなかった。

(2) 鎌原土石なだれの堆積量は 4700 万 m^3

鎌原土石なだれは、山頂から 4.6km〜11.0km の区間では浅間山の山麓を侵食する傾向が強く（上部斜面ほど侵食深が大きく、両側は急崖が続く）、11.0km 以遠では侵食傾向は存在せず、堆積するようになる。現地調査結果をもとに、鎌原土石なだれの堆積量と侵食量の収支を表 2.3 にまとめた（3.5

表2.3 鎌原土石なだれの堆積量と浅間山山麓の侵食量の収支
（山田・他，1993a，井上・他，1994を一部修正）

山頂からの距離 (km)	調査範囲 (km²)	堆積		侵食		収支 (万m³)
		深さ (m)	体積 (万m³)	深さ (m)	体積 (万m³)	
4.6〜7.0	3.30	3.0	990	25	8250	−7260
7.0〜8.0	2.05	2.5	513	12	2460	−1947
8.0〜9.0	2.31	2.5	578	4	924	−346
9.0〜10.0	3.01	2.5	753	3	903	−150
10.0〜11.0	2.60	2.5	650	2.5	650	0
11.0〜12.0	1.98	3.0	594	2	396	198
12.0〜13.0	1.52	2.5	380	1	152	228
13.0〜14.0	1.04	2.0	208	0.5	52	156
14.0〜15.0	0.34	1.5	53	0.5	17	36
計	18.15		4719		13804	−9085

〜5.8kmの鬼押出し溶岩流に覆われた区間の状況は不明）。鎌原土石なだれによる山麓の侵食量は1.38億m³（元々堆積範囲が凹地状であれば、侵食量は少なくなる）、堆積量は4700万m³と見積った。したがって、9000万m³程度の土石なだれ（本質岩塊と山麓を侵食した土石）が吾妻川に流入し、天明泥流になったと考えられる。

山田・他（1993a），井上・他（1994）では、鎌原土石なだれの堆積状況を知るため、図2.4で示した6地点でテストピットを掘削し、荒牧・他（1986）などの地質観察結果と比較・検証した。図2.5は各ピットの断面の地質スケッチ図で、凡例は荒牧・他（1986）になるべく合わせた。

地質観察によれば、A,C,D地点において、細いが明瞭なパイプ構造が認められた。荒牧・他（1986）は鎌原地区で10箇所のテストピットを掘削し、掘削断面の地質観察を行った。パイプ構造については、No.8（山頂から8.7km，19.7°E）のスケッチに記載があるだけで、本文中ではとくに言及していない。

荒牧説1では、鎌原火砕流が地表水を多量に取り込んで高温の泥流（鎌原・大前・大笹等の部落を破壊）へと移化したと考えていたが、荒牧説2では、その可能性を否定し、乾燥粉体流であると説明した。しかし、A,C,D地点に

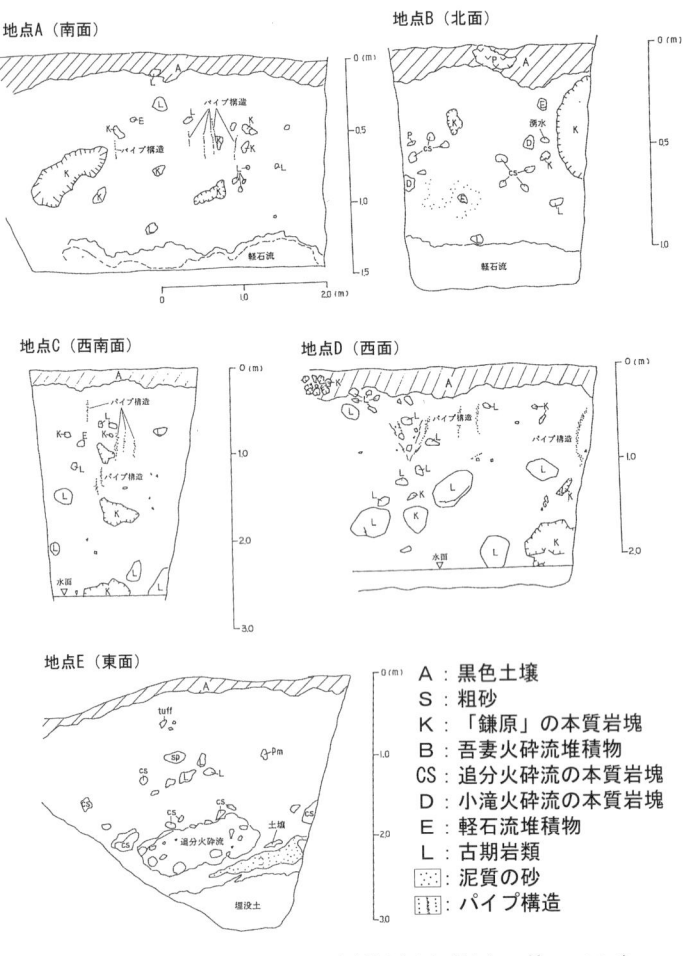

図2.5 テストピットの地質観察図（井上・他, 1994）

おける堆積状況から判断すると、高温の本質岩塊の影響を受けて、周辺にあった水分が沸騰し、パイプ構造を形成しながら、水蒸気が上方に抜けたことを示している。今回、半数の地点でパイプ構造が認められたので、流れの一部にはかなりの水分を含む流れの形態があったと判断した。一方、鎌原集落の発掘調査時に荒牧（1981）が指摘した堆積物の特徴（ブロック状に動き、土塊があまり乱されていない）は、地点E（常林寺跡地）で認められた。地

点Eの断面は、今回発掘した他の地点とは大きく異なっていた。

　鎌原観音堂や延命寺などでは、1978年から発掘調査（荒牧，1981，児玉，1982，嬬恋村教育委員会，1981，1994）が行われた。鎌原の嬬恋郷土資料館には、発掘時の状況写真や埋蔵物が展示されている。これらの報告書によれば、鎌原観音堂の階段（カラー口絵6）は、全高さ8.4m、地上部分が2.5mで、その下に5.9mの埋没階段があり、土石なだれ堆積物で覆われていた。埋没階段の最下部から折り重なっている二人の女性の遺体（老女と若い女性）が見つかった。「鎌原」の発生・流下に驚き、親子か姑・嫁が観音堂に向かって逃げる途中絶命した美談として、発掘当時の新聞でも大きく報道された。しかし、「鎌原」を見てから2人で逃げることはできなし、観音堂を襲った鎌原土石なだれが雲仙岳（1991年噴火）のような火砕流だったとしたら、観音堂に集まって祈祷していた住民は全員死亡していたであろう。

　松島（1991）による延命寺の発掘調査（カラー口絵7）によれば、埋蔵物はあまり焼けていなかった。鎌原土石なだれ堆積物（層厚6.5m）の地層断面中の直径1cm以上の岩塊の構成比率を図2.6に示した。堆積物中の高温だった本質岩塊（浅間石）の構成比率は、7％程度と少なかった。

　浅間山北麓の鎌原土石なだれ堆積物の総量は4700万m^3であるので、堆積物中に5～10％の本質岩塊が含まれているとすれば、235～470万m^3の本質岩塊が含まれていることになる。前述したように、浅間山の北麓には5m以上の本質岩塊が3400個、194万m^3存在するので、北麓に残存している本質岩塊の総量は、430～660万m^3となる。吾妻川を流下した天明泥流にも、多くの本質岩塊が流れてきたことが史料や絵図に記録されている。しかし、火石・浅間石として大量に販売され、宅地や耕作地にはあま

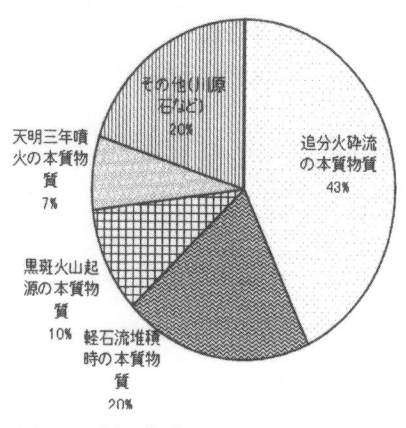

図2.6　鎌原集落の発掘時の粒径1cm以上の礫種（松島，1991）

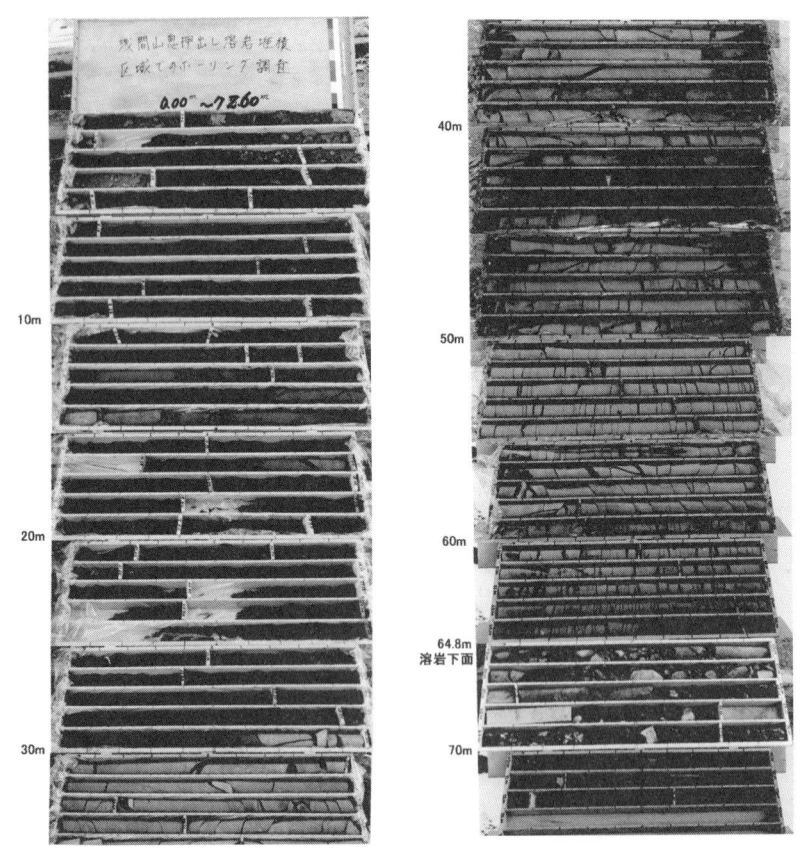

写真 2.4　半円形凹地での調査ボーリングコア（山田・他，1993a）

り残っていない。天明泥流の堆積物が残る林床を観察すると、かなりの本質岩塊が残っている地区がある。

したがって、天明泥流（総体積6000〜8000万m^3，水分を含めた総流量は1億m^3程度）中の比率を5％とすれば、本質岩塊は300〜400万m^3となる。

以上のことから、鎌原土石なだれは本質岩塊の多い部分や少ない部分、水分の多い部分や少ない部分のように、いくつかの流動形態に分かれて流下したと考えられる。鎌原土石なだれと天明泥流中に含まれる本質岩塊の総量（浅間山の噴火で噴出した物質）は、730万〜1060万m^3程度となる。

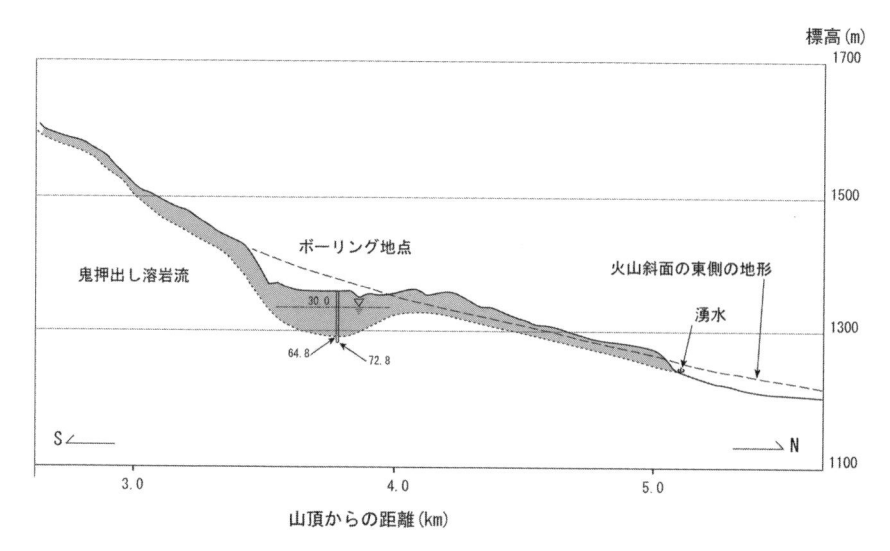

図2.7 浅間山北麓の地質推定断面図（井上・他，1994）

(3) 鬼押出し溶岩流の地質調査

井上素子（2002）は、鬼押出し溶岩流の地形・地質状況を詳細に調査して、溶岩流の微地形およびフローユニット区分図を作成した（図1.11）。鬼押出し溶岩流が広く分布する浅間火山博物館の遊歩道付近には、直径700mの半円形凹地が存在する。鎌原土石なだれは、この凹地から下流で扇形の範囲にしか分布しない。

山田・他（1993a）や井上・他（1994）は、図2.4の◎地点で72.6mの全延長コア採取ボーリング（ミストボーリング）を実施した。写真2.4に示したように、当初、溶岩流の厚さを周囲の地形条件から30〜40mと推定していたが、予想以上に厚かった。コア観察は荒牧先生の指導を受けて行い、図2.7の地質推定断面図を作成した。安井・荒牧（1997）はコア試料を用いて、日本大学文理学部地球システム科学科で化学分析を実施した。5.1〜29.6mは多孔質で赤褐色に変質した空隙の多い溶岩、29.6〜64.7mは非常に緻密な溶岩であった。鬼押出し溶岩は肉眼的・顕微鏡的に溶結構造を示し、酸化

した火砕物を多く含んでおり（安井，2006）、これらは一般に火口近傍に高温の火砕物が堆積する場合に形成される特徴である。爆発的なマグマの噴出時には、マグマ中の結晶が破砕されて、破片状結晶が多く生産される。鬼押出し溶岩は、破片状の結晶が8割以上と非常に多くなっており、類質岩片（同じ火山を構成する以前の噴出岩類）も多く含んでいた。64.7mより下位は、種々の岩塊を含む堆積物（黒斑火山が山体崩壊した時の塚原・応桑土石なだれ堆積物）で、追分火砕流や鎌原土石なだれの本質岩塊や沼沢性の堆積物は認められなかった。

　図2.7の地質推定断面図（山田・他，1993a）によれば、鬼押出し溶岩流噴出以前には地表面の形態以上に深い凹地が存在した。掘削中の地下水位は30.0m付近であったので、溶岩の基底部の地形はすぐ北側（鬼押出し園付近）では少し高くなっていたと判断した。古文書から判断すると、天仁噴火（1108）以前から柳井凹地が存在し、追分火砕流の噴出によってもこの凹地は埋め切れず、天明噴火以前には、かなり大きな沼地（柳井沼、後述）が存在したと考えられる。1本だけのボーリングでは不明な点も多いが、この地点に存在した追分火砕流や沼沢性の堆積物は、鎌原土石なだれの噴出時に侵食されてしまったのであろう。

　以上の点をさらに解明するためには、半円形凹地付近で数本の調査ボーリングなどを実施して、この地域の地形・地質特性を把握していくべきである。

3　史料・絵図による鎌原土石なだれの記載

　表2.4に示したように、鎌原土石なだれに関する史料・絵図の記載は非常に多いが、鎌原土石なだれの目撃者の多くは、押し流され埋もれてしまったため、その目撃談を後世に残すことはできなかった。実際の目撃者でも、その現象を正確に記述することは困難であった。古文書に残された目撃談の多くは、伝聞やいくつかの事実を基にした後世の創作である。しかし、多くの史料や絵図を詳細に分析すると、鎌原土石なだれの発生、流下特性が明らかになってきた。

表2.4 鎌原土石なだれに関する史料・絵図の記載とその解釈

番号	参考文献・古文書等	記述内容
1	浅間山嶺吾妻川村々絵図（美濃部氏蔵） （萩原進氏移写）－カラー口絵1	萩原氏が安中市の美濃部昭夫氏所有の絵図を書き写したもの。 絵図に柳井沼が青く描かれている。
2	吾妻川筋被害絵図－カラー口絵2 （群馬県境町，飯島栄一郎氏蔵）	山頂からの噴煙と同時に、中腹からも噴煙が描かれ、 鎌原土石なだれ・天明泥流がそこから流出している。
3	泥流被害絵図（町田武彦氏所有） 中之条町歴史民俗資料館蔵	山頂北側の峰の茶屋と大笹を結ぶ大笹街道の南に柳井沼が 描かれている。
4	文化十年（1813）鎌原復興絵図 （嬬恋村鎌原の佐藤次煕氏所有） 嬬恋郷土資料館蔵	浅間山北麓には、柳井沼（柳井戸）の他、杣井戸・かつら井戸・ 井戸休み場、用水等の沼地や湧水の地名が記載されている。 （現在でも標高1100～1300m付近に湿地・沼地が多い）
5	浅間山焼出上州火石流満水絵図 兵庫県姫路市，熊谷次郎氏蔵	中腹での噴火と泥流の発生を描いている。
6	浅間山焼大変記，Ⅲ，P.269 上野国碓氷郡人見村・彦兵衛	「……持統天皇九年(695)四月役行者始めて当山を開き給ふ …東北の方に柳の葉に似たる井有則柳の井と号絡ふ……」
7	浅間山大変実記，Ⅲ，p.61 上野国那波郡上今村・須田久左衛門	「……東北の山中柳の井有り。是に毒蛇水を吐く、是毒水なり」(695) ～柳の井は天仁元年(1108)の追分火砕流噴出前に存在していた。」 硫黄や温泉の噴き出し口が存在し、爆裂火口の可能性で示唆する。
8	浅間焼出大変記，Ⅱ，p.231 大武山義珍	「……浅間山麓に昔は鬼神堂有。慶長元申年(1596)焼失すと云ふ ……柳之井より一丁程東に女人堂有り。貞享年中(1684-88)に 武州江戸神田之者三人にて比堂に休み、……」
9	天明三年七月砂降候以後之記録， Ⅲ，p.141，毛呂義卿	「……七月始め、瀧原ノ者草刈に出て谷地を見候へは 谷地之泥二間斗涌きあかり候……」
10	浅間山大変実記，Ⅱ，p.201 蓉藤庵	浅間の麓から引いている鎌原の用水が七月七日の晩から 枯れてしまい、村の長が不思議に思い八日の未明に行ったところ、 泥が山のように湧き出ていた。
11	浅間焼出大変記，Ⅱ，p.230 大武山義珍	「……七月八日四ツ半時分…… 一番目の流れの先頭には黒鬼と見えるようなものが大地を動かし、 二番目の流れは火石を300m程度噴き上げ、青龍くれないの舌をま き、両眼は日月のようであった。」
12	浅間大変覚書，Ⅱ，p.48 無量院住職	「……八日昼四ツ半時分少鳴音静なり。 直ちに熱湯一度に水勢百丈余り山より湧出し原一面に押出し、 ……大方の様子は浅間涌出時々山の根頻りにひっしほひっしほと鳴り わちわちと言より黒煙一さんに鎌原の方へおしだし……」
13	天明三年七月砂降候以降之記録，Ⅲ， p.141　毛呂義卿	「……泥三筋に分れ、北西の方へ西窪を押し抜け、 中の筋は羽尾村へ押しかけ、北東の方は小宿を押し抜け……」
14	浅間山焼に付見聞覚書，Ⅲ，p.333 幕府勘定吟味役　根岸九郎左衛門	「……住民からの聴取によれば、山頂から吹き出したと言う者もあれ ば、中腹から吹き出したと言う者もあり、どちらか断定できなかった。
15	浅間山焼出記事（全） 著者不明（幕閣の役人か？）	「……ふしき成事と見候ても申候。 其節北上州の方へ硫黄吹、中途よりふき出し、……」

※出典は萩原進（1986, 87,88,93,95）『浅間山天明噴火史料集成』から収録した。
　引用史料の出典は萩原の巻数（Ⅰ～Ⅴ）と頁数を付記した。

(1) 鎌原土石なだれの発生と鎌原村の被災状況

　カラー口絵1『浅間山嶺吾妻川村々絵図』や中之条町歴史民俗資料館に展示されている『泥流被害絵図』などによれば、浅間山山頂と北側の峰の茶屋と大笹を結ぶ大笹街道の間の山麓に「柳井」と呼ばれる沼が青色で描かれている。嬬恋村鎌原の佐藤次熙氏所有の『文化十年（1813）　鎌原復興絵図』（現在は嬬恋村郷土資料館蔵）によれば、浅間山の北麓には柳井沼（柳井戸）ばかりでなく、杣井戸・かつら井戸・井戸休み場・用水などの沼沢地や湧水地を示す地名が北麓の地帯に多く認められる（井上，1993，井上・古澤・荒牧，2003）。現在でも、浅間山周囲の標高1100～1300m付近には、多くの湧水地や湿地・沼地が存在する。したがって、天明噴火当時も多くの湿地・沼地が存在したと判断される。

　上野国碓氷郡上人村・彦兵衛『浅間山焼大変記』（Ⅲ，p.269）は、「抑信州浅間が嶽は、持統天皇九年丙申（695）四月上旬、役行者（役小角）始めて当山を開き給ふ。時に役行者山より四方を臨み見給ふに東北の方に柳の葉に似たる井有則柳の井と号給ふ。この所に黒蛇住て毒気吐行者怪しみ仏天へ祈誓し利劔を以是を退治す。夫より山峰へ登り厳を平かにし草堂を経営日夜勤行給ふ事日久し。時に百獣鬼競て行者の大徳に随喜しける。」と記している。

　上野国那波郡上今村・須田久左衛門『浅間山大変実記』（Ⅲ，p.61）は、「信州浅間が嶽は持統天皇九年丙申（695）役行者此山に登り給ふ。東北の山中柳の井有り是に毒蛇水を吐く、是毒水なり」と記している。

　695年は、追分火砕流などが噴出した天仁元年（1108）よりもかなり古い。大武山義珍の『浅間焼出大変記』（Ⅱ，p.231）によれば、浅間山麓には鬼神堂があり、慶長元年（1596）には焼失したという。この堂付近を通って浅間山に登った者もあった。天明噴火の前（1684-88）には柳井沼の100mほど東を通る街道があり、女人堂が存在したと記載されている。

　現在、浅間山を祭る「浅間大明神」は存在しないが、14世紀中頃に成立した『上野国神名帳』の「総社本」の巻頭には、上野国の鎮守十社があり、「従一位浅間大明神」と記されている（松島，1996）。江戸時代の中頃に作成さ

れた『元禄国絵図』には、浅間山北麓の 1500 m 付近に朱色の社殿が描かれ、「浅間大明神」と墨書されている。

　絵図の配置や地形条件から判断して、上記の柳井沼（柳井戸）は、図 2.1 に示した長野原町営火山博物館横の半円形の凹地付近に存在したと考えられる。従来、この凹地は荒牧・他（1986）などによって、「天明噴火の際に山頂から噴出した鎌原火砕流の本質岩塊によって削剥された地形」と解釈されてきた。

　しかし、これらの史料の記録が正しいとすれば、天仁の噴火よりも前から柳井沼が存在し、追分火砕流の流下・堆積によっても埋めつくされずに残っていたことになる。また、「……毒蛇水を吐く、是毒水なり……」（『浅間山大変実記』、Ⅲ，p.61）と記されているので、柳井沼付近には硫黄や温泉の吹き出し口が存在したことを示唆している。したがって、半円形の凹地は天仁噴火（1108）よりも古い時代に形成された噴火口（爆裂火口）であった可能性が強い。

　天明噴火後の災害調査を実施した幕府勘定吟味役の根岸九郎左衛門『浅間山焼に付見聞覚書』（Ⅱ，p.333）は、「一．此度浅間山焼にて、右の通泥石等吾妻川 $\underset{ならびに}{并}$ 利根川え押開候儀何れより涌出候哉の段、右起立の儀承 $\underset{いず}{紀}$ 候得共、浅間絶頂に有之俗に $\underset{おはち}{御鉢}$ と唱へ候所より涌こぼれ候儀にも可有御座、又は中ふくより吹破候とも申候。何れとも取〆め候儀も無之、浅間最寄の者に承り候ても $\underset{しか}{駿}$ と仕候儀も不相分、$\underset{そのみぎり}{其砌}$ は命を失ひ不申様取急ぎ候て逃退候を専一に存、$\underset{ことごと}{悉}$ く見留め不申段申之者多く、此段全く実事と相聞候。」と記している。

　根岸は多くの農民を聴取したが、山頂の $\underset{おはち}{御鉢}$ から涌きこぼれたという者や中腹から吹き破れたという者がいて、どちらか断定できなかった。

　著者不明（幕閣の役人か，国立公文書館の内閣文庫蔵，166-488）『浅間山焼出記事（全）』（Ⅳ，p.281）は、「一．七月八日昼時浅間山火勢強盛時西北の間別段黒煙立候て鳴動致候と本山の方し軽く成申候。ふしぎ成事と見候もの申候。其節北上州の方へ硫黄吹、中途よりふき出し、杢川（吾妻川）をたたへ一度に押出し、十八ケ村跡形もなく押流利根川へ押込、火石硫黄もえ

ながら流候由説御坐候。原田清右衛門御代官所　上州吾妻郡大笹村」と記している。地元大笹村からの報告によれば、中腹から鎌原土石なだれが噴き出し、吾妻川（杢川）から利根川へ流下した。カラー口絵2『吾妻川筋被害絵図』（群馬県境町・飯島栄一郎氏蔵）は、鎌原土石なだれは中腹から噴火して、一気に麓の鎌原村を襲い、さらに吾妻川になだれ落ちて天明泥流となったように描かれている。

　上野国群馬郡渋川宿・蓉藤庵『浅間山大変実記』（Ⅱ，p.201）は、「我妻川の変にかかりしとは神（鎌）原最も甚し。神原の用水は浅間の腰より来る。七日（8月4日）晩流一円来す。村の長たる者不思議成事かな源を見んと八日の未明見に赴しに泥湧出つる事山の如し。見と斉しく飛鳥（あすか）の如く立帰り村へ来ると大音に、大変有家財も捨て逃げよ逃げよと呼りて我家へ帰、取者もとりあえずあたり辺を引き連れて高き山へ遁（のが）れ命恙（つつが）なし。呼はれたる家にて、何気違の有様逃てよくは朝飯給て退くべしと油断する中、大浪天にみなぎり其はやき事一時に家も人も皆泥中のみくずに成。鎌原の人死者四百五十人余人長々引連遁し者九十二人外の浄（常）林寺といへる曹洞の和尚伴僧一人連斎に出られ突帰り見給へは寺ハ何地なるべき其当も知れず、泥曼々として樹木さえ影も形もなし」と記している。

　鎌原村の水源地付近では、鎌原土石なだれの噴出前日（8月4日）に泥が吹き出していたと言う。それを目撃した村長は急いで村に帰り、周辺に大声で「逃げろ逃げろ」と告げ、家族を連れて高い山の方へ逃げた。他の人は朝食を食べてから逃げようと油断しているうちに、鎌原土石なだれが押し寄せて人家もろとも泥の中の水屑（みくず）になってしまった。鎌原村の村民450余人のうち、助かったのは92人だけであった。常林寺の和尚が寺に戻ったが、泥曼々として樹木さえ影もなかったと、鎌原村の被災状況を克明に描いている。

　上野国新田郡世良田村の毛呂義卿『砂降候以後之記録』（Ⅲ，p.141-142）は、川原湯（山頂から31.7km下流の吾妻川右岸）の不動院の話として、「一、浅間山并（ならびに）吾妻之事委敷不相知処、河原湯之不動院より申来り候にて委細相知候。浅間山四月九日（5月9日）より焼不断鳴候て大きなる穴明て煙火吹出し候。此穴長野原よりは見ゆる河原（湯）よりは不見。浅間山の北のなだ

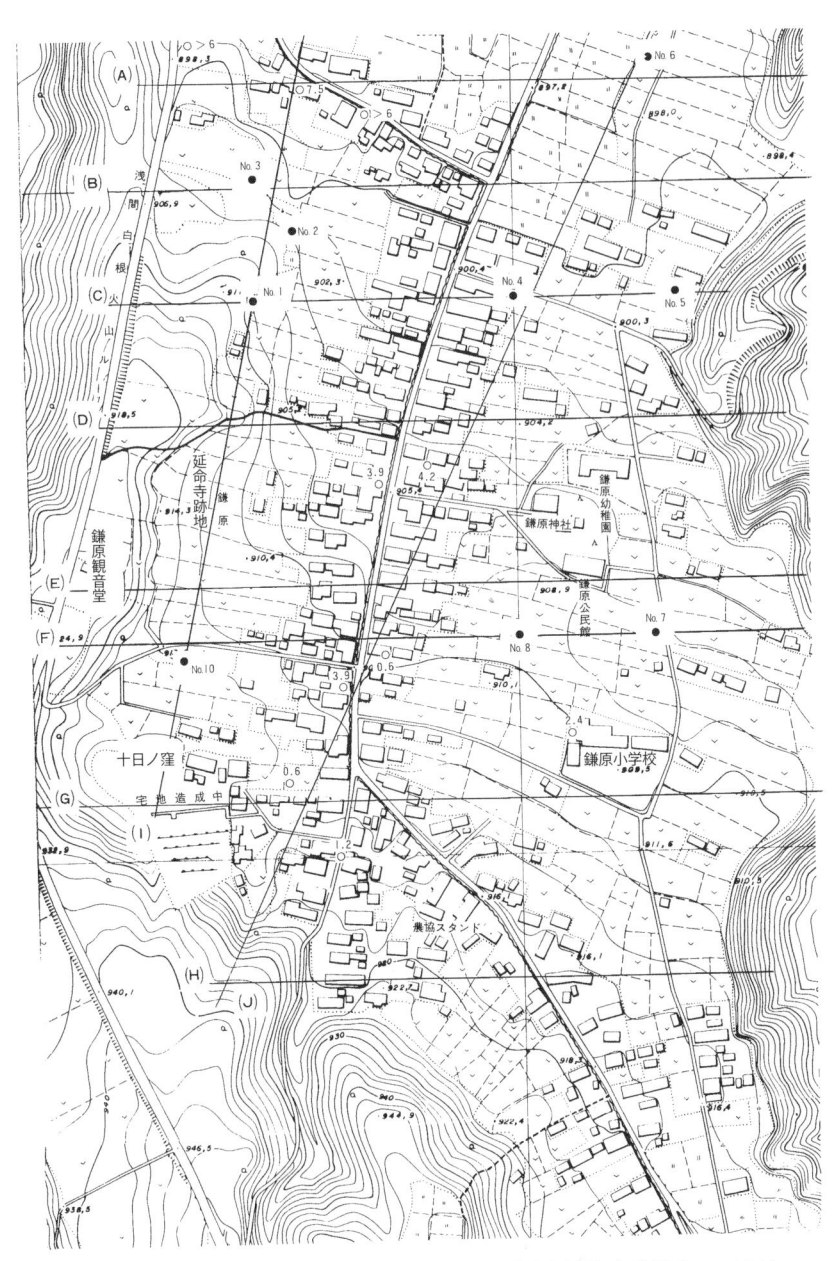

図 2.8 鎌原地区の調査平面・断面位置図（嬬恋村教育委員会，1981）

れに谷地あり、長□□も有る谷地也。其北に松林あり御林なり。大木の松あり世間にくろふと云。其北は鎌原なり。鎌原は一段高き所にて昔し鎌原左衛門と云者の古城跡にて北の方は切岸にて屏風の如し。竪町と云西東の町あり、横町と云北南の町竪町西に在、其西は山也。七月初瀧原の者草刈りに出て谷地を見候へば、谷地の泥二間（3.6m）斗涌あかり候。是を見て畏れ早速家財を被仕廻立退候。瀧原とは鎌原之内にて谷地に近き東の方なり。十四五軒も有る所也。然る所七月八日昼四ッ前（8月5日10時頃）、夥敷焼上火石吹飛し谷地に落入谷地の泥涌上り松林を抜き鎌原へ押懸け町中二百軒斗一軒も不残押抜候。横町の者後の山へ六十人斗り逃上り候へ共竪町の者は僅に五人助り候由。夫より泥三筋に分れ北西の方へ西窪を押抜け、是より逆水にて大前高うし両村を押抜け、中の筋は羽尾村へ押かけ、北東の方は小宿村を押抜く。羽尾小宿の間にて芦生田抜る。高うしは七八軒抜る由。夫より坪井村長野原村不残推抜く。……」と記している。

　この記載によれば、鎌原村は宿場町としてかなり大きな町並が並んでいた。七月（8月）初め、瀧原の者が草刈りに出て、浅間山の北麓の谷中で、泥が3.6mも吹き出していたのを発見した。それを見て早速家財を持って逃げたという。瀧原は鎌原村の中にあって、谷地に近い東の方にあったという。なお、瀧原という小字名は現在は鎌原地区周辺には存在しない。嬬恋村誌編集委員会・萩原進（1977）や「文化十年（1813）　鎌原復興絵図」によれば、鎌原村の外村として、浅間山よりに白戸沢（戸数14戸，現在の立野付近，鎌原土石なだれで全滅）という集落がある。天明噴火以前には外村の一つとして瀧原（白戸沢？）が存在したのであろう。鎌原村は200軒ばかりであったが、一件も残らず押し流された。横町の60人は後ろの山へ逃げられたが、竪町は5人しか助からなかった。

(2)　鎌原土石なだれの流下状況

　鎌原土石なだれの流下状況については、次のような記載がある。
　大武山義珍の『浅間焼出大変記』（Ⅱ，p.230-231）は、鎌原村を襲った鎌原土石なだれの流下・堆積状況を詳しく記している。1番目の流れ（土石

第 2 章 鎌原土石なだれ　57

写真 2.5　無量院（嬬恋村大笹）

なだれ）は、先端に黒鬼と見えるような流れが大地を動かし、家の囲いの老木を含めて、すべて押し砕き、震動雷電しながら流下した。2 番目の流れは、浅間石（火石）を含む高さ 100 丈（300m）にも達する流れであった。青鬼が舌を巻き、両目は日月の如くであった。昼（11 時頃）であるのに、一時的に真っ暗闇となり、火石の光は 100 万回も落雷するように鳴り響き、天地が崩れるほどであった。火焔の光は空を突き抜くようであったという。1 番目は本質岩塊を含まない流動で、2 番目は高温の本質岩塊（浅間石，火石）を多く含む流動であったのであろう。鎌原土石なだれの流下した後の鎌原村は、一面の泥海に化した。

　上野国吾妻郡大笹村・無量院住職の『浅間大変覚書』（II，p.48-49）は鎌原村の人々の様子を詳しく記している。鎌原土石なだれは、「黒煙を上げながら、ひっしほひっしほと鳴り、わちわち」と鎌原村へ押し流れた。流下した後は黒煙が一面に立ち上っていた」という。また、鎌原土石なだれが吾妻川になだれ落ちた範囲は、現嬬恋村大笹と大前の字境の大堀沢から芦生田と袋倉の字境の小宿川の範囲で、直線距離で 7km の範囲となる（関，2006a, b，2007b，図 2.4 参照）。写真 2.5 は『浅間大変覚書』の作者が住職となっていた無量院の現況である。

　上野国吾妻郡大笹村名主・黒岩長左衛門『浅間山焼荒一件』（II，p.79）には、復旧工事に際して「従是川々御普請御手伝細川越中守」と記した「御手伝柱」を建てたという記載がある。「遠藤兵右衛門様御手代時田儀治郎様、御手伝柱御持参写大堀ばたへ御建被成候」とあり、大堀沢の吾妻川への注ぎ口付近が復旧工事の起点になったと推定できるので、この地点から下流が天明泥流の通過範囲と考えられる（関，2006a,b，2007b）。

　武蔵国幡羅郡飯塚村・原口周蔵『砂降泥押浅間山焦之記』（III，p.190-191）

コラム2

根岸九郎左衛門鎮衛『耳嚢（みみふくろ）』にみる鎌原村の復興

　幕府勘定吟味役・根岸九郎左衛門鎮衛（やすもり）は、天明噴火災害後に幕命によって、幕府の最高指揮者として武州・上州・信州の被害地に赴き（噴火から50日後の天明八月二十八日から現地見分）、被害状況を詳細に調査した。『浅間山焼に付見分覚書』（Ⅱ，p.332-348.）は、根岸自身が直接まとめたもので、末尾に「右は、幕府勘定吟味役・根岸九郎左衛門申上之書面也」と書かれ、数多い記録類の中でも最も信頼度が高いものである。根岸が地元村役人からの報告を整理し、幕府に直接提出した公式の報告書であるから、他の史料の無責任な被害数字を確認できるものである。この実況見分の後に復旧工事が開始されると、根岸はその総支配格として、再び現地に赴き工事を指揮している。天明四年に復旧の応急工事は終了したが、工事記録の中には根岸の名が必ず出てくる。幕府では特にその労を賞した（天明四年（1784）二月八日）ことが、『浚明院殿御実記』（Ⅰ，p.369-372.）などの公式文書に記されている。その後、根岸は肥前守を名乗り、「佐渡奉行」「勘定奉行」「江戸南町奉行」などの要職を歴任している。

　根岸は文才もあり、『耳嚢』（長谷川強編（1991），岩波文庫，上下，鈴木棠三編（1972），平凡社東洋文庫，No.207,208）という随筆を書いている。この中から、鎌原村の復興の復興に関する逸話を紹介する（Ⅴ，p.22-23）。

鎌原村異変の節奇特の取計ひ致候者の事

……上州吾妻郡鎌原村は浅間北麓の村方にて、山焼の節泥火石を押出し候折柄も、たとえば鉄砲の筒先といへる所故、人別三百人程の場所、纔（わず）かに男女子供を入れて九十三人残りて、跡は残らず泥火石に押埋められ流れ失せし也。是れに依て誠に其残れる者も途方に暮れ居たりしに、同郡大笹村長左衛門千俣（また）村小兵衛大戸村安左衛門といへる者奇特なる者にて、早速銘々の家へ引取りはごくみ、其上少し鎮まりて右大変の跡へ小屋掛を二棟しつらひ、麦粟稗等を少しく送りて助命致させける内に、公儀よりも御代官へ御沙汰有りて夫食等の御手当ありけるなり。右小屋をしつらひし初三人の者ども工夫にて、百姓は家筋素性を甚だ吟味致し、たとひ当時は富貴にても、元重立候者にこれなく候ては座敷へもあけず、格式挨拶等格別に致し候事なれど、かかる大変に逢ひて生残りし九十三人は、誠に骨肉の一族と思ふべしとて、右小屋にて親族の約諾をなしける。追て御普請も出来上りて尚又三人の者より酒肴など送り、九十三人の内夫を失ひし女は女房を流されし男を取合せ、子を失ひし老人へは親なきものを養はせ、残らず一類に取合せける。誠に変に逢ひての取計ひは面白き事成。……

コラム3

蜀山人書
「大笹駅浅間碑」
（V，p.162-163.）

　この碑文は鎌原村の復興に尽力した分限者のひとり、鎌原村隣村大笹村の名主兼問屋の黒岩長左衛門（号大栄）が、災の再びあることを子孫に誡めるため、大田蜀山人（1749-1823）に依頼して揮毫してもらったものである。嬬恋村誌編集委員会（1977）などでは、「蜀山人書浅間噴火災害記念碑」と呼んでいるが、建碑の事情やその後の経緯からして「大笹駅浅間碑」とすべきであろう（松島，1998）。長左衛門の没後の十三回忌の文化十三年（1800）に息子の長左衛門（号佗澄）が大笹宿の東村山に建立した。蜀山人は碑文の中で「災害は忘れた頃にやってくる」と誡めている。戦後土地と共に人手に渡り、現在は嬬恋村の鬼押出し園の溶岩の上に移されている。今では風雪にさらされ、碑文は読みづらくなっている。図2.9は『東海道中膝栗毛』の著者である十返舎一九が文政三年（1820）に『金草鞋十三編　善光寺草津道中』で紹介している。

　「信濃なるあさまがたけにたつ烟（けむり）は、ふるき歌にも見へて、をちこち人のしる所なり。いにし天明三のとし夏のはじめよりことになりはためきて、ほのほもえ上り、烟は東の空になびきて、灰砂を降らし、泥水をふき出し、同七月五日より八日にいたるまで夜昼のわかちもなく、ふもとの林ことごとくやけ、泥水は三里ばかり隔りたる吾妻川にあふれゆきて、凡二十里あまりの人家山林田圃はいふに及ばず、人馬の流死せしもの数をしらす。しかるに有がたきおほんめぐみによりて、やうやうもとの如くにたちかえるといへども、たつ烟はさらにやます、いにし年この災をおそれて速にたちさりしものはからき命をたすかり、おそれすして止まれるものはことごとく死亡せり。これより後にいたりて又も大きにやけ出んもはかりがたければ、里人この碑をたてて後のいましめをなすことしかり。

　富士のねの烟はたたすなりぬれと
　あさまの山そとことはにみゆ
文化十三年丙子秋九月
　　　　　　　蜀山人書

　　　　　　　黒岩大栄建

図2.9　大笹駅浅間碑の図
　　　（十返舎一九，1820）

は、鎌原土石なだれから天明泥流に変化した流動状況を詳述している。この流れは、高さ3丈（9m）・長さ13間（20m）の大石（浅間石）を山頂から13里（52km）の地点まで押し流した。大石からは火焔が上がり、周りの流水はたちまち熱湯になった。水と本質岩塊とが闘う轟音は、鍋釜の湧くようであった。火石の上に流れてきた物はたちまち燃え出し、戸などは焦げてしまった。

　以上の史料や絵図の記載などから、鎌原土石なだれは山頂噴火ではなく、柳井凹地から中腹噴火し、一気に流下したと考えられる。カラー口絵4は土石なだれに襲われた鎌原村の想像図で、カラー口絵5は吾妻川になだれ落ちた様子を想像して描いた図である（群馬県土木部中之条土木事務所，1997a）。

4　鎌原村の発掘調査

(1) 鎌原村の概要

　鎌原土石なだれによって埋没した鎌原村の実態を示す史料はあまり多くない。浅間山の北麓標高900mに集落が形成されたのは、天仁噴火（1108）から300年以上後の室町時代である（松島，2006）。戦国時代の武将・鎌原氏は、応永四年（1397）鎌原城を築き、8代にわたって居城したと伝えられている。

　上野国吾妻郡鎌原村・山崎金兵衛『浅間山焼之日 并(ならび) 其外家并名前帳』（Ⅱ, p.54）は、「浅間大変前後の訳左の通り。当鎌原村の儀は、天明三年癸卯浅間山押出し焼荒れの節、田畑近所は勿論民家山林不残流失いたし、諸書物等品によらず不残押払ひ土中にうつみ、何品に不限天明二年以前の姿無之、数年相立候上は実以相知れ不申候間、後年に到り請人の為心得の左に書記者也。観世音堂、秋葉山社　此二ケ所相残り候。」と記している。鎌原村の実態を示す史料や村落はほぼ完全に消滅し、集落西側の高台にあった観音堂と秋葉山社のみ残った。

　上野国吾妻郡大笹村名主・黒岩長左衛門『浅間山焼荒一件』（Ⅱ, p.58）は、「鎌原村　流死人四百六拾七人　同断　馬百六十五疋　観音堂　秋葉社　此

弐ケ所残候也　外は何にても不残流失の村方也。右は山荒火石取除田畑起返
并に道造り　御公儀様御普請所左の通り」と記している。

　鎌原集落は浅間山北麓の拠点的な集落・交通の要所として栄えていた。鎌
原観音堂に須弥壇を造った際の奉賀連名の墨書によると、当時の戸数は118
戸である。文化十二年（1815）、観音堂参道入り口に建てられた供養碑には、
戸数95戸、鎌原土石なだれによる犠牲者は477人，生存者93人と記され
ているので、天明当時の戸数は100戸，人口は570人前後と考えられる。
これだけの大きな集落が農業に適さない標高900mの地に存在できたのは、
信州街道の宿場町（馬継場）としての役割が大きかったためである。交通の
要所として、多くの馬が飼育されていたが、80％以上の馬が鎌原土石なだ
れによって流死してしまった。

(2) 十日ノ窪の発掘

　昭和50年（1975）から、鎌原地区の十日ノ窪（図2.8）で発掘調査が複
数の機関で開始された。この地で終戦直後に炭焼き窯をつくるために掘り起
こしたところ、地中から屋根の茅が出てきた。そこで、昭和50年4月に鎌
原老人クラブが十日ノ窪の発掘を行った。すると、地下3mのところで、家
の柱や屋根の茅のほか、鋤・鍬・馬の飼葉桶・硯・漆塗りの椀・水差しなど
の生活用品30点を発見した。昭和51年3月には、十日ノ窪の地下1.5m
付近の埋没した人家の中から、30〜40歳の女性と子供の白骨死体が掘り
出された。また、建設用材や生活用品が多数発見された。その中には江戸で
も豊かな商人しか持ち得ないようなガラス製の鏡も発掘されたので、鎌原に
都市文化が伝搬していたことがわかる（関口，1982）。3年目には発掘範囲
を広げて3軒の家屋を確認し、多数の農具や日用品が発掘された。これら
の発掘品は、鎌原観音堂の前の小屋に展示されている。

(3) 鎌原観音堂の発掘

　これらの発掘に次いで、昭和54〜56年（1979〜81）に学術調査とし
ての鎌原観音堂付近の発掘が行われた（嬬恋村教育委員会，1981，児玉，

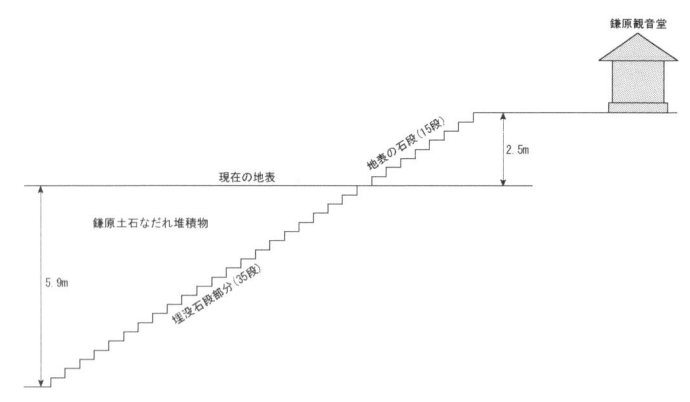

図2.10 埋没石段の断面図（群馬県中之条土木事務所，1997）

1982）。人文科学・社会科学・自然科学の研究者が集まり、浅間山麓埋没村落総合調査会（会長：学習院大学名誉教授・児玉幸多）が組織された。嬬恋村教育委員会により地区内10箇所にわたる調査ボーリングも実施された（図2.8の・No.1〜10の地点）。これらのボーリング調査によって、鎌原地区の地形・地質状況が明らかとなった。

　鎌原を覆った堆積物の層厚は5〜6mであり、大部分は浅間山の北麓の地表を構成していた土石で、天明噴火で噴出した本質岩塊は7％以下であった（松島，1991）。

　鎌原集落から観音堂へ向かう石段は、現在は15段（2.5m）だけが地表に姿を現している（カラー口絵6）。その脇に「天明の生死を分けた十五段」と書かれた小さな碑がある。鎌原土石なだれに襲われた時に、この階段を駆け上がった者だけが助かったと言い伝えられている因縁の階段である。伝承ではこの石段は120〜150段（1段13cmとすると落差15〜20m）とされていた。昭和54年（1979）の発掘調査では、現地表面から5.9m地点で最下位の石段を確認し、50段であることが判明した（図2.9）。最下段では女性2人の白骨体が折り重なるように発見された。手足の絡み方から、30〜50歳の女性が45〜65歳の女性を背負っていたと推定された。

(4) 延命寺の発掘

鎌原観音堂のすぐ北には、寛文五年（1665）に上野の寛永寺の末寺となり、名刹と伝えられる延命寺があったと伝えられていた。明治43年（1910）に吾妻町矢倉の川原から延命寺の石標（写真2.6）が発見されたことで、寺の存在は明確となったが、その実態は不明な点が多い寺であった。そこで、群馬県吾妻郡嬬恋村教育委員会（1994）は、嬬恋郷土資料館の松島榮治館長など中心として、昭和60年（1985）から平成5年（1993）にかけて、「推定延命寺跡範囲確認調査」として、テストピットなどによる発掘調査が継続して行われた。

写真2.6　延命寺の石標

　延命寺の寺域の推定範囲から、本堂・庫裏・納屋などの3つの建築物を確認し（カラー口絵7）、男性の白骨1体と馬骨1頭分が収容された。発見された仏具から、延命寺は密教系の寺とみられる。当時、一般的ではなかった陶磁器も多数出土した。美濃や瀬戸産の陶器が多いが、中には肥前の伊万里焼もあった。

（5）発掘調査からわかったこと

・堆積物中に含まれる本質岩塊は7％で、全体の93％は浅間山の山体を構成する古期岩類・土砂からなっていた（松島, 1991, 図2.6参照）。
・十日ノ窪の埋没家屋の一部に火災の痕跡が見られたが、他では焼け焦げた跡は認められず、茅や建築財の空間に泥水が入った痕跡はなかった。このため、鎌原村を襲った土石なだれはあまり水を含まない流れであったと推定される。
・鎌原土石なだれ堆積物の厚さは、鎌原集落の西側の高台にかけて厚く、中央部は薄くて、土壌が削剥されている個所もあった。このことから、土石な

コラム4

天明災害の「信州浅間嶽下奇談」

　江戸時代の文人であった大田蜀山人（大田南畝，1749-1823）は、黒岩長左衛門の依頼により、「大笹駅浅間碑」（コラム3）の碑文を書いた人物である。その縁もあって、蜀山人は天明災害の挿話を書き残している。鎌原土石なだれによって、蔵に埋められて6人が地下から出られなくなった。必死に地上に出ようと穴を掘ったが、地上には出られず、4人は途中で亡くなった。残った2人は33年間蔵の中の食糧を食いつないで生活していて、井戸を掘っていた百姓に発見された話がある。荒唐無稽な内容であるが、未曾有の災害に際して、様々な噂が飛び交ったことを物語っているものと言える。

　太田南畝『半日閑和（巻十五抄）』（信州浅間嶽下奇談）（V，p.61-62.）は、「文化十二年（1815）九月頃承りしに、夏頃信州浅間ケ嶽辺にて郷家の百姓井戸を掘りしに、二丈（6m）余も深く掘けれど水不出、さん瓦を二三枚掘出しけるゆへ、かかる深き所に瓦あるべき様なしとて、又々掘りければ、屋根を掘り当ける故其屋根を崩し見れば、奥居間暖く物の目不知。去れ共洞穴の如く内に人間のやうなる者居る様子ゆへ、松明を照て段々見れば、年の頃五六十の人二人有之、依之此者に一々問ひければ彼者申やうは、夫より幾年か知れざれども、先年浅間焼の前土蔵に住居なし、六人一同に崩れ出る事不出来、之に住む四人は種々に横へ穴を明などしけれども、中々不及して遂に没す。私二人は蔵に積置し米三千俵酒三千樽を飲ほし、其上に天命をまたんと欲せしに、今日各々へ面会する事生涯大慶なりと云けるゆへ、段々数へ見れば三十三年に当るゆへ、其前の者を呼合ければ、是は久し振り哉、何や屋の誰が蘇生しけるとて、直に代官所へ訴へ上んと言けれども、数年地の内に蔵しける故、直に上へあがらば風に中り死ん事をいとひ、段々に天を見、そろりそろりと上らんと言けるゆへ、先穴を大きく致し日の照る如くに致し、食物を当がへ置し由専らの沙汰なり。此二人先年は余程の豪家にてありしとなり。其咄し承りしゆへ御代官を問合せけれ共不知、私領などや、又は巷説哉も不知。」と記している。

だれの中心は鎌原村の中央部を通過し、観音堂や延命寺を襲ったのは西側に向かって派生した流れであったと考えられる。
・堆積構造を見ると、西側の高台の近くでは移動土塊のブロックが平行に並び、高台に向かって押しつけられるような構造が見られ、中央部には顕著な堆積構造はみられなかった。したがって、鎌原地区を流下した土石なだれは停止直前に観音堂や延命寺の存在する西側地区を襲って埋没させたと判断される。
・カラー口絵4は、以上の考察結果をもとに描いた。「土石なだれに襲われた鎌原村」の想像図である（群馬県土木部中之条土木事務所，1997a）。

5 鎌原土石なだれの発生・流下機構の問題点

(1) 鎌原土石なだれの発生機構に関する問題点

　天明三年（1783）の浅間山の噴火は、火山災害史上まれに見る大災害であった。しかし、鎌原土石なだれおよび天明泥流以外では、南側の軽井沢で噴石による死者が数名いるだけである。すなわち、浅間山北麓から吾妻川を流下した一連の土砂移動現象が発生しなければ、これほどの大災害にはならなかった。

　鬼押出し溶岩流や鎌原土石なだれ・天明泥流の発生・流下状況については、発生当時から色々な意見があった（第1章1項参照）。現在も多くの説が提案されているが、未だに統一見解は得られていない。筆者は一連の土砂移動現象を一括して論ずる必要があると考えている。浅間火山周辺や利根川水系・千曲川水系での今後の防災対策・危機管理を検討するためには、これらの土砂移動現象を解明する必要がある。世界の火山災害の中でも、天明噴火のような土砂移動現象は極めてまれで、今後発生する確率は極めて低いのであろうか。

(2) 荒牧（1993a, 第4刷, 2001）のメモ

　荒牧（1993a, 第4刷, 2001）は、第4刷り発行に際してのメモ（p.110）として、次のように述べている。

「1993年7月初版第1刷以来7年の歳月が経ったが、その間に拙著論文の内容に重大な疑問が何件か提出される事態に至った。そのいくつかは決定的な意義を持つ新事実の発見であり、他のいくつかはそれほど決定的には見えないが、もしかすると私のモデルに根本的な変更を迫るのかもしれない仮説の出現である。前者の例は、井上素子（1996, 1998MS）、安井・荒牧（1997）、安井・小屋口（1998a）などによる。鬼押出し溶岩流や吾妻火砕流の本質岩塊は強溶結の火砕物質からなるという観察結果を公表した。この事実はこれまでの観察の不備を示すもので、今では私自身も納得している事実である。しかし、噴火モデルの明確な改変に至るまでには、もう少し検討が必要のようである。

　後者の例は、井上公夫・他（1994）、田村・早川（1995b）、早川（1995）、田中（1999）のように、鎌原火砕流／岩屑流は、浅間園博物館付近の凹地（柳井池）を起点とした岩屑流れであって、釜山火口から発生した流れではないという仮説である。堆積物の分布状況からみて、この仮説は充分もっともらしいのだが、現状では決定的なモデルはまだ確立していないと私は見る。安井・小屋口・荒牧（1997）、安井・小屋口（1998b）などによれば、天明噴火の末期には、降下軽石・吾妻火砕流・鬼押出し溶岩流の3者が並行して形成されるという、これまでの単純なモデルではカバーしきれないような複雑なプロセスが示唆されている。

　浅間山天明三年の噴火モデルの現状はこのように混沌としていることをお断りして、すべての経緯を明快に説明できる学説が一刻も早く現れることを祈りつつ、お断りのコメントを述べる次第である。」

(3) 鎌原土石なだれの発生・流下機構についての問題提起

　今までに提案された諸説の共通点は、当時存在したとされる浅間山中腹部の半円形凹地形部（柳井沼）で何か特異な現象が発生したということである。この点を踏まえ、砂防学会で以下のような問題提起を行った（小菅・井上, 2007）。

① なぜ柳井沼は存在したか。

② なぜシャープな半円形凹地形が形成されたか。
③ 短時間で土塊が流出する原動力は何か。
④ 土石なだれや天明泥流に含まれる水量はどこから供給されたか。

① なぜ柳井沼が存在したか

　今まで、柳井沼の存在を調査した研究はほとんどない。井上（2004）は、「信州浅間が嶽は持統天皇九年（695）役行者此山に登り給ふ。東北の山中柳の井有り是に毒蛇水を吐く、是毒水なり」（『浅間大変実記』，Ⅲ，p.61）と記されていることから、天仁噴火（1108）よりも前から柳井沼が存在し、追分火砕流の流下・堆積によっても埋めつくされずに残っていたとした。柳井沼の存在する凹地は、天仁噴火以前の噴火時の側噴火口で、天仁・天明噴火の前には、南側の石尊山と同じような凸部を形成していた可能性がある。そう考えると、追分火砕流や吾妻火砕流が枝分かれして流れている理由がわかる。

　小菅・井上（2007）は、図 2.11 に示したように、柳井沼の存在する凹地は地すべり地冠頭部の陥没帯に形成された沼地であったと推定した。すなわち、大地震や噴火時に地すべりが発生し、地すべり頭部に陥没帯ができ、そこに沼地が形成されたと考えた。

② なぜシャープな半円形凹地形が形成されたか。

　柳井沼が地すべり冠頭部の陥没帯に形成された沼だとすれば、地すべり土塊がすべて流出してしまえば、半円形凹地形が形成されることとなる。

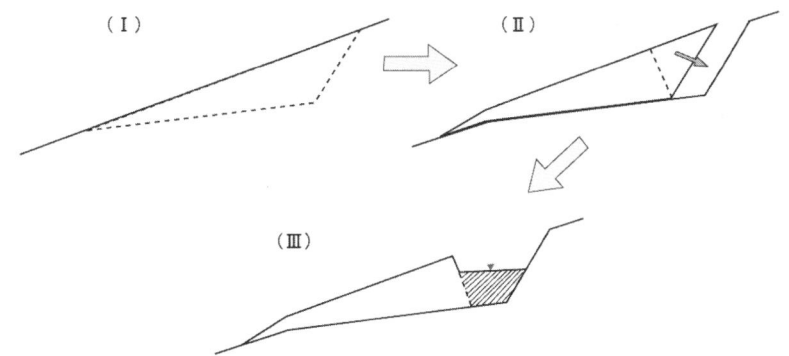

図 2.11　地すべり冠頭部陥没帯に形成される沼（小菅・井上，2007）

③ 短時間で土塊が流出する原動力は何か。

井上素子(1996, 98MS, 2002)、安井・荒牧(1997)、安井・小屋口(1998a,b)Yasui & Koyaguchi(2004a,b)は、鬼押出溶岩流は火砕成溶岩流であるとし、「鎌原」が発生する前に山頂火口から流れ出し、半円形凹地の急崖部から柳井沼に流入して、鎌原岩屑なだれが発生したと考えた。

小菅・井上(2007)は、「柳井沼に流入した時、小規模な水蒸気爆発が発生したが、地すべりそのものは再活動せず、さらに火砕成溶岩の流入が続き、柳井沼を覆い尽くした。地すべり地頭部に溶岩の上載荷重が付加したことにより、地すべりが再移動を始める。そして、これを契機に柳井沼を覆った溶岩が引きちぎられ、溶岩内の高温高圧部が減圧爆発、あるいは沼を覆った溶岩と沼との間で生成された水蒸気の高温高圧部が同様に減圧爆発した。この爆発力が北方向に移動し始めた地すべり土塊に強力な運動エネルギーを付加した。すなわち、地すべりの移動力＋水蒸気爆発が鎌原土石なだれの原動力である。」と考えた。

④ 土石なだれや天明泥流に含まれる水の起源

また、「柳井沼が地すべり地冠頭部の陥没帯に形成された沼であるとすると、その陥没帯内は地下水で十分飽和されていた。地すべり末端部では多くの湧水があり、この地すべり地周辺には、鎌原土石流、天明泥流となる十分な水量が確保されていた」と考察した。

(4) 鎌原土石なだれの発生機構の仮説

小菅・井上(2007)は、以上の仮説をもとに、図2.12に示したようなシナリオを提案した。

① 火砕成溶岩が山頂部周辺から流下し始めた。
② 火砕成溶岩が地すべり地冠頭部の滑落崖から柳井沼に流れ込み覆い始めた。
③ 覆った溶岩の上載荷重により、地すべりが再移動を開始した。
④ その時、溶岩が引きちぎられ、高温高圧部が減圧爆発した。
⑤ この爆発力が移動し始めた地すべり土塊に与えられ、急速に土塊を押出

図 2.12　鎌原土石なだれおよび天明泥流の発生機構（小菅・井上，2007）

した。

　地すべり土塊のうち、未飽和の土塊は火石（本質岩質）の構成比率が異なる土石なだれとなって、浅間山麓を数波に分かれて流下した。「第壱番の水崎（先）にくろ鬼と見得し物大地を動かし、家の囲ひ、森其外何百年共なく年をへたる老木みな押くじき、砂音つなみ土を掃立、しんとふ雷電し、第弐の泥火石百丈余高く打あけ、青竜くれないの舌をまき、両眼日月のことし。一時斗闇之夜にして火石之光りいかづち百万之ひびき、天地崩るることく、火焔（かえん）之ほのふそらをつきぬくはかり。田畑高面之場所右不残ただ一面之泥海の如し。」（『浅間焼出大変記』，Ⅱ，p.230）

⑥　地すべり土塊内の地下水と土塊は液状化して泥流化し、天明泥流となって吾妻川に流入した。沼を覆った火砕成溶岩は減圧爆発により破砕され、浅間石（本質岩塊）となって運搬されるとともに、一部ブラスト堆積物として堆積した。

(5) 今後の調査計画の提案

　以上は、柳井沼が地すべり地冠頭部陥没帯に形成された沼ではないかという仮説をもとに描いたシナリオである。こう考えると、鎌原土石なだれおよび天明泥流の発生機構が無理なく説明可能ではないかと考えている。しかし、これはあくまでも仮説であり、今後は、以上の仮説を実証するために、半円形凹地形周辺部の詳細な微地形・地質踏査およびこの侵食地形を確定するためのボーリング調査がぜひとも必要である。図2.13と2.14は、小菅・井上（2007）で提案した柳井沼付近での調査・解析計画の断面図と平面図である。浅間山の火山防災に関心のある機関などで、ぜひ実施して頂きたい。

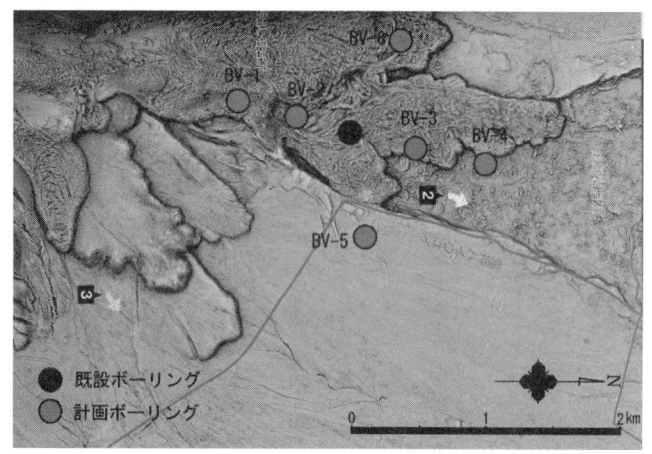

図2.13　柳井沼付近での調査・解析計画平面図（小菅・井上，2007）

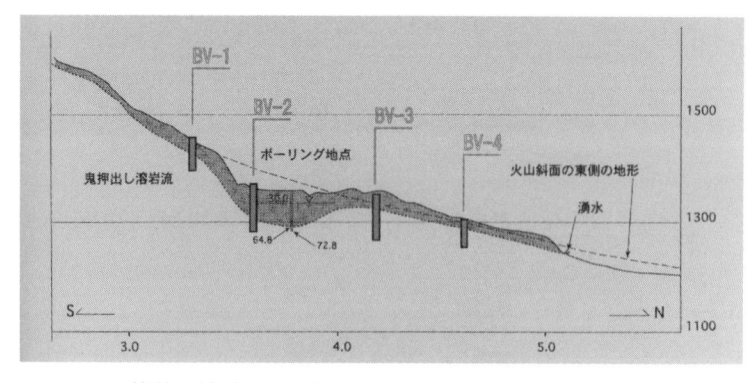

図2.14　柳井沼付近での調査・解析計画断面図（小菅・井上，2007）

コラム 5

天明大飢饉の原因？
―もう一つの大噴火―

　天明の大飢饉とは、天明年間（1781-1789）の天候不順に起因する大飢饉である。一般に浅間山の大噴火の前年の天明二年（1782）から天明七年（1787）までの期間を指すことが多い。浅間山噴火の前年から天明の大飢饉は始まっているので、浅間山の噴火が主原因とは言えない。ただ、天明の飢饉の中でも、天明三年（1783）から翌年にかけての飢饉がとくに大きかったので、浅間山の噴火が飢饉に追い打ちをかけたことは間違いないであろう。確かに、浅間山周辺、浅間山東麓の降灰地域や吾妻川・利根川沿いの天明泥流の被災地域では、長期間にわたって飢餓人が多数出ており、浅間山噴火の直接的な影響を受けている。しかし、東北地方の冷害など、より広範囲の低温下は、浅間山の噴火の影響だけとは言い切れない。

　実は、北半球の裏側では1783年6月から翌年の2月まで、浅間山より大規模な噴火が起こっていた。アイスランドは北緯65°に位置する火山島で、ハワイ島の10倍の面積を持ち、北大西洋の中央海嶺をまたぐように位置する。この島の氷河底に存在するラキ火山のラカキガル火口列から巨大な割れ目噴火が発生し、大量の溶岩を流出した（Thordarson & Self, 1993，町田・白尾，1998）。最高1400mにも達する「火のカーテン」状の激しい溶岩の噴出が続いた。

　この噴火によって、放出された二酸化硫黄は6000万トンにも達し、青い煙霧（blue haze）と呼ばれるエアロゾルとなって、長期間にわたって、日光を遮った。このため、牧草の生長は著しく阻害され、それを飼料とするアイスランドの牛・羊・馬の75％が死亡した。このため、噴火後3年間でアイスランドの人口の1/4に相当する9350人が餓死したと言われている。

　この大規模噴火は北半球全体に大きな影響を及ぼした。とくに、1783-84年の冬のヨーロッパの気温は、平年よりも5℃も低かったという。ラカキガル火口列から流出した溶岩の総量は15km^3（150億m^3）で、浅間山の天明噴火の総量（4.8億m^3，表1.5参照）の30倍にも相当するため、世界の気候に与える影響もそれだけ大きかったと考えられる。

　ラキ火山噴火が起こした北半球全体の低温下傾向に、日本では浅間山噴火の局地的な影響が重なって、天明の飢饉が拡大したと考えるのが妥当であろう。

第3章　天明泥流

　鎌原土石なだれは浅間山北麓斜面を高速で流下し、吾妻川の急斜面から吾妻川になだれ落ちた。そして、天明泥流となって吾妻川から利根川を流下し、銚子で太平洋に達した。一部は千葉県関宿から江戸川に流入し、江戸まで達した。天明泥流に関する史料や絵図は非常に多く、克明な流下・堆積状況がわかってきた。また、群馬県埋蔵文化財調査事業団などは、群馬県下一円、特に八ツ場ダムの湛水予定地域の発掘調査を行い、天明噴火による降下火砕物と天明泥流の流下・堆積状況と被害状況を明らかにしつつある。

　カラー口絵1, 2は、鎌原土石なだれから天明泥流となった土砂移動の流下状況を示したものである。カラー口絵3は天明噴火の堆積物の分布と群馬県（上州）側の犠牲者（古澤, 1997）を示したもので、カラー口絵4は土石なだれに覆われた鎌原村、カラー口絵5は鎌原土石なだれが吾妻川になだれ落ちる様子（想像図）を示したものである（群馬県土木部中之条土木事務所, 1997a）。

1　吾妻川沿いの天明泥流と土砂災害

　表3.1は、関（2006b）をもとに天明泥流の流下時刻の記述について、修正追記したものである。ここでは、上流から順に、史料の記載内容をもとに天明泥流の流下・堆積状況を説明する。史料の解釈に当たっては、災害直後に書かれたもの、作者が住んでいた地域の情報は信憑性が高いと判断し、天明泥流の想定水位を決定した。吾妻川を流れ下った天明泥流の目撃談は非常に多く残されている。高い段丘にいた人々は見たこともない黒い流れが多くの火石（本質岩塊）を含みながら流れていった様子を驚きの目で記録している。

表 3.1 天明泥流の流下時刻の記述（関，2006b に修正・追記）

掲載時刻	換算時刻	地点	山頂からの距離	史料記述	出展	萩原(1985-1995)巻，頁
朝四ツ	9時30分	柳井凹地 柳井凹地	3-4km 3-4km	朝四ツ時に涌出 朝未の上刻に泥水 火石を押出	信山噴火始末 浅間山大変附 凶年之事	Ⅳ, p..258 Ⅱ, p.154
四ツ半前	10時34分	上湯原 原町	29km	四ツ半前泥押し来り候 朝四ツ時山より押出し 原町迄拾三里有之所を	砂降候以後之記録 浅間記	Ⅲ, p.142 Ⅱ, p.127
四ツ六分 九ツ	10時49分 11時49分		45km	四ツ六分に押し来て 九ツ時引ける		
九ツ時	11時49分	伊勢町	49km	九ツ時頃伊勢町うら 追通り	天明浅間山焼見聞 覚書	Ⅱ, p.157
昼八ツ時	14時17分	大久保	83km	昼八ツ時出水の由申来 候に付水門橋迄参見届	歳中万日記	Ⅰ, p.295
昼八半時	15時31分	赤岩	85km	昼八半時頃利根川黒濁 相増	甲子夜話	Ⅳ, p.303
昼時前		五料	102km	八日昼時前利根川俄に水 干落岡と成、魚砂田に躍る	信州浅間山焼附泥 押村々并絵図	Ⅲ, p.126
昼九ツ前		五料	102km	昼九ツ前又も少し震動のき みどろどろいたし候とも晴天	利根川五料河岸泥 流被害実録	Ⅲ, p.169
未之刻 翌日良刻	14時17分 翌2時6分	五料 渡舟場	102km	八日未之刻満水 翌日良刻常水に相成候	川越藩前橋陣屋 日記(天明三年)	Ⅰ, p.44
八ツ半過	15時31分	五料	102km	八ツ半過に一とまくりに 水石岩神寄きもをけし	利根川五料河岸泥 流被害実録	Ⅲ, p.170
昼八ツ時	14時17分	中瀬	130km	昼八ツ時には武州熊ケ谷 在中中瀬村辺迄押出	信山噴火始末	Ⅳ, p.258
七月七日？ 昼七ツ時	8月5日 16時	熊谷	130km	一時斗水少しに相成暫く過 て泥水山の如く押かけ、 何方より流れ出候共不相知。	信州上州騒動書附	Ⅴ, p.191
昨夜中より 今昼八ツ時	14時17分	幸手	160km	昨(八)日夜中より今九日 昼八ツ時比迄家蔵破損致	浅間山焼記	Ⅲ, p.369
昨夜申之刻 今昼八ツ時	16時45分 14時17分	幸手	160km	昨夜申之刻より今九日 昼八ツ時頃迄家蔵破損致	浅間山焼記録	Ⅱ, p.326
九日晩方	6日 18時頃	利根川河口 銚子	285km	其日(九日？)の晩方 長支(銚子)まて流出る	浅間大変覚書	Ⅱ, p.49
九日八ツ時 夜五ツ時	14時17分 20時45分	江戸川 東葛飾金町	200km	昨九日八ツ時頃より水泥之様 夜五ツ時過に流物相減申候	浅間山焼記録	Ⅱ, p.326
翌朝	6日朝	江戸行徳	218km	翌朝江戸行とくへ押出し 死人山のごとしと云	天明浅間山焼 見聞覚書	Ⅱ, p.157
九日四ツ時	6日10時	江戸川河口 行徳浜	218km	中村の者九日の四ツ時には 下総行徳浜迄流行助けられ	浅間嶽大焼泥押 次第	Ⅱ, p.299

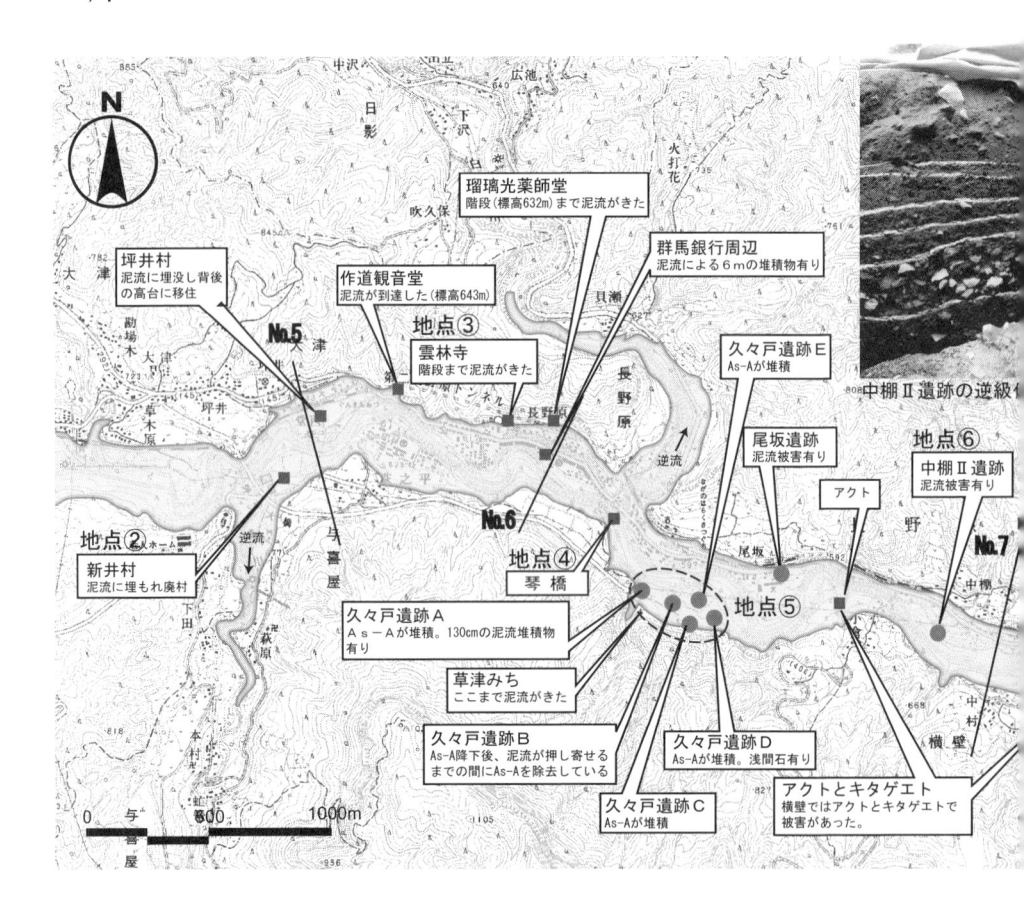

図 3.1　天明泥流に覆われた遺跡と泥流の到達範囲（長野原から吾妻渓谷）
　　　　（群馬県埋蔵文化財調査事業団の報告書などをもとに作成）

（1）吾妻川の上流地域

　図 3.1 は、天明泥流に覆われた遺跡と泥流の到達範囲（長野原から吾妻渓谷間）で、丸数字は史料などに記載された地点である。図 3.2 は関（2003b）をもとに、天明泥流に覆われた遺跡と泥流の到達範囲（吾妻川中之条から利根川中流部）を示したものである。図 3.3 は、八ツ場ダム湛水予定地付近の吾妻川の河床断面形状と遺跡の分布である（関，2003b）。

第3章　天明泥流　75

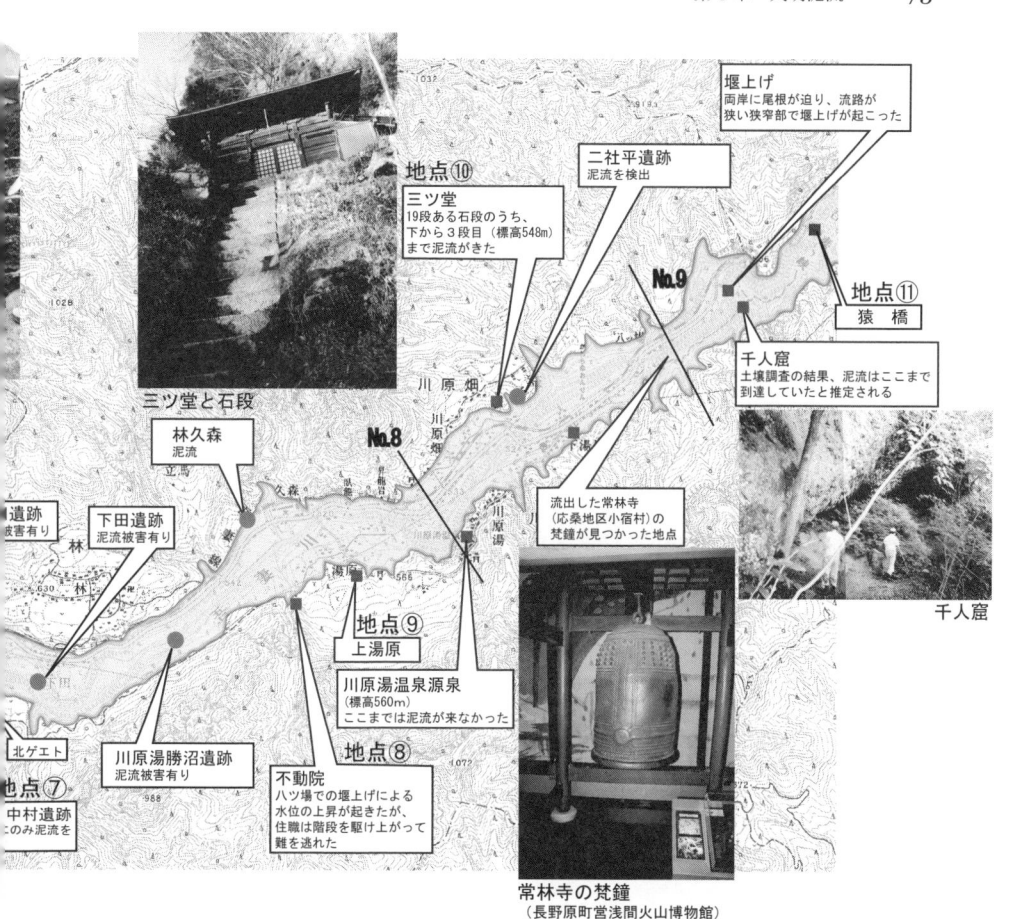

地図および写真の注記：

- **堰上げ**　両岸に尾根が迫り、流路が狭い狭窄部で堰上げが起こった
- **地点⑩　三ツ堂**　19段ある石段のうち、下から3段目（標高548m）まで泥流がきた
- **二社平遺跡**　泥流を検出
- **地点⑪　猿橋**
- **千人窟**　土壌調査の結果、泥流はここまで到達していたと推定される
- **三ツ堂と石段**
- **林久森**　泥流　立馬
- **下田遺跡**　泥流被害有り
- **流出した常林寺（応桑地区小宿村）の梵鐘が見つかった地点**
- **千人窟**
- **川原湯勝沼遺跡**　泥流被害有り
- **地点⑨　上湯原**
- **川原湯温泉源泉**（標高560m）ここまでは泥流が来なかった
- **地点⑧　不動院**　八ツ場での堰上げによる水位の上昇が起きたが、住職は階段を駆け上がって難を逃れた
- **地点⑦　中村遺跡**　このみ泥流
- **北ゲエト**
- **常林寺の梵鐘**（長野原町営浅間火山博物館）

地点①　西窪、赤羽根、小宿

　上野国新田郡世良田村・毛呂義卿『砂降候以後之記録』（Ⅲ, p.141-142）は、川原湯（山頂から31.7km下流の吾妻川右岸）の不動院の話として、「それより泥三筋に分れ北西の方へ西窪を押抜け、これより逆水にて大前高うし両村を押抜け、中の筋は羽尾村へ押かけ、北東の方は小宿村を押抜く。羽尾小宿の間にて芦生田抜る。高うしは七八軒抜る由。それより坪井村長野原村不残推抜く。」と記している。

　鎌原土石なだれは、浅間山北麓を流れる沢に沿って三筋に分かれ、吾妻

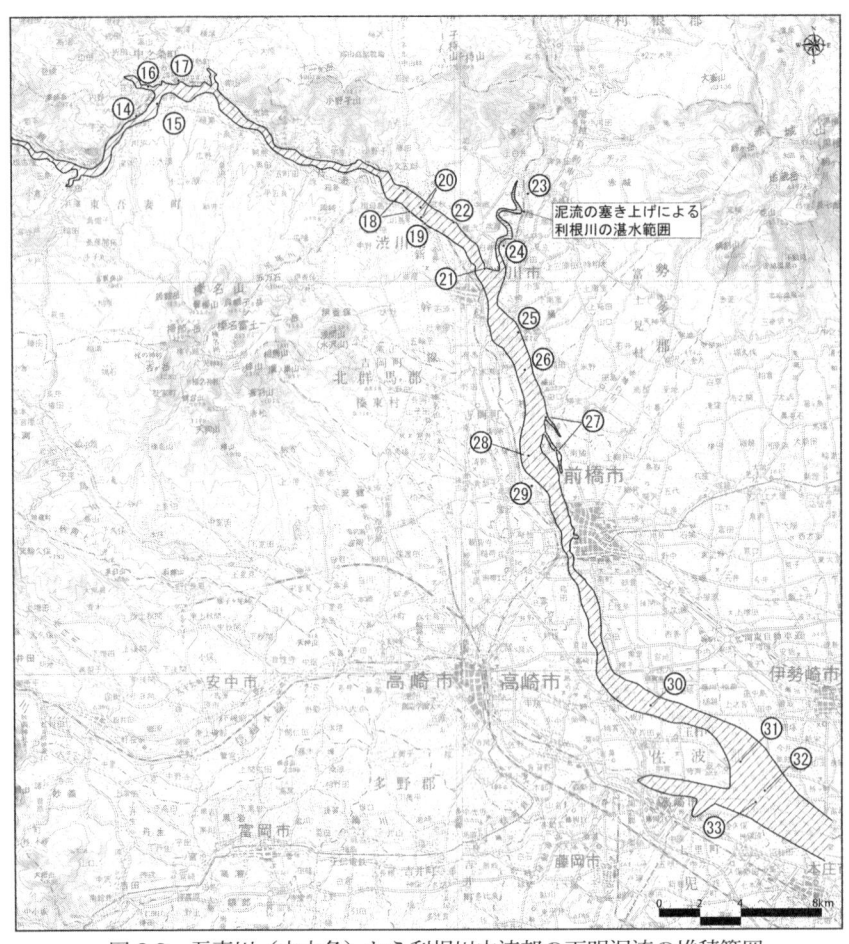

図 3.2　吾妻川（中之条）から利根川中流部の天明泥流の堆積範囲

川に流入して天明泥流になった。「タコウジ」は西窪と大前、鎌原との境界付近の吾妻川右岸沿いに残されている地名である。羽尾村は赤羽根村のことと考えられる。図 2.4 に示したように、三筋の流れは上流側から I 西窪（逆水で大前と高ウシ）、II 赤羽根（小熊沢に沿って芦生田〜赤羽根）、III 小宿（小宿川に沿って）へと押し抜け、吾妻川に流入したと解釈できる（関，2007b）。III 地点では吾妻川の対岸（北側）のかなり高い地点まで、天明泥

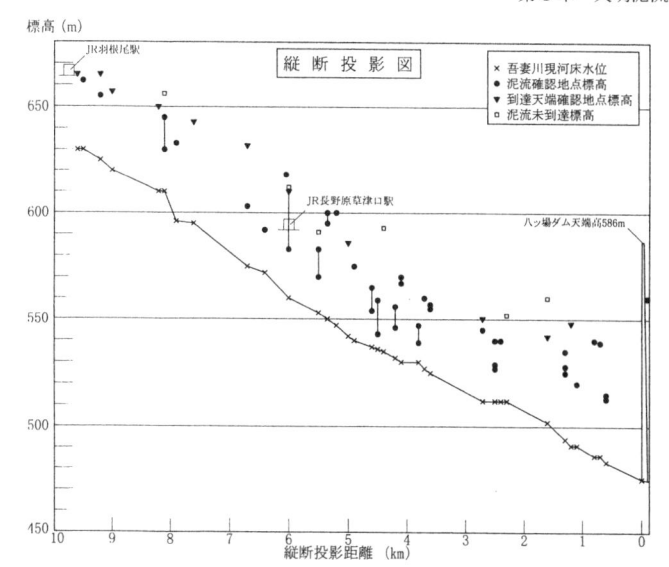

図3.3 八ツ場ダム湛水予定地付近の吾妻川の河床断面形状と遺跡の分布
（関，2003b）

流堆積物が現存している。

地点②　新井村の共同墓地

　吾妻川に注ぐ熊川沿いにあった新井村（長野原町与喜屋）は、村のほとんどが天明泥流に埋まった（関，2006a，2007b）。昭和55年（1980）のグランド造成工事中に生活用具などの一部が発見されているが、新井村については詳しい記録がなかった。高台に残された共同墓地に「逆水寛浣信女　天明三年七月八日」と刻む墓標があり、犠牲者の戒名として逆水の現象が刻まれている。付近では北流する熊川に沿って、吾妻川との合流点から500mほど上流右岸の養蚕神社に、幹の途中ま

写真3.1　坪井村と新井村のあった区域（長野原大津の国道145号バイパス橋梁から下流を望む）

で泥流に埋まっても臥竜のようになって、明治末期まで開花していた「天明桜」が存在していた。写真や伝承によって、標高650m（現河床から50m）の高さで泥流が堆積した地形を現在でも確認できる。

地点③　長野原・雲林寺

近江国神崎郡山上村・端庄兵衛の『天明浅間焼見聞記』（Ⅳ，p.243）は、吾妻川左岸の長野原の状況を記している。この史料は、近江商人が上州出店に際して書き留めた歳代記である（関，2006a，2007b）。高崎付近の降灰状況と長野原の旧街並みが天明泥流によって埋め尽くされた状況が見事に表現されている。記載されている寺は文化十年（1813）に再興された雲林寺で、昭和2年（1927）の警察署の建設工事中に当時の生活用品が見つかっている。近年の下水道工事などでも、石塔や石垣が見つかるなど、当時の長野原の街並や人々の暮らしが、そのままの姿で埋もれている。

地点④　長野原・琴橋

上野国吾妻郡草津村・山口魚柵『浅間焼出山津波大変記（浅間山大変記）』（Ⅱ，p.109）も長野原の状況を詳しく記している。長野原では2.4～3.0mも泥流で埋まり、9～16mもある浅間石（火石）の多くが燃え上がっていた。このため、高温の川となり、羽根がなければ渡ることができない。琴橋（山頂から23.3km）と須川橋（23.4km地点、須川（白砂川）側に架かる）は、江戸幕府が建設・修善を担う主要街道の橋であるが、2つの橋とも流失した。このため、矢に手紙を結んで連絡を取ったが、川幅が広いため対岸まで届かず、竹で筏を作り、矢文を取りにいった。

地点⑤　久々戸遺跡（山頂から24km）

久々戸遺跡は八ツ場ダム建設工事に伴って、平成7年（1995）9～12月に発掘された。写真3.2は、天明噴火に伴う軽石（As-A）と天明泥流によって埋没した畑の遺構の発掘写真である。発掘によって、石垣・掘立柱建物などの遺構や陶磁器・古銭・キセルなどの遺物、稲・ムギ・アワ・ヒエな

どの植物遺体が検出された。また、畑遺構では当時の農作業の方法やAs-Aの降下直後に培土をおこなっており、降灰に対して人々が行った対策が明らかになった（関・諸田，1999）。

久々戸遺跡は吾妻川の河谷が広くなって、両岸にやや広い段丘面（標高585〜615m）が存在する長野原地区に立地する。吾妻川の河床は標高560mであるので、想定水位は50mを超える。発掘面積約1万m^2の大部分が天明泥流に覆われている。厚さ約2mの泥流堆積物が残存しており、直径3mを越すような大岩が点在していた。等高線に平行して横壁から長野原の琴橋に向かう街道「草津道」が通っていたが、現在は不通となっている。

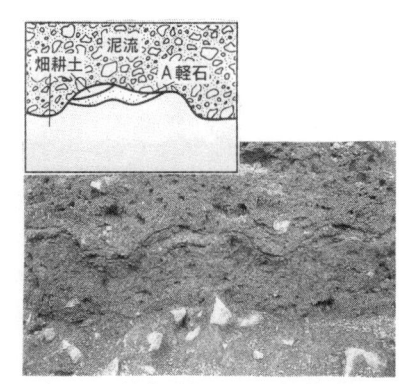

写真3.2　培土が行われた畑畝断面（関・諸田，1999）

地点⑥　中棚Ⅱ遺跡（長野原町林，山頂から26km）

中棚Ⅱ遺跡は吾妻川左岸の南面傾斜地に立地しており、標高は543〜565mである。調査区内では天明泥流堆積物の下に畑2ヶ所，ヤックラ（不要石の片付け場所）3ヶ所，石垣2ヶ所の遺構を確認した。これは泥流の流下後散在する石を片づけて、耕作地を復旧させようとした農民たちの努力の表れである。また、逆級化を示す砂層が、吾妻川左岸の河床より約8m高い場所で見つかった（伊勢屋，2003）。層厚15cmで天明泥流と直前まで耕作されていた畑地との間に挟まれていた（写真3.3）。畑の表面には六月廿八日〜七月一日（7月27〜29日）に北東方向に降灰した軽石が混ざっていた。逆級化層とその上の天明泥流堆積物の粒度組成の調査結果から、構成粒子の岩石組成に差はなく、逆級化層は天明泥流の一部であると判断された。また、逆級化層が河床との比高が比較的小さい区域のみに存在することから、「泥流の先端部または周縁部は、支谷からの水が集中して細流部が抜けた状態、つまり水で洗われた砂礫の状態であった。天明泥流の周縁部が通過すると、

写真3.3 中棚Ⅱ遺跡の逆級化層
（伊勢屋，2003）

次はスラリー状の泥流堆積物にとって変わり、泥流堆積物は厚さを増す。耕作土との境界では剪断力を生じ、剪断歪の差を敏感に反映して大きい粒子はより上方へ送り出され、粒径がそれぞれの高さでそろう明瞭な分級によって、逆級化構造が形成された。畝やサクが破壊されていないので、侵食力は小さくなった。したがって、この層は天明泥流の第一波として流れたものである可能性が強い。」と考察している。

地点⑦ 横壁中村遺跡（長野原町横壁，山頂から27km）

吾妻川右岸の横壁中村遺跡は、北縁が河床との比高が30mにも達する急崖となっている。標高は570m前後で、吾妻川に向かって緩く傾斜している。本遺跡では「西側の一段低くなった沢部分で昭和30年代に造成された水田の下から天明泥流に覆われた畑が検出された」ので、天明泥流の流下範囲を決定する上で貴重な根拠となった。ただし、泥流堆積物は薄く、到達水位を明確に確認できなかった。『横壁区有文書』には、「天明三年十一月卯年御年貢可納割付之事　田方四斗七升六合、畑方十三石二斗八升、当卯火石入引」と被害石高が記録されている（群馬県埋蔵文化財調査事業団，2003c）。

地点⑧ 川原湯・不動院

上野国新田郡世良田村の毛呂義卿『砂降候以後之記録』（Ⅲ巻，p.142）は、川原湯（山頂から31.7km下流の吾妻川右岸）の不動院の話として、「一.不動院助り候様子は八日の四ツ半前（8月5日11時頃）泥押し来り候。これより前昼夜山のひびき甚敷して大分に気色悪く少し眠り候処不動院は近所に人家も無く吾妻川の端にて寺の北二反斗竹林ありても後は川也。寺の北に

阿闍利渕と云渕あり其脇に二王岩と云大石あり。泥石の渕へ落入火石并流□□所の大木岩に当り候音野敷故目覚候は寺も動くゆえ本尊を拝せんと衣着裏の障子明見候へは竹藪渕へ落入候て引込む様に見へ候間直に懸け出し候とひとしく寺倒候。寺より一町（100m）斗南に山有寺と山との間に観音堂吾妻郡坂東の札所也。観音堂を通り過ぐると堂倒れる。山取付に石垣あり長さ十五間（27m）も有、ついじにて其下は藪なり。不動院意に此ついじ崩もするやと思ひて漸くついじをかけ抜候と泥水ついじに打懸る音致し候間、ふりかえり見候へは二間（3.6m）斗近く泥押上け候由。只単物一つで死を遁れ候由。河原（湯）温泉□□高き所にて無難之由。原町より東の方は不動院は不存候。不動院の寺地も泥四尺（1.2m）斗候由申候。……」と記している。

　湯原の西側に不動院の跡地と観音堂（吾妻郡坂東の札所であった）が存在する。不動院の住職は、連日の浅間山噴火の鳴動・地震・降灰により、具合が悪くなり寝込んでいた。下の阿闍利渕からじわじわと押し寄せる天明泥流の大きな音（大岩や大木が岩に当たる音）に目を覚まし、衣を着て寺の南1町（100m）の斜面上に位置する観音堂に向かって逃げた。逃げるとまもなく不動院も観音堂も次々と倒れたという。したがって、この地点では天明泥流は上流から襲ってきたのではなく、下の阿闍利ヶ渕から人間が何とか逃げ延びることが出来る速度で徐々に上昇してきたことがわかる。現在の上湯原の不動堂（不動院の別堂として後に建立）の石段（下標高552m）の下に不動院が埋もれている。

地点⑨　長野原町・上湯原

　上野国甘楽郡宇田村・横田重秀『浅間焼見聞実記』（Ⅲ，p.294）は、「上湯原にて家内四人なりしが亭主は畑へ出しあとにて泥押来りけるに三人の者土蔵へ籠りけるに、頓て土蔵の下へ水つきし故二階へ上りけるに亭主立帰り見るに家内者居んず、尋呼ければ土蔵の窓より顔を出し是に是にといふ。蔵は外より地形ひくき所なりしが忽水勢にて前へ押出し、高きままねへおし寄せ土蔵はかべわれし故上より手をとりたすけ出しければ間もなく泥水大きに押来り前なる欠け（崖）へおし落しながれける。」と記している。

この付近では川原湯温泉の源泉（標高570m）は泥流につかっていない。

地点⑩　長野原町・三ツ堂

1km上流の吾妻川右岸にある三ツ堂は、三原三十四番札所の第三十一番である。「浅間押しの時は耶馬渓に水がつっかえて三ツ堂の石段（19段）の下から3段目のところまで水がのった」という伝承がある。ここには「天明三卯七月八日」と刻まれている馬頭観音像（表5.2のNo.39）がある。この地点の標高は548mで吾妻川の河床標高は491mであるので、泥流の水位は57mにも達した（関，2003b）。

地点⑪　長野原町横屋・猿橋

幕府勘定吟味役・根岸九郎左衛門『浅間山焼に付見聞覚書』（Ⅱ，p.338）は、長野原町横屋（谷）の項で、「高百三拾四石余　横屋（谷）村　内九拾八石泥砂火石入荒‥‥此村方川通泥押の砌田畑家居は勿論其外諸書物共不残流失。右村より隣村川原畑村迄道法壱里（4km）程の峠にて、中段に道切開通路致来候処、右村左右山高く川幅狭き故、拾丈（30m）余も高く泥火石押上け候に付、有来道筋欠落、通路不相成に付、村人歩を掛漸峯通又は山中領漸道幅壱尺（30cm）位切開壱人立にて通路を致候得共、馬駕籠往来難成。殊信州への往来故米穀附通り候道筋右体難所に相成候に付、信州よりの米穀通路無之故村々致難儀候旨村役人共申之候。」と記している。泥流が道から30m余の高さに達したという記述は地形状況から適切な表現である（関，2007b）。現在の国道145号線（標高505m）は、吾妻川の河床（標高445〜460m）より高さ45〜60mの地点を通過している。猿橋（現河床より30m上）は国道より10m下にある。したがって、この地点での塞き止め高さは60〜70m程度と考えられる（写真3.4）。

武蔵国幡羅郡飯塚村・原口周蔵『砂降

写真3.4　吾妻川の狭窄部

泥押浅間山焦之記』（Ⅲ, p.191）は、長野原から川原湯・矢倉沢・原町付近の状況を詳しく記している。特に、八ツ場の狭窄部で塞上げ（天然ダム）が生じ、50丈（150m、かなり誇張されている）も水位が上がり、決壊後も3丈2尺（9.6m）の大沼が形成された。「猿橋」は長野原町との境の吾妻町側にある「若葉台」の下流の吾妻渓谷の出口方向にあった橋をさしている。「旧猿橋」と「新猿橋」の位置は別地点と考えられおり、両者の距離は500mほどで、河床標高は445〜460mである。延亨四年（1747）の普請に関する史料も残されているが、天明三年では新旧どちらの橋を指しているのか不祥である（岩島村誌編さん委員会, 1971）。

地点⑫　上郷岡原遺跡（かみごうおかのはら）（吾妻町上郷，山頂から33km）

塞き上げ・決壊現象のあった吾妻渓谷を抜けると、吾妻川は幅800〜1000mの河成段丘が広がる地形となる。吾妻町上郷（山頂から33km）で上郷岡原遺跡の発掘が行われ、屋敷と耕地（畑・水田跡）が発見され、図3.4の復原図が作成された（群馬県埋蔵文化財調査事業団, 2007b）。遺跡を覆う天明泥流は、西から東方向へ流下し、層厚は2〜5mにも達した。

Ⅲ区（C区）では天明泥流中に女性10人が抱えるほどの巨岩が検出された。当初は天明三年（1783）前から現地にあったと判断されたが、堆積状況から天明泥流に押し流されてきたことが判明した。このことから、塞き上げのあった吾妻渓谷を通過した後でも天明泥流の凄まじかったことがわかる。

写真3.5は上郷岡原遺跡の麻畑を西方から見たもので、人が立っている所が「ツカ」と呼ばれる円形平坦面である。畑地の一部では「根きり・葉きり」された「麻」が発見され、七月

写真3.5　西方から見た麻畑（上郷岡原遺跡）
（群馬県埋蔵文化財調査事業団, 2007b）

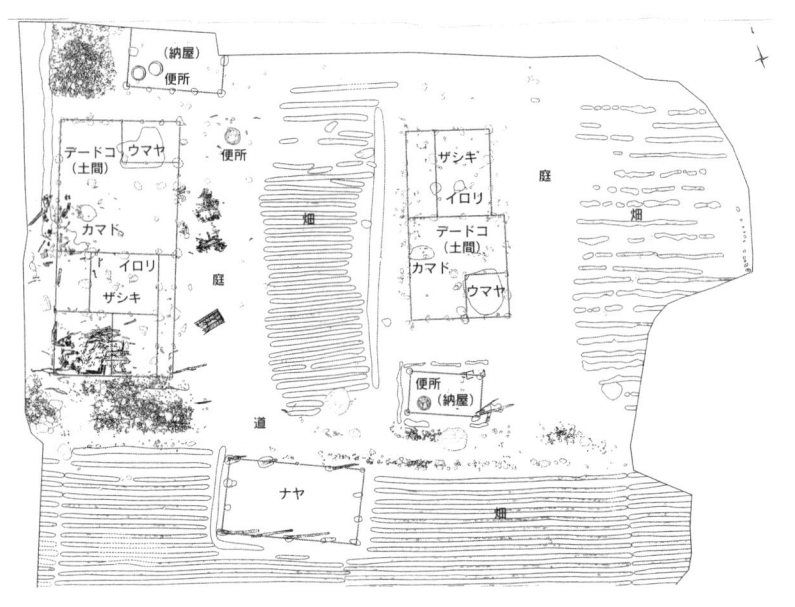

図 3.4　上郷岡原遺跡の建物跡の配置復元図
（群馬県埋蔵文化財調査事業団，2007b）

八日（8月5日）の泥流が押し寄せる前に、麻の収穫作業がされていた（群馬県埋蔵文化財調査事業団，2003a，かみつけの里博物館，2007）。吾妻町は古くから良質の麻の産地として知られており、現在も「岩島麻保存会」の方々が麻の栽培を続けられている。麻は4月に種をまいて、間引きをした後、7月下旬から8月上旬に「麻こき」と呼ばれる収穫を行う。この時、麻は身の丈約5mにも伸びている。2002年には、この麻こきが8月3日に行われた。天明泥流の流下は七月八日（8月5日）であるので、発掘状況から麻こぎが始まったばかりの麻畑を壊滅状態にしたことが判明した。

　畑で確認された円形平坦面は、麻の種をまく時に、この部分に半切桶を置いて、肥やし種と水を一緒に入れたものである。畑や田の広さを言う時に、「ツカ」（写真3.5で一人ずつたっている）という単位を用いる場合があり、一ツカは畑に設ける堆肥一山を指し、この平坦面が一ツカを意味していると考えられる。

居住区の南側で水田が7区画発見された。この横には今でも沢があり、水を取るのに都合が良かったのであろう。水田の一画には井戸があり、その傍らから大きな柄杓が出土した。稲は確認できなかったが、当時、畦の傍ら一尺は年貢から控除されていたようで、畦道の脇に桑を植えていたことが分かった。なお、このような水田の発見は、吾妻郡内で初めてである。

建物は2棟の礎石建物と4棟の掘立建物が発見された。後者は納屋と思われ、木製便槽を伴っている。前者の建物は南北に長い構造をしている。現在の家屋も同様で、南側に山があり、日照が期待できないため、東側に入口を設けた構造になっている。これに対して、吾妻川の北側の地区では、東西方向に長い構造を取っている。地理的制約から建物の配置構造が決められた。

出土品には多種多様な生活用具があったが、象嵌の鍔をもつ脇差一振と漆器椀が目を引いた。後者は外面下位に1本の稜線が見られ、「一文字腰椀」と呼ばれる。外面の底部に黒漆で、「綿吉仕入」「吉」「日野栃」「栃」と書かれている。これらは、ブナ材を用いた下地に柿渋を膠着材とし、使用顔料にベンガラが使われていた。漆器椀としては廉価なもので、住民が日常生活什器として使用していたものである。「日野」は近江日野商人との関連があり、十八世紀前半に日野商人が「上州椀行商」との文献史料が残されている。

吾妻町教育委員会（1983）は町営グランド造成時に、唐堀遺跡を発掘し、天明泥流に覆われた畑を確認している。

地点⑬　吾妻町矢倉

吾妻町矢倉は、吾妻川の左岸に位置する。吾妻町の渡忠男氏所蔵の『矢倉村天明三年浅間山火荒地絵図』（群馬県立歴史博物館（1995），p.32）は、吾妻川から集落背後の山並までの矢倉村全体を描いており、村内の道筋や寺社が詳しい。天明泥流の被害区域は、「荒畑」として着色されており、街道（現

写真3.6　鳥頭神社
（神代杉，吾妻町矢倉）

国道148号線）と寺社をランドマークとして、特定することができる。村の西半分では、村内を横切る街道までが被害区域である。東半分では、街道が吾妻川に沿うように方向を変え、吾妻川が湾曲する部分にあたるため、天明泥流の範囲は街道を超え、集落部分に及んでいる。村の中央部にある小祠は被害にあったが、「薬師」までは及んでいない。「鳥頭大明神」は現在の鳥頭神社であり、6本の樹木が描かれている。「神代杉」（写真3.6）は高札脇に存在したが、天明泥流流下直後に燃えて、幹の中に新しい杉の木が生えている。このため親子杉とも呼ばれており、国道148号線の拡幅工事に伴い、現在地に数m移設された。

○　火山灰の降灰と農事暦

　群馬県埋蔵文化財調査事業団（2005）によれば、八ツ場地域で機械化前の昭和30年代までに行われてきた農事暦が江戸時代の農作業を読み取るための指標となった。図3.5は、八ツ場地区の発掘調査結果から火山灰の降下と農事「サクイレ」の経過を示したものである。

　夏蚕の時期前の五月二十七日（6月26日）に浅間山の噴火で東北方向にわずかな降灰があった。作者不詳（吾妻町金井・片山豊慈氏蔵）の『天明浅間山焼見聞覚書』（Ⅱ, p.157）は、「五月二十七日（6月26日）、近村々灰ふり葉を洗て蚕にくれる。養蚕上ケ前の評判に、庭休前葉を洗てくれ、にわおきにはあらわずにくれるものも有り。あまりあらへは葉ののろうすくなりあらいさらしてあしくと云。又上けるまであらいくれ候ものも有。あらい葉くれ候故か繭にメ目なし。」と養蚕における

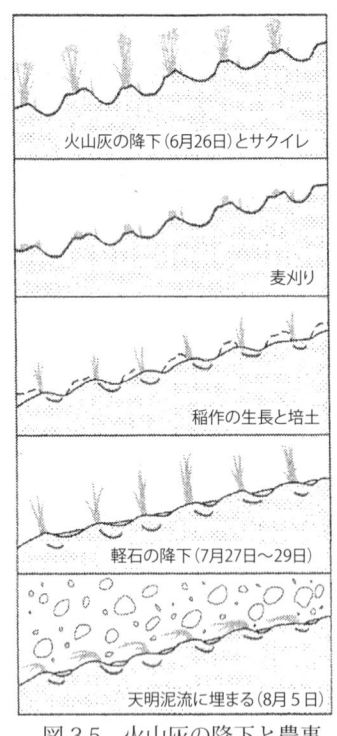

図3.5　火山灰の降下と農事「サクイレ」の経過
（群馬県埋蔵文化財調査事業団, 2005）

対応と降灰の事実を記載している（中之条町誌編纂委員会, 1983）。この後、天明泥流に被災するまでの間作の痕跡は、①五月二十七日（6月26日）にサクイレされた畑に火山灰降下、②麦刈り、③後作の生長と培土の実施、④六月廿八日〜七月一日（7月27〜29日）の軽石降下、⑤七月八日（8月5日）の天明泥流による被災、と説明されている。最近ではこのような間作の農業技法も見られなくなったが、発掘調査によって、限られた畑を最大限に利用しようとする江戸時代の農業の実態が明らかになった。

(2) 吾妻川の中流地域

中之条盆地付近では、天明泥流の流下状況を直接目撃した人の伝聞による多くの史料や絵図が残されている（大浦（2006）の表3-20　1783浅間山噴火災害絵図類一覧表）。図3.6は、多くの史料や絵図を用いて作成した中之条盆地周辺の天明泥流の流下範囲を復原したものである（国土交通省利根川水系砂防事務所, 2004を修正）。図3.6左の絵図は『天明三年七月浅間押荒地を示す絵図』（東吾妻町教育委員会提供）、右上の絵図は『中之条町浅間荒被害絵図』（中之条町歴史民俗資料館蔵）、右下の絵図は『浅間焼け吾妻川沿い岩井村泥押し被害絵図』（群馬県立文書館寄託伊能家文書）である。道路や神社などのランドマークが描かれており、場所を特定することが可能である。なお、大浦（2008）は、吾妻川を挟んで北側（中之条町）と南側（岩井村）の災害絵図について、現地調査と詳細な分析を行い、天明泥流による被害範囲を明らかにした。図3.6には、絵図や大浦（2008）の図5などをもとに、関係する地名を追記した。

地点⑭　原町（山頂から45km）

原町は吾妻川が北東方向に流れる左岸に位置する宿場街である。左絵図（原町誌編纂委員会編, 1960,『原町誌』掲載）によれば、街道が鉤型に折れ（国道148号の旧道も同様に折れ曲がっている）、水路の通る街道の両側に沿って家屋が連ねて描かれている。濃く着色された泥流被災地域は街の中心部には及んでいない。一番西の「田辺橋」から続く道の三叉路から南西側に街道

図 3.6　中之条盆地付近の史料や絵図による天明泥流範囲の復原
（国土交通省利根川水系砂防事務所，2004 を修正）
左絵図：天明三年七月浅間押荒地を示す絵図（原町誌（1960），東吾妻教育委員会提供）
右上絵図：中之条町浅間荒被害絵図（中之条町歴史民俗資料館蔵）
右下絵図：浅間焼け吾妻川沿い岩井村泥押し被害絵図（群馬県立文書館寄託伊能家文書【P8003-1454-2】）

を越えて被害区域が広く着色されている。この地域は河成段丘の上に位置するが、吾妻川の河積が狭く急崖となっているため、下位の段丘面上まで泥流が溢れたものと考えられる。山田川（現四万川）には逆流が表現されている。絵図の被災地域内には、「天明三卯七月荒　高百拾石弐斗七升九合　此

反別拾三町九反五畝壱歩」などと記載されている。なお、原町誌には、「寛保三年（1742）の水災を示す川戸村絵図」も掲載されている。この水災害は、「戌の荒れ」（戌の満水）と呼ばれ、東日本で非常に大きな被害をもたらした洪水災害である（信濃毎日新聞社出版局，2002）。このような洪水災害が繰り返し発生したため、中之盆地の低位段丘上には人家が存在せず、田・畑・林地・入会地として利用されていたが、荒地（右下図では前々川欠）となっていた地区も多い。

武蔵国幡羅郡飯塚村・原口周蔵『砂降泥押浅間山焦之記』（Ⅲ，p.191）は、「此吾妻川の南は郷原、北は原町也。此町は吾妻第一之繁花にて諸用不弁事なし。此原町は川を隔る事数丁高岸也。上町に善導寺と云禅林之大寺あり。其表門先段々下り之所迄数丁泥押来る故夫より以来此所を泥町と今に申事也。原町中の条伊勢町在駅場也。此所にて沢渡草津の末流落合、又沼田辺嶋（四万）の温泉場抔よりも流れ落合ひ、山川故流れ疾してややもすれば人溺れ死す故に人とり川とも云てを。夫より大岩むら男子峠、是より南の方伊香保入湯場に弐里（8km）余也。」と記している。現在でも群馬原町の善導寺の山門前には、「泥町」の呼び名が残っている（関，2006a）。原町では人的な被害はなかったが、「流家」と「半潰」を合わせて28軒の被害があった。付近の道路工事では堆積物中から庚申供養塔や馬頭観音像が出土し、泥流の堆積は当時の家並が埋まるほどであった。なお、原町字南町には、表5.2と図5.7にNo.51として示した地蔵菩薩（写真3.7）が存在する。原町の有力者である山口六兵衛や新井忠右衛門らが発起人となり、翌年河原地蔵尊として建立し、その霊を弔ったとされている（野口，1988）。221年後の平成16年（2004）10月23日に発生した新潟県中越地震で多大の被害が発生したこ

写真3.7　原町（字南町）の河原地蔵尊

とを祈念して、顕徳寺の住職・亮生氏により平成17年（2005）7月に開眼供養を行い、少し上の現在地に移設された。この時に建てられた塔婆には、「爰追福者為　河原地蔵尊開眼供養　現在未来天人衆菩提　乃至渡海平等利益」と記されている。

　上野国吾妻郡原町・富沢久兵衛『浅間記（浅間山津波実記）上』（Ⅱ, p.121, 126-127）は、「天明三　癸卯七月八日（8月5日）、浅間山大焼崩押出る事神武以来大変、末世子孫に咄伝度共、めいに限有、書に綴はをうぎをしらず、実に我身聞候処正説を記す。清胤‥‥
一、我其時に前橋竪町下妻屋小兵衛殿同道にて蛹（さなぎ）買に出、河（川）戸村昆金蔵院にて浅間之咄し、尤二、三日とろ焼之事なれば人々一寸寄り合ても浅間の咄しいたさぬ人はなし。天せい成る哉、我が心にも不思咄し候は、浅間之釜ないり（地獄）迄焼入り押出すも知れぬと何心もなく咄す。然所に長沢寺内儀見付て、河より煙り立といふ。直に飛出て見、扨は浅間焼貫け押出したるに無違と中里迄飛来て見れば平井土より立石の両向一面に成り火水流れくる跡より五丈（15ｍ）も高く如山すす色成るもの煙立て押来る。皆々高山え可逃と天狗山を心当て飛登り、其時之心には迚原町河（川）戸ーと流れ、かいろくと思ひ、我家内之者も難逃連次第、驚て不済と了簡極て古わらんし（草鞋）を見付けてはき、古ぞうりを圍のために古（風呂）敷に包みて天狗山え登り、爰にて見届け可申、吾妻かいろくならば榛名の方へ逃るなら助る事無違と落着て下妻屋両人にてたばこを吹。本川通り之すす色なる山は泥に火石交りて押出したると見へ、原町之囲木より高くくろき山煙立て矢をつくごとく流れ通る勢力、如何成る家蔵大木大石成り共もなく押払。原町囲木より高く押出たる事筆不足故に書置。是は見所によるなり。川戸首宮より水上にて見る人は原町屋敷かこい木一本も不見へ、原町上野にて見る人は善導寺大門先き谷杉より高くは見え候。是は首の宮明神浦より内出の出ばりへはたき上げ十丈（30ｍ）余りも高く、如山の泥打上げ末程高し。中里にて本川へずっと引落し候。
　火石流るるのすざまじさ、たとへは小家くらいの火石に酒樽、油樽のくらいなるも有、数限りもなく浮て流れ、五間拾間（9〜18ｍ）程宛て煙を引

て流れる。其中には二階作り之大家其ままかへらづ流れしも有り。土蔵抔（など）も其通り流れるも有り。一さかりはやかや家の屋ね斗り見へて廿軒もつづいて町のごとくに見へて流れるも有り。跡にて聞ば河（川）嶋より下にては人の大勢流通りしと承るに、流死人夥（おびただしき）敷事なれどもどろ故此辺にては壱人も流れ通は不見へ、且半時（1時間）斗り之間に引けて跡は西向の畑場より河原迄一面にくろく泥斗に成る。其中に火石沢山に煙りてあり、それより里え下りどろの中あゆみて見ればあたたかなり。至てあつき所も有り。又五、六日之内はふみ込てむさとあゆむ事も不成ら、七、八日の内火石煙り立。山田川え流れ上りたる火石五間（9m）四方程也。十二、三日之間煙り、それより雨さへ降れば焼崩。段々に焼崩れ小くなる、其外五尺八尺（1.5～2.4m）之火石は畑川原に沢山に有る。後は焼崩れ土に成る。浅間麓（但し鎌原より半道程上也）に百間（180m）余の大石弐つ有り、後はいくつともなく焼われて有り。矢倉村に八間（15m）四方之火石有り。群馬郡玉村に拾間（18m）程の火石有り。五、六尺（1.5～1.8m）くらいの火石は五十里（200km）も下へ流行。此度は水にてなし、泥に火石交り数千軒之家、田畑、林、鍋、釜、金銀其外織物道具交りければ諸人申に木金火水地之荒といへり。昔より村々に有之候塚穴を今はほりくずし作り畑に成る。是は其昔火の雨が降るといいならし、其時に拵（こしらえ）たる塚穴と前々より申伝しと老人衆茶呑語に咄（しかれ）す。然共何れ之記録にも不見へ。それを今時若い者聞て、日に日に雨の降る事にてあらんといふ。此度之大変も末世に至ては右の火の雨の様にいわんといふ。委細に書置と思へども中々難及、此度外村より見舞に来る人いわるるに、何事も七分はまこと三分のうそといふ、此度は見た人の咄より来て見て大きいと驚入る前代未聞之大変且半時の事なれども中々一日二日咄しても難及。筆紙にも難伸（述）、手前能々及見聞候実大概書記置者成。上州吾妻町　富沢久兵衛　清胤（花押）五十七歳‥‥」と記している。吾妻町に住む57歳の富沢久兵衛が中之条盆地付近を流れる天明泥流の流下状況を実際に見た様子を克明に記載している。

地点⑮　岩井村（山頂から47km）

吾妻町岩井は吾妻川が湾曲して流れる地点の南側に位置している。比高20mほどの段丘崖によって2面の段丘面に分けられ、上位面にのみ集落が立地しているが、近年では天明泥流の流下した下位面にも町営住宅などが建設されている。岩井村には、『浅間焼け吾妻川沿い岩井村畑泥押し図』（A図）と『浅間焼け吾妻川沿い岩井村泥押し被害絵図』（B図, 図3.6の右下図）という2枚の被害絵図が現存する。群馬県立文書館で絵図の写真撮影をさせて頂いたが、B図は被害前の岩井村の状況に天明泥流の被害範囲を墨色で示す「かぶせ絵図」の形態を示している。図3.6の右下図には、墨色の被害範囲を斜線のハッチで示した。

　A図は被害後の一場面のみを描いているが、B図は別紙を重ねることによって、被害前後の2場面を表現している。B図は吾妻川から集落背後の山並みまで、岩井村全体を描いているが、A図は下位段丘面の被害域に焦点を絞っている。両図に描かれた被害域は、被害曲線の曲がり具合もほぼ一致している。

　大浦（2008）によれば、上位段丘面の段丘崖に描かれた寺社の多くは現存しており（合祠され跡地のみの箇所もある）、被害範囲を特定できた。その結果によれば、岩井村では下位段丘面のほとんどの範囲で被害を受けている（吾妻川に面した西部の急崖部では一部上位面に乗り上げている）。上位段丘面に存在する観音堂や十王堂、愛宕宮、白山社、熊野社、六社は被災していない。我（吾）妻川に面した下位の段丘面は「前々川欠」と記されており、天明三年以前から河川の氾濫による被災地域であった。下位段丘面でも道沿いの畑は被害を免れている。この畑はB図に示される段丘崖に接した小規模な段丘面で、わずかな起伏の差で泥流被害を受けなかった。

　『天明三卯の七月八日荒に付村諸入用覚帳』（V，p.278）は、七月三十日（8月27日）の項に、「七月卅日　一、是は原田清右衛門様箱島村御泊の節荒所絵図面差上申度、当村より伊八忠五郎両人箱島村へ罷出申候時の小使宿払箱島村へ払。但し箱島は夜九ツ（24時）過出立にて奥田村に泊りかへり申候由、‥‥」と記している。原田清右衛門は吾妻郡の直轄領を支配していた代官で、噴火後かなり早い段階から、吾妻川の被災地を見分していた。岩

井村の伊八（組頭）と忠五郎（年寄）が原田清右衛門の泊まっていた箱島村に『荒所絵図』を差し上げに出向いた。岩井村は保科弁三郎の知行所であるが、噴火から20日でこれらの絵図面が作成され、被災状況を報告している。

幕府勘定吟味役の根岸九郎左衛門などの一行が被害の見分に訪れた九月十七日（10月12日）の項（V, p.282）には、「是は河原湯御見分様御泊の節組頭伊八要右衛門両人河原湯へ罷越、荒所絵図井村高等書上し候節の使也。但河原湯に泊り帰り候。」と記されており、幕府の役人にも絵図面が提出された。上記の2枚の絵図は控として村に残されたものであろう（この時持参した絵図がA図かB図かは不明）。

地点⑯　山田川橋

著者は不明であるが、吾妻町金井・片山豊慈氏蔵『天明浅間山焼見聞覚書』（Ⅱ, p.157）は、「八日の朝所々の人見候に茶釜のようなる火ふり候事独れ柳か花火を見るがごとし。見る人々申候は、天より火のふる事すはや日本魔国になり候やとてそぞろにものうくなり、野等人も家々に逃帰る。朝草刈も荷をかるくして我家に逃帰る。四ツ時（10時）頃長野原村追通り九ツ時（12時頃）頃伊勢町うら追通り、そのさま大山のごとくやら数万の大木竪になり横になり、大石より火が出るやら煙か立やら、浪の高さ五丈（15 m）やら拾丈（30 m）やらふた目と見て見定し人もなし。一の浪二番の浪三番の浪三度押出し通り候なり。翌朝江戸行とくへ押出し死人山のごとしと云。」と記している。中之条町伊勢町では高さ15 m〜30 mの天明泥流が数万の大木や火石を取り込み、3回に分かれて流下した。翌朝には多数の死人を巻き込み、江戸行徳に達した。

また、『同』（Ⅱ, p.158）によれば、掛け替えたばかりの山田川橋は一端上流の勝負瀬の下流にある「たな下」（合流点から1km）まで流された。また、3km下流左岸で吾妻川に注ぐ名久田川では、1.5km上流の吾妻神社（和利宮）付近まで火石や大木が逆流したことがわかる。

信濃国松代藩士（某）『上州草津道法　夢中三湯遊覧』（Ⅰ, p.358）は、翌天明四年（1784）、名久田川付近を通過した松代藩士が残した見聞記で、

1年後の中之条付近の復興状況を詳しく記録している。

地点⑰　中之条町（山頂から 48km）

　中之条町歴史民俗博物館所蔵の『中之条町浅間荒被害絵図』（図3.6の右上図）は、中之条町を中心に泥流の被害状況を描いており、両者の比較・検討から天明泥流の流下範囲を特定できる。市場町である中之条町と伊勢町は、街道の両脇に沿って家屋が連ねて描かれている。

　大浦（2008）によれば、神明森（伊勢宮），寺（清見寺），八幡森（かつて八幡宮があった）など、絵図に描かれた寺社は聞き取りなどにより、現地で確認できた。図に描かれた枯木沢川，胡桃沢川では、被害域が川に沿って入り込んでおり、地形条件を考えると被害域を特定できた。山田川合流点付近の湾曲部では、泥流の及んだ標高が吾妻川の左岸と右岸では大きく異なる。攻撃斜面側の中之条町では標高 350 m を越すが滑走斜面側の岩井村では 340 m に達していない。

　密度の高い泥流（火石を含む）であるため、ボブスレーのように、流れの蛇行によって、清水以上に左右岸の流下水位が大きくなったと考えられる。

（3）吾妻川の下流地域

地点⑱　渋川市川島

　上野国吾妻郡原町・富沢久兵衛の『浅間記（浅間山津波実記）上，下』（Ⅱ，p.124）は、利根川との合流点に近い川島付近では、ほとんどの人家が流され、多くの流死者を出したと記している。しかも、2.5里（10km，半田）〜3里（12km，下芝村）流されても、助かった者がいた。また、新八という者は3里（12km，半田）流されても無事帰ることができたが、女房は帰って来なかった。このため、新盆の弔いを準備していたところ、13里（52km，下ノ芝）流された地点で、泥の中から死体が取り上げられ、盆後に送り返されたという。

地点⑲　牧関と杢ヶ橋

高崎藩儒・川野辺寛『癸卯災異記』（Ⅲ，p.219）は、「牧関（牧の関所）本藩に隷す。関は吾嬬川に臨む。聞くに、七月八日午（8月5日12時）可り、無雨無風にしても遙かに洶々の声を聞く。土民奔走し大水至ると呼ぶ。関吏出でて之れを望めば、暗々たる黒気、其の声雷の如く、其の勢い山の如く吼え擲って至る。吏卒遙かに其の県象の標榜及び兵量を収め、大阜を渉りて之れを避く。中阪にして回顧すれば門吏の舎及び民屋既に漂没し、水色黒涅（黒色）渾べて淤泥なり。巨厳大石火を吐き煙を吹き、碻々礒々浮きて流れる。勢い畏る可し。牧の橋は一柱を用いず、両岸従い黒き鉅材を架する者なり。橋下より水際に至る常に数丈。俄頃に淤泥岸に溢れ、大木流れに随て下りて橋を衝き橋崩壊す。是に於て水勢益々湯々、逆浪天に漲る。」と、牧の関所と杢ヶ橋が流される様子を克明に描いている。

地点⑳　吾妻川下流

著者不明であるが、『信州浅間山噴出泥押シ実記』（Ⅱ，p.185-196）は、子持村北牧の寺島伝一郎氏が大正2年（1913）に拾い集めた浅間噴火資料集である。大部分は子持村白井の後藤六郎兵衛が文化・文政年間に編集したもので、吾妻川下流の被害激甚地の状況が詳しく記されている。「……昨夜残りたる真砂を家根より掻き払らひつつ落しなどするにいと白ろくつやめきたる毛の四五寸（12～15cm）斗かりなるが長さは尺に余りたるが降り来りて人毎に拾う。其日はしばし鳴神の暇を求め厩橋てう処へ行きたりし者の逃げ帰来て息もつぎあへず恐ろしきことの限りを見つるかなと歎しける様、実政の渡といへるは利根川の迫りたる所にて常にさへ水の瀬早く底いと深うして色は藍の色よりも青し。岸うつ波も摧け散る程の烈しきなれば、少しの風にも船を出さず。高き所に関を据へて是を守る。行かかる者とて船に乗らんとする時に向ふの里より笠を上げて水上を差し教える故、何事にやと振り向き見れば川の上弐丈（6m）ばかり高く山の様のうねりて大地のごとくなるもの頭ら二ツ並べて押し来るに、能くも見ず逃げのびて漸高き所によりて見れば大木の根ながらぬけて流るるにや。只すさまじくて能くも見分らず。水は硯の海の色して五六間（1.5～1.8m）ばかりなる大石黒煙り渦まへて

行く中に、かすかに人の声の今を限りと泣き叫びて波の上に聞ゆるもあり。大きなる声は牛馬のおめき叫んで行のも聞へ或みは家の二階に登り屋根に乗ながら流れて忽ち水の底に沈むらんと一度に悲しき声どもして消え果てたる男女数を知らず。箪笥長櫃桶鉢の類数を尽して流れ行く。俄に出でたる水なればゆくりなくも機なる台に乗りて腰に衣をゆひ付けたる年若き女子も見ゆ。且また若き女の背なに子供を追ひ前にも抱へて屋の上にたゆとうて、どうぞ何此子を仁情に助け給へと声の限り叫べど舟無ければ詮方なく、少し岸近くへよりし時手網と言へるものを差し出せしに、抱きたる子を其中に投げ入れて又も出せば、背に負たる子をも投げ入れて女は手を合せて拝みたり。其母をも助けん迚て流れに添えて追へ行く事六七間（9.6〜11.4m）成る時天運なる哉大きなる火石流れて押しかかり家は崩れて哀れむべし其母は波の底に打込れて死したり。……」（Ⅱ，p.188，萩原氏が読み易く書き直している）。

渋川市川島のJR金島駅付近の広い河成段丘上には、カラー口絵9に示した金島の浅間石（東西16m，南北10m，高さ4.5m）や金井の浅間石（東西6m，南北7m，高さ1.4m）など、多くの本質岩塊（浅間石）が存在する。

また、川島久保内・馬場遺跡が発掘調査され、泥流に埋もれた甲波宿祢神社が発掘された（写真3.8）。

写真3.8　甲波宿祢神社跡の発掘（渋川市川島）

地点㉑　吾妻川と利根川合流点付近

　著者は不明であるが、群馬県群馬郡国府村東国府・住谷修氏蔵『浅間山変水騒動記』（Ⅱ，p.301-302）は、吾妻川と利根川合流点付近の塞き止めと天明泥流の流下・堆積状況を詳しく記している。河床勾配が緩やかになったためか、吾妻川と利根川との合流点で、再び塞ぎ上げ現象が起こり、沼田川（利根川）は 4km 上流まで湛水した。

コラム6

人助けの「へだまの木」
（地点㉒）作　小菅尉多

浅間山から約65km下流渋川市南牧には、吾妻川の南側に杢ケ関の関所があり、三国往来を越後へ向かう旅人や佐渡金山などの物資を検査していた。絵図3.1は、関所の北側に面した吾妻川を流下する天明泥流の凄惨な状況を描いている。天明泥流の中には、人馬や家屋・家財や赤く表現された火石（本質岩塊・浅間石）が多く流がれていった。このため、この付近の南牧や北牧では、非常に多くの人達が流死した。しかし、表3.5に示したように天明泥流に突然襲われ流されても、下流の利根川流域で助けられた人もかなりいた。

渋川市北牧の国道353号線沿いに、へだまの木という変わった名前のカヤノキがある。樹齢400年、根元の周囲長3.4m、地上からの高さ13mのカヤノキの大樹である。カヤノキの実はくさいおならの臭いがするため、人々からへだまの木の名で呼ばれ親しまれている。天明泥流が当時の北牧村を襲った際、十数名の人々はこのカヤノキによじ登り、助かることができたという。

絵図3.1　浅間山焼昇之記「杢の関所被災の状景」（美斉津洋夫氏蔵）

天明泥流が北牧村を襲った時の石燕の様子が、上野国群馬郡渋川宿・蓉藤庵の『浅間山大変実記』（Ⅱ, p.205）に描かれている。北牧村には近隣に名を馳せた漢学者の山崎石燕がおり、蓉藤庵の師匠であった。天明三年当時、75歳の石燕は書物を座敷いっぱいに広げて干していた。そこに天明泥流が襲ってきたため、石燕は取るものも取り敢えず逃げた。このため、腹中の書のみしか残せず、家屋敷、跡形もなく流失したという。それでも一命を取りとめ、北牧の災害復興に努め、天明五年（1785）に77歳で亡くなっている。すなわち、この付近では逃げることができる程度の速さで、天明泥流が襲ってきたといえる。

一部の人々は庚申塚の横にあるへだまの木によじ登って助かることができた。へだまの木にすがり付いている人々の様子、その人々を救助する様子が、「信州浅間山噴出泥押シ実記」（著者不明，子持村北牧区域史料，Ⅱ, p.190-191）に詳しく描かれている。天明泥流に襲われた16、17人ばかりの人々はへだまの木に抱きついて、大声で天の助けを求めていた。その声を聞きつけ、一段高い段丘面にいた若衆70人程は、子持神社の里社地宮地の別当東覚院の竹藪の竹を切り集めた。筏乗りの上手達が筏を組んで、天明泥流が堆積した泥の海に浮かべ、約三四百間（900～1200m）先のへだまの木まで渡し、人々を助け出したという。竹で筏を組まなければ、天明泥流堆積物上を歩くことができなかったということは、多くの水を含んだ粥状の流れであったことを示している。この付近での試掘調査により天明泥流堆積物の堆積厚は、2m前後であることが確認されている。

現在、このへだまの木は、市指定天然記念物となっている。天明泥流による大災害を末永く継承するためにも、樹勢の衰えつつある木を史木として保護保存し、末永く、私たちの心の中にとどめておきたいものである。

写真3.9　人助けのへだまの木

2 主な地点の流下断面と泥流到達時間

　史料や絵図、発掘調査などをもとに、天明泥流の到達時間や到達水位を整理し、表3.2と図3.7を作成した。番号1〜38は、天明泥流発生地点である嬬恋村万座鹿沢口駅付近から伊勢崎市八斗島町に至るまでの93km区間で、横断面図（カラー口絵3と図3.1に位置を示す）を作成した地点を示している。これらの図表は下記のデータをもとに、天明泥流の水位・流下断面を推定した。

・史料・絵図の記載
・土壌調査・ボーリング調査
・遺跡の発掘結果（泥流堆積物の有無）
・現地調査・聞き取り・言い伝え等
・各市町村史の記載

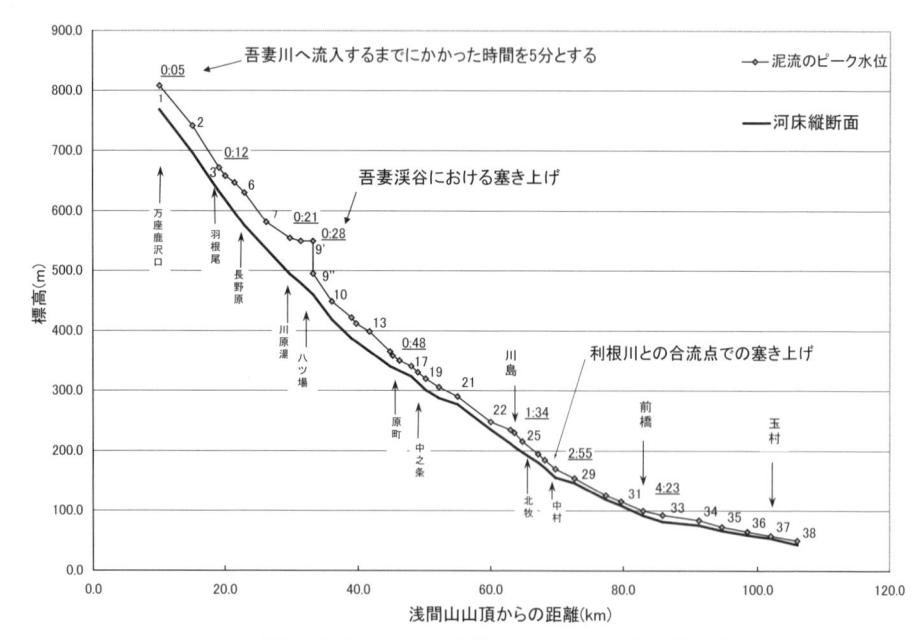

図3.7　吾妻川と利根川の河床縦断面と天明泥流の流下水位
（国土交通省利根川水系砂防事務所，2004）

表3.2 マニング式で計算した天明泥流の想定水位・流量・流速・流下時間
（嬬恋村万座鹿沢口〜伊勢崎市八斗島町）（国土交通省利根川水系砂防事務所, 2004）

断面番号	主な地名 左岸	主な地名 右岸	追加距離 km	区間距離 km	標高 m	河床勾配	設定水位 m	流速 m/s	流量 万m³/s	流下時刻 区間	流下時刻 累計
0			-	-	-	-	-	-	-	-	-
1	中居上村	万座鹿沢口	10.2	10.2	768.0	0.0193	40	22.8	21.7	0:05:00	0:05:00
2	半出来	下袋倉	15.2	5.0	696.3	0.0172	45	22.3	26.4	0:03:44	0:08:44
3	羽根尾		19.2	4.0	631.5	0.0157	40	16.8	13.9	0:03:24	0:12:08
4	坪井		20.1	0.9	618.0	0.0154	40	17.3	17.2	0:00:52	0:13:00
5	中央小学校		21.5	1.4	596.9	0.0149	50	17.8	15.8	0:01:15	0:14:15
6	長野原・旧警察署		23.0	1.5	575.1	0.0144	55	21.1	22.4	0:01:12	0:15:27
7	中棚	横壁中村	26.3	3.3	535.9	0.0133	45	20.8	21.8	0:02:37	0:18:04
8	川原畑	川原湯	29.8	3.5	493.9	0.0123	60	19.0	17.2	0:02:55	0:20:59
9	八ツ場		31.4	1.6	479.0	0.0118	70	19.5	16.0	0:01:23	0:22:22
				9分（515秒）程度の塞き上げ						0:08:35	0:30:57
10	岩下	細谷	36.0	4.6	418.7	0.0107	30	14.3	4.2	0:04:32	0:35:29
11	矢倉	唐堀遺跡	39.0	3.0	387.0	0.0099	35	12.2	7.7	0:03:46	0:39:15
12	矢倉・鳥頭神社		39.7	0.7	382.0	0.0098	30	13.2	11.8	0:00:55	0:40:10
13	郷原	厚田	41.7	2.0	365.6	0.0093	33	8.3	2.7	0:03:06	0:43:16
14	善導寺山門	川戸	44.8	3.1	340.4	0.0087	25	7.1	2.0	0:06:42	0:49:58
15	群馬原町駅		45.2	0.4	338.1	0.0086	20	10.0	2.9	0:00:46	0:50:44
16	原町	金井	46.2	1.0	332.9	0.0084	17	8.7	4.0	0:01:46	0:52:30
17	中之条・清見寺	岩井	48.0	1.8	323.6	0.0081	17	8.7	6.2	0:03:26	0:55:56
18	中之条・伊勢町	植栗	49.0	1.0	313.5	0.0079	17	7.9	5.3	0:02:00	0:57:56
19	青山国道353号	植栗	50.2	1.2	300.9	0.0077	18	8.2	4.1	0:02:29	1:00:25
20	上市城	小泉	52.2	2.0	287.6	0.0073	18	8.3	4.5	0:04:02	1:04:27
21	塩川	五町田	55.0	2.8	277.2	0.0069	13	5.7	0.9	0:06:40	1:11:07
22	小野子		60.0	5.0	235.2	0.0061	13	5.0	1.0	0:15:34	1:26:41
23	国道353号	川島	63.0	3.0	211.8	0.0057	23	8.4	8.4	0:07:27	1:34:08
24		川島・金島駅	63.6	0.6	206.9	0.0056	23	7.8	7.9	0:01:14	1:35:22
25	北牧	杢関所	64.8	1.2	197.5	0.0055	18	5.8	2.9	0:02:56	1:38:18
26	白井	渋川阿久津	67.2	2.4	180.6	0.0052	14	4.9	2.0	0:07:28	1:45:44
27		国道17号	68.2	1.0	171.8	0.0051	13	5.1	2.8	0:03:20	1:49:04
				1刻（1〜2時間）の塞き上げ						1:00:00	2:49:04
28		中村遺跡	69.8	1.6	155.7	0.0049	14	3.6	1.9	0:06:27	2:55:31
29		半田・竜伝寺	72.7	2.9	146.2	0.0046	8	3.2	0.9	0:14:12	3:09:43
30	桃ノ木川・広瀬川	JR上越線	77.4	4.7	118.5	0.0041	7	2.4	1.0	0:27:58	3:37:41
31	群馬総社町	小出	79.7	2.3	108.5	0.0039	7	2.9	1.1	0:14:27	3:52:08
32	新前橋駅	前橋城	83.0	3.3	91.8	0.0036	8	3.8	0.5	0:16:25	4:08:33
33	大利根町	槚島町	85.9	2.9	81.6	0.0034	11	2.8	0.5	0:14:38	4:23:11
34		公田町	91.3	5.4	75.6						
35		板井	94.7	3.4	66.5						
36	上之宮	南玉	98.5	3.8	59.5						
37	芝町	五料関所	102.0	3.5	54.0						
38	八斗島町	田中	106.0	4.0	43.5						

＊ 断面34から下流の断面では周囲の標高差がほとんどなく、水位の設定が困難で、マニング式での計算できない

泥流到達水位と流下断面からマニング則（土木学会水理委員会，1985）によって想定水位・流量・流速・流下時間を計算した。

マニングの公式によれば、

　　流速　$V = 1/n \times R^{2/3} \times I^{1/2}$ (m/s)

　　流量　$Q = A \times V$ (m³/s)

の関係がある。ここで、水深 H、断面積 A（断面形と H から求めた）、潤辺 L、粗度係数 n = 0.05、径深 R=A/L、

粗度係数 n は河道の抵抗の程度を示す係数で、土木学会水理委員会（1985）によれば、自然河川の粗度係数 n は 0.025～0.07 としており、河道の形状並びに河岸や河床の抵抗物によって左右される。天明泥流流下時の n は泥流が巨大な岩塊や流木を多く含んでいたため、かなり大きいと判断し、粗度の大きな自然河川でよく用いられる n = 0.05 と仮定した。八ツ場地点（図3.11 断面 No.9）では水深 60～70m 程度の塞き上げ現象があったと想定して、最大流下断面を求めた。

(1) 吾妻川の塞き上げ区間より上流（山頂から 10km～23km）

　吾妻川最上流の区間であるが、ピーク時の水深 40～55m、流速 16.8～22.8m/s、流量 14～26.5万 m³/s であった。図3.8（断面5）では想定水位 40m にも達し、吾妻川沿いの段丘面に存在した坪井村は完全に天明泥流に覆われた。図3.9（断面6）では想定水位 55m にも達し、吾妻川沿いの段丘面に存在した長野原村は完全に天明泥流に覆われ、200名にも達する人が流死した。長野原には瑠璃光薬師堂があり、長野原城址への登り口で旧大手門に位置する。「薬師様の階段の下から3段目まで泥流で埋まり、薬師堂だけが残った」と伝承され、諏訪神社境内の大国魂社入口には元文二年（1737）と寛延四年（1737）と刻まれた灯籠があり、薬師堂から運んだと言われている。階段下の標高は 632m、河床は 575m であるので、天明泥流の到達水位は 57m である。

　図3.10（断面8）の右岸には川原湯の不動院（地点⑧）が存在したが、湛水位は 60m にも達した。

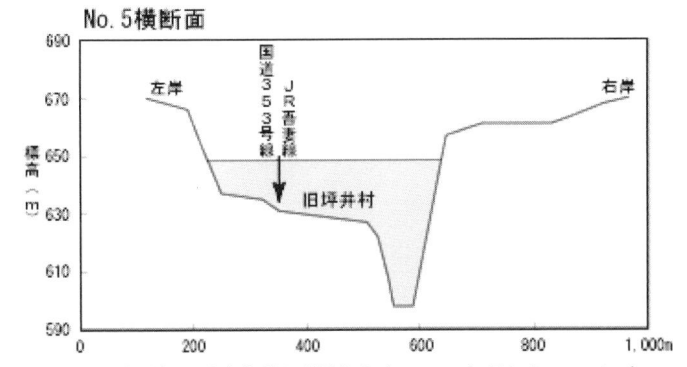

図3.8　天明泥流の到達水位と横断面（No.5，山頂から21.5km）
（国土交通省利根川水系砂防事務所，2004）

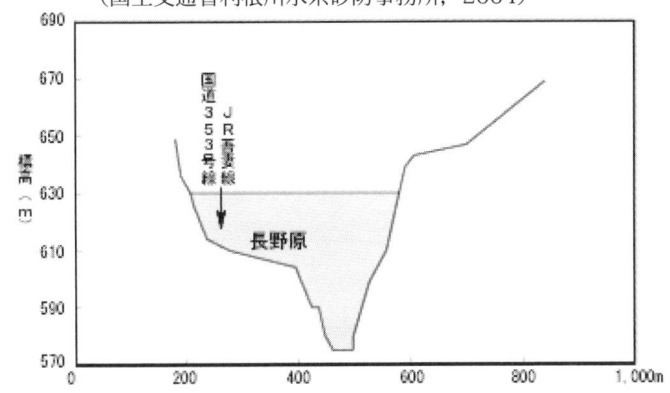

図3.9　天明泥流の到達水位と横断面（No.6，山頂から23.0km）（同上）

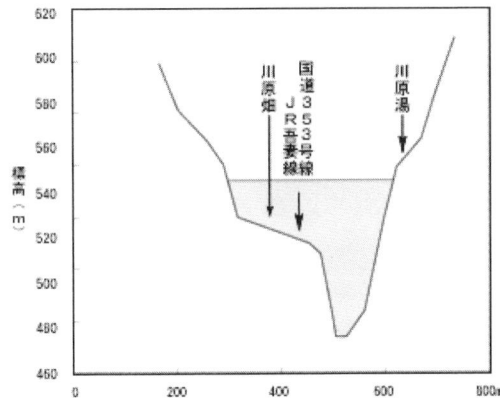

図3.10　天明泥流の到達水位と横断面（No.8，山頂から29.8km）（同上）

(2) 八ツ場付近の塞き上げ区間（山頂から 10km 〜 23km）

　八ツ場付近は「関東の耶馬渓」と比喩されるほどの美しい峡谷で（写真3.4）、著しく曲流しており、長野原町と群馬原町との境界をなす尾根部が泥流の流れを遮るように存在する。このため、泥流内にあった巨大な岩塊や流木の噛み合わせによって、次々と塞き上げられた可能性が高い。表 3.2 と図 3.1、図 3.7 に示したように、湛水高 60 〜 70m の天然ダムが形成されたと考えられる。群馬県埋蔵文化財調査事業団（1997 〜 2007）の発掘調査によれば、現在建設中の八ツ場ダムの湛水域とほぼ同じ範囲で天明泥流に覆われた遺跡が発掘されている。

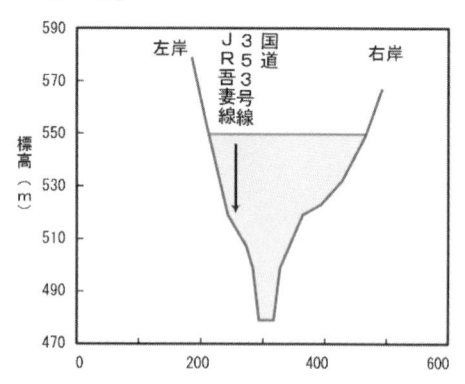

図 3.11　天明泥流の到達水位と横断面（No.9，山頂から 31.4km）
（国土交通省利根川水系砂防事務所，2004）

　図 3.11（断面 9）の八ツ場付近では、泥流の到達高さを 70m と推定して、流量や湛水量の計算をし直した（表 3.2）。1/5000 地形図をもとに計測すると、天明泥流の湛水量は 5050 万 m^3 となった。堰上げ区間に流れ込む流入量（断面 4 〜 6 のピーク流量の平均値）は 16.0 万 m^3/s であるのに対して、断面 9 直下の狭窄部分での流出量は 4.2 万 m^3/s と少なくなっている。その差 9.8 万 m^3/s が八ツ場区間に溜まっていくことになり、満水になるのに 9 分程度（515 秒）かかった。この時間が不動院の住職が逃げ延びられた余裕時間になった。

(3) 塞き上げ区間より下流（山頂から 36 〜 42km）

　八ツ場付近で形成された天然ダムは、水圧に耐えられなくなって、数回に分かれて決壊した。著者は不明であるが、吾妻町金井・片山豊慈氏蔵『天明浅間山焼見聞覚書』（Ⅱ，p.157）は、「一の浪二番の浪三番の浪三度押出し通り候なり。」と記している。天然ダムの決壊は少なくとも3回に分けて発生したと判断される。中之条盆地付近では3回の天明泥流が15〜30mの高さで数万の大木や火石を取り込んで流下した。この区間のピーク時の水位は25〜33m、流速は8.3〜14.3m/s、流量は3〜7.3万 m^3/s と考えられる。

(4) 中之条〜利根川合流点付近（山頂から 45 〜 68km）

　この区間のピーク流量の到達水位は13〜33m、流速は4.9〜10.0m/s、流量は0.9〜8.4万 m^3/s と考えられる。図3.12（断面23）では広い河成段丘一杯に天明泥流が広がっている。断面が広がった理由の一つとして、利根川との合流点付近での塞き上げ現象があったためと判断される。この地域には吾妻川との比高が小さな河成段丘が広がっている。このため、段丘面一杯に天明泥流が流下・堆積した。この段丘面の上には、カラー口絵9に示した金島の浅間石（東西16m，南北10m，高さ4.5m）や金井の浅間石（東西6m，南北7m，高さ1.4m）など、多くの本質岩塊（浅間石）が存在する（図3.14）。

　川島村では、家屋156軒のうち127軒が流出、男女113人と馬28匹が流死した。ようやく助かった男女468人は、食物が少しもなかったので夫

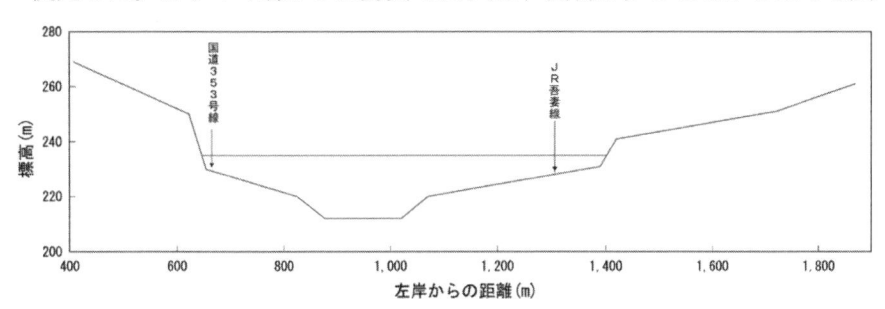

図3.12　天明泥流の到達水位と横断面（No.23，山頂から63.0km）
　　　　（国土交通省利根川水系砂防事務所，2004）

食を願いでたという（渋川市誌編纂委員会（1993），『渋川市誌』，通史編上，p.710）。しかし、天明泥流に飲み込まれ、1里（4km）〜8里（32km）流されても，25人以上の人達が助かっている（表3.5参照）。

　南牧村には吾妻川を渡る交通の要所である杢の関所(コラム6参照)があったが、村も関所も天明泥流に押し流された。その被害は村高75石で、泥入亡所となり、家屋24軒残らず流出、男女6人が流死した（渋川市誌編さん委員会（1993）『渋川市誌』，通史編上，p.711）。

3　利根川沿いの泥流・洪水

　赤松宗旦原著・津本新博訳（1980）：利根川図志や天明災害関係の史料を読み解きながら、発掘調査で解明できた点を含めて、利根川沿いの天明泥流の流下状況を考察した。図3.2は、吾妻川の中之条盆地付近から・利根川合流点付近の天明泥流の流下・堆積状況である。天明泥流の流下・堆積範囲は大浦（2006）の図をもとにトレースした。吾妻川合流点付近の塞き上げによる利根川上流の湛水範囲は、史料や地形状況をもとに推定した。

(1) 利根川合流点の直下流付近（山頂から68〜73km）
　地点㉓　利根川の河道閉塞地点上流，敷島

　上野国那波郡・西宮新六『慈悲太平記』（Ⅲ, p.67）は、「夫（それ）より渋川浦（裏）大崎にて利根川へ押出す。此勢譬（たとえ）をとるにものなし。白井南杢通へ三里（12km）川上へ押上泥溢れ返し川筋の村々筑（津久）田猫八崎真壁広瀬口へ泥二丈（6m）余り火石交りに淡々として押掛る。」と、吾妻川から流出した天明泥流が利根川を塞き止めた様子を描写している（山頂から68km）。

　上野国佐位郡伊勢崎藩・常見一之『天明浅嶽砂降記』（Ⅲ, p.27-28）は、塞き止められた利根川の状況を記している。猫は敷島の旧地名で、津久田の下流に位置する（関，2006b）。利根川は極端に蛇行しているが、合流点から津久田までは直線距離で6km近くある。1.5km上流の塔ケ渕まで、粥状（密度の高い）の天明泥流が逆流し、利根川を塞き上げた。このため、利根川に

は天然ダムが形成され、流入水で上流4kmまで満水となった。

高橋富貴一氏所蔵の「信刕上刕騒動書附」（V，p.191）は、「利根川の上一時斗水少しに相成暫く過て泥水山の如く押かけ、何方より流れ出候共不相知。杢の御関所も打つぶし中瀬町川岸之辺へ立木の大木夥敷（おびただしく）流れ、家造り人馬の死骸夥数流れ皆々手足別々に相成目も当られぬ事共也。其外川々浅間の焼石うち込川水湯のことくあたたかにして、上刕一ケ国四五日昼夜共十方にくれ候斗。」と記している。書簡という性格上、信憑性に問題があるが、一時を一刻と解釈

写真3.10　渋川市中村の浅間石

すれば、1～2時間程の天然ダム形成後に一気に決壊した。合流点より下流では、一次的な河川水の枯渇現象の後、山のような泥流が襲った。表3.2では、塞き上げによる天明泥流の停滞を1時間として下流の流下時間を示した。

地点㉔　利根川の河道閉塞地点上流，白井尖野（とがの）

勢多郡赤城村津久田・角田重郎左衛門『勢多郡津久田村の万留』（V，p.249）は、「一.七月八日（8月5日）浅間山よりどろ水殊外追（押）出し、吾妻郡永之（長野）原村、かん原村押出し、殊の外田畑は不及申に数千軒家々おしながし、老若男女流れ死申数を不知。それより段々押出し、北牧村南牧村御関所共に不残押流し、白井とがの門左衛門殿門の外へどろ上り申候。それより利根川へ押出し利根川を上みへ差上け、白井渡へ舟川上て五六百軒流し申候。それより中村不残押流し申候。関根村宿不残押流し申候。半田島不残押流し、それより川下数多流し申候。」と記している。角田重郎左衛門は、白井尖野（とがの）に天明泥流が押し上がり、上流へ逆流を始めた状況を目撃したのであろう。

地点㉕　渋川市半田嶋

　上野国吾妻郡原町・富沢久兵衛『浅間記（浅間山津波実記）』（Ⅱ, p.125）は、寛永二年（1742）の「戌(いぬ)の満水」よりも泥流の水位は高かったと記している。半田嶋（8軒）の集落は中州（渋沢川と利根川との間，渋川伊香保インターの少し南，山頂より73km）に立地していた。家はすべて流されてしまったが、45人もの村人が椿の木に掴まって泥流の通過をしのぎ、二時(とき)（刻，4時間）後に助かった。しかし、洪水は中々引かず、中洲から外に出られなかった。達者な者一人が対岸まで向い、食糧を貰って帰り、45人はそれを分け合って食いつないだ。3日後の十日（8月8日）の昼過ぎに流れが変わった（中洲の上流で分流していた北東方向の流れが減少した）ため、真壁村（北橘村真壁）へ渡り助かった。この間の事情が詳しく記載されている。

(2) 前橋付近（山頂から77〜86km）

　利根川も前橋あたりまで流下してくると緩やかになり、分流や流路の変遷を考慮する必要がある。前橋市の地形は、①北東部の赤城火山斜面、②南西部の洪積台地（前橋台地）、その両者にはさまれた③地溝状をなす沖積低地（広瀬川低地帯）と④現利根川氾濫原、の4地域に分けることができる。利根川が現在のように県庁裏を南流するようになったのは、天文年間（1540）の大洪水からとされている。地形的には、広瀬川や桃木川が流れる広瀬川低地帯を南東流する方が自然であることから、人為的に流路の変遷が行われた可能性がある。

地点㉖　前橋市坂東橋付近

　現在の坂東橋付近には、利根川左岸の前橋地域へ用水を供給する広瀬堤，桃木堤の取水口、やや下流の右岸には総社藩領の植野堤の取水口があった。群馬県中央部の水田を支える用水の大動脈であるこれらの堰も大きな被害を受けた。

　『川越藩前橋陣屋日記』（天明三年七月八日（1783年8月5日），Ⅰ, p.33）は、天明泥流流下時の公式日記であるので、川越藩前橋陣屋が浅間山の噴火

第 3 章 天明泥流

と被災状況をどこまで把握していたかがわかる。七月二日（7 月 30 日）頃から時々火山灰・砂が降ってきた。七日（8 月 4 日）から特に降砂が激しくなり、五六寸（15-18cm）、場所によっては壱尺四五寸（45cm）も降り積もった。利根川から流入した天明泥流は、前橋の城下町を通る広瀬川を満水にして流れた。また、空堀となっていた虎ケ渕（山頂から 83km 付近）にも泥流が押し込んだ。虎ケ渕付近には、現在でも泥流堆積物中に浅間石（火石）が残されている。前橋城では、「前橋城の利根川に面した石垣が長さ三百間（480m）ほど崩れ落ちた。城外の柳原林が長さ四百五十間（720m）ほど欠け込み、利根川の本流が前橋城下に流れ込む危険が生じた」（前橋市史編さん委員会，1973）という記載から、天明泥流が前橋城の堀まで達したことがわかる。

地点㉗　前橋市・広瀬川と桃木川

上野国佐位郡伊勢崎藩・常見一之『天明浅嶽砂降記』（Ⅲ，p.28）は、「又其下にて利根川より広瀬川桃木川へ水を揚る普請場に人賊（夫）八百人居へるが水俄に増来れば我も我もと側なる橘山へ逃登るに、最寄悪敷もの共廿五人逃おくれ堰枠へのぼり立けるが水いよいよ増来り遂に枠を押倒せば一度にワッと声をあげ皆荒浪に打くるまれて死にける。……広瀬川も二里程（8km）桃木川も三十町（3.3km）余り埋り左右の村へも盪し開く。……」と記している。利根川から広瀬川と桃木川へ揚水するために、作業員が 800 人もいたということは、これらの堰がいかに重要な施設であるかがわかる。天明泥流が段波状に流下してきたため、普請場にいた人夫の多くは利根川左岸の橘山（標高 228m，山頂から 74km）付近の丘陵地に逃げたが、25 人が逃げ遅れた。泥流は堰を乗り越え、広瀬川は 8km，桃木川は 3.3km も埋まってしまった。

天明三年九月二十五日（1783 年 10 月 20 日）の『川越藩前橋陣屋日記』（Ⅰ，p.71）は、各堰・用水の埋没について、桃木川（長さ 4.9km、幅 12.6m，深さ 2.7m）、広瀬川（長さ 3.7km、幅 16.2m，深さ 2.4m）、植野川（長さ 5.8km、幅 14.4m，深さ 3.6m）と正確な数字を記載している）。

地点㉘　前橋市・植野堰

上野国群馬郡大久保村名主・中島宇右衛門『歳中万日記（抄）』（Ⅰ, p.295）は、「一.七月八日昼八ツ時（8月5日14時）出水の由申来候に付水門橋迄参見届け申候所はどろ水也。けむりの立事数ヶ所也。火石に候や水門辺近く見る所水にへかへり申候。家などなかれ来候。せんたい昔より申伝にも無之候大凌事に候。尤八つ時（14時）より北の方殊の外音致候。其音夕方迄もたへす候。」と記している。植野堰の水門橋では、火石と火石付近の煮え返り、煙、流下する家、奇妙な音などが夕方まで続いた。澤口（1986）によれば、この付近で確認される天明泥流堆積物の中には、6世紀に噴火した榛名山二ツ岳の降下軽石が若干含まれている。この軽石層は榛名山火口から北東方向に1m以上の厚さで、降下、堆積軸がある。天明泥流はこれらの軽石層を含んでいることから、付近の軽石や土砂を侵食・巻き込みながら流下していたことがわかる。

地点㉙　利根川右岸（吉岡町と前橋市の境付近）

上野国佐位郡伊勢崎藩・常見一之『天明浅嶽砂降記』（Ⅲ, p.28）は、「利根川は前橋西通りの西縁りは岸高く川筋のよき故か二三里（8～12km）程は無難なり。夫より下左右ともに推開き上那波郡の辺は火石も少しづつ燃えながら来り、……」と記している。利根川の右岸（吉岡町と前橋市の境付近）は断崖が続いているので、それより上の段丘面での被害はなかった。

上野国群馬郡新堀村惣代・伝左衛門『浅間山焼覚』（Ⅱ, p.322）では、前橋付近の利根川を泥流が流れていく状況が良くわかる。吾妻川との合流点での一時的な塞き上げによって、一端水が引いたため、網で魚を掬おうとしていると、水深6mの泥流が押し出してきた。泥流中に火石（浅間石）が含まれており、足を泥流に踏み込むとかなり高温で、火石の周りはぐつぐつ煮えていた。

（3）烏川合流点より利根川中流まで（山頂から90km～106km）

地点㉚　玉村町板井

　上野国佐位郡伊勢崎藩・常見一之『天明浅嶽砂降記』（Ⅲ，p.28）は、「同郡玉村の畑の内へは長さ拾壱間（20m）高さ五間（9m）斗（ばかり）の大岩を押しあげ其外上の宮村柴宿辺迄堤の上え弐間三間（3.6〜5.4m）の火石を押しあげ置く。此辺に至りては水は少し増る斗なれど泥は未だ川外へ二三丁（200〜300m）づつおし開き、泥の深き所軒（のき）より高く埋めぬ。去ども推来りてはすわり又来りては据り三四度も来りける故人々悉（つつが）はなかりける。」と、浅間山山頂から100km付近の流下状況を的確に示している。この付近でも、3.6〜5.4mの火石（高温の浅間石）を含む天明泥流が流下・堆積していた。

　上野国群馬郡板井村・大久保某『上州浅間山焼出し砂降り次第　附り家人馬押流大数記』（Ⅲ，p.157-158.）は、玉村町板井（山頂から95km）付近での流下状況を詳述している。利根川が濁って、「蛇水」になると見物にいった。急に水かさが増して河岸まで押し上げたので、2階へ逃げて助かった。

　関（2006a）によれば、「水落」という記述があり、九ツ（11時49分）前に最初の異変が確認され、八ツ半（15時31分）に天明泥流のピークが到達した。70〜80人の住人が別宅の2階に避難して無事であったことから、この付近の天明泥流は、家屋を流したり倒壊させるまでの勢いはなかったと判断される。

地点㉛　玉村町小泉大塚遺跡

　写真3.11は、玉村町教育委員会（1993）が発掘した「玉村町小泉大塚遺跡」で、天明泥流に覆われた耕作地跡を示している。現在の矢川流路と利根川との間に存在する芝根小学校の新設工事で、平成元年（1989）3〜7月に発掘調査された、天明泥流（層厚2m）と降下軽石層（As-A，層厚5cm）の下に畑跡が確認された。泥流堆積物は上位に細砂や粘土が、下位には大きな岩塊・礫を含む硬くしまった土砂が堆積していた。泥流下にはAs-Aが存在するが、平面的に見ると、畑の畝（うね）に沿って縞模様になっており、農民が降灰から天明泥流の流下までに、復興作業を行っていたことが判明した。

　上野国新田郡世良田村・毛呂義卿『天明三年七月砂降候以後之記録』（Ⅲ，

p.141）は、「一．利根川より三分川へ泥押行烏川（からす）みとも川合河岸辺迄泥逆に上り、是も床上迄上り候。山王堂抔も同前惣て川通泥の中に松唐松もみ樫の大木并屋道具敷候様に泥之内に留候。火石も野敷中瀬辺迄留り居芝町抔は大家程の岩も有之、羽生（はにゅう）辺迄岩流れ此岩共火石にて数日煙立上り、まはりの水にへ候由。大石は八月末迄火気有之由。……」と記している。烏川との合流点付近では、西側の矢川を抜けた泥流は、現在の合流点から2km以上烏川を逆流した（関, 2006a）。

写真 3.11　天明泥流に覆われた耕作地跡
（玉村町小泉大塚遺跡）

地点㉜　五料の関所（利根川・烏川合流点付近）

利根川・烏川合流点付近では、天明泥流の流下・堆積範囲は大きく広がった。

七月九日（8月6日）の『川越藩前橋陣屋日記』（Ⅰ, p.33-34）は、天明泥流の流下状況をかなり正確に記している。五料の関所に見分に行かせたが、関所に通じる道が見えないほど、一面に泥流が堆積していた。大渡の渡し場では多くの舟が流失したため、川越の本藩に被害状況の報告に行くのに、かなり下流の中瀬で渡河したという。

八月四日（8月31日）の『川越藩前橋陣屋日記』（Ⅰ, p.44）は、「去る八日（8月5日）利根川満水之義而已御注進有之、常水に相成候儀者不申来候得共、右京亮殿に而八日未之刻（14時）満水、艮刻（2時）常水に相成候旨御届も有之候。」と記している。

未之刻（み）（14時17分）に満水となり、艮刻（うし）（翌日2時6分）に常水になっ

たので、天明泥流は半日（12時間）ほど続いたことになる。

　上野国那波郡連取村（伊勢原市連取町）の素封家である森村新蔵が著した『北国見聞記』『享和以来見聞記附録雑集』の中に『信州浅間山焼附泥押村々并絵図』（Ⅲ, p.126）がある。森村新蔵は同じ村の4人と一緒に天保十二年（1841）六月十一日に北国周遊の旅に出て、『北国見聞記』や『享和以来見聞記附録雑集』という旅行記を著した。新蔵は当時48歳で、58年前の天明噴火を経験していないが、那波郡五料の人からの伝聞として、天明泥流の流下状況を詳述している。七月八日（8月5日）の昼時は利根川の流水が急激に減ったので、魚を掴み取れた。その後、天明泥流が川霧のように押し寄せて来た。

　上野国那波郡五料川岸問屋・高橋清兵衛『利根川五料河岸泥流被害実録』（Ⅲ, p.169）は、五料河岸（山頂から102km）の状況を記している。玉村町五料は沼ノ上に続く河岸で、烏川と利根川の合流点に位置する。例幣使街道の宿場で五料の関所があり、上州・信州と江戸を結ぶ重要な地点であった。荷扱い問屋・高橋家の当主が天明泥流の流下・堆積状況を記述した生々しい実見記である。被災者自身の手記だけに臨場感があり、第一級の史料である。

地点㉝　埼玉県上里町・八町河原

　松平阿波守家中手廻り役・文平『浅間山焼失流失之図（抄）』（Ⅳ, p.294）は、「五間（9m）も六間（10.8m）も御座候様成る石乍煙立夥敷流来申候。右八丁川岸より戸（利）根川江続候川之曲り申候て鍵之手之様成る処御座候。右角之所にて人馬之死骸引支流兼岸江押上、川中にも夥敷落通りまことに積上候に御座候。諸木大石抔も懸り居り申候。」と記している。利根川の流れは南側の八町河原（埼玉県上里町）を攻撃するようになっており、洪水が多発する地形を呈している。天明泥流は七分川を埋め尽してしまい、三分川が利根川の本流となった（図5.5参照）。

　武蔵国児玉郡西今井村・柴崎某『浅間山焼抜利根川筋泥入聞書集』（Ⅲ, p.181-182）は、「どろはふつふつとにえるごとく、川水もぬる湯の如し。川筋の者是に驚く。同九日に三友がし、新井、都島、小島、下野堂、万年

寺、石神思ひ思ひに家財を捨て逃也。前代未聞之事。八丁川岸西北迄泥石岩にて押埋め村より高く成。新川岸は是に一段高し。沼の上、五料は家かもい迄押上げ、家より家へ家棟を通す。三友は地面より川原四五尺（1.2～1.5m）も下し、泥地面より高く押埋、鴨居下三尺（90cm）斗あき押埋、浅見も同然也。」と記している。

（4）利根川中流から利根川河口付近（山頂から110～285km）
地点㉞　深谷宿

　武蔵国榛沢郡深谷宿・向伯輔の『泥濫觴』（Ⅲ, p.186）は、「〇右泥の来る前、利根川一水も不流、誠に弥生の汐干に等しく、魚鼈悉く取れる。彼の灰のあくに中りしにや、小堀池の魚大分死す。」と記している。深谷付近でも利根川の流水が流れなくなってから、天明泥流が流下してきたようである。この異変を下記の「七不思議」と表現している。

泥川の人魚	泥水中の遺体
七夕の昼のやみ	七夕（七月七日）の噴煙による日光遮断
夕立の砂	夕立のように降った火山灰
屋根の砂はき	屋根に積もった灰の除去
水中の火石	流水の中の火石
竜の毛ふり	火山毛の降下
利根の干潟	利根川の干潟（堆積した泥流）

　関（2006a）によれば、濁った泥流の中に遺体と火石が混じり、火山灰や軽石・火山毛が降り、利根川が泥で埋まり干潟になるという原因不明の現象が起こったことを確認し、表現したものと考えられる。
　上野国那波郡伊勢崎・今井説道斎・他『石砂降慈悲　浅間震旦記』（Ⅲ, p.77-78）は、「第一波が死したる人馬を数知れず含んで、どっと押し流したが、泥流の通った跡は、鯉・鮒・鰻などを手で掴まえるほど流水量が減った。‥‥再び増して来た水の音はどうどうどうと滝のような音がして、先よりも増した第二波の泥流が来た。」と、段波状の天明泥流の様子を記している。

第3章 天明泥流　115

　肥前国平戸藩主・松浦静山『甲子夜話（巻四十）』（Ⅳ，p.303）は、天明噴火の被害見聞や実況報告をまとめて掲載している。「私御代官所上州邑楽郡赤岩村之儀、利根川附に御座候処、訴出候者当月八日昼八ツ半時（8月5日15時）頃利根川黒濁相増候処、人家の崩と相見大材木並小道具類川幅一盃流来り、川丈何間程有之候哉前呉限り相知不申候。川水湯の如にて魚類泥に溺候哉西（両）岸に流寄申候。翌九日には利根大方埋り候て登り下り之船居附人足相雇相動候ても中々動き不申候。右之内焼石軽浜石 夥(おびたたし) 敷き流れ来り、平生水丈け一丈（3m）程有之候処、泥八尺（2.4m）程置、当時水丈二尺（0.6m）程に相成、崩家古材木等泥の上に流留り利根川押埋候訴に罷出候役人小船にて漸渡船仕候得共、跡々渡船相止申と訴出申候。依之注進之趣御届申上候。以上　卯　七月　遠藤兵右衛門」と記している。ここでは泥流が黒濁と表現され、これより下流域では多くの史料で黒濁の水という表現が用いられている。天明泥流の流下・堆積により、利根川の河床が上昇し、船の通行ができなくなった。

地点㉟　幸手宿（江戸川との分流点）

　上野国群馬郡大久保村医師・元龍『浅間山焼記（浅間山焚記）』（Ⅲ，p.369）は、幸手宿付近（山頂から160 km）の状況を記している。利根川を流れてきた泥流は、幸手宿付近から江戸川方向に分流する。七月八日（8月5日）の夜から九日昼八ツ時（6日12時）まで半日にわたって、壊れた家・蔵・道具や柱・戸板・桶などが六七十間（108〜126m）の川幅一杯に泥流（黒濁の水）となって流下してきた。幸手宿の状況を記した上記の文書は、『甲子夜話（巻四十）』（Ⅳ，p.301-302）や『浅間山焼記録』（Ⅱ，p.326）などに引用されている。

　絵図3.2は、『浅間山焼昇之記』の「幸手の利根川分流権現堂川の状景」（美斉津洋夫氏蔵）で、絵図3.1の「杢の関所被災の状景」と比較すると面白い。幸手では火石は描かれておらず、多くの家や材木、人、馬が流下している。流れの廻りには、長竿などを持って救助しようと努めている様子が描かれている。

絵図 3.2　浅間山焼昇之記「幸手の利根川分流権現堂川の状景」（美斉津洋夫氏蔵）

『解体新書』を著した杉田玄白（1733〜1817）は、天明噴火当時50歳で江戸に住んでおり、天明噴火による被害見分を『後見草(あとみぐさ)』（V, p.28）に「同じ十日、下総国金町村の村長、御郡代伊奈殿の裁断所へ訴へしは、昨九日末の刻江戸川の水色変し泥の如くに候ゆへ不審詠候内、‥‥人馬死骸数限りも知れざる程川一面に流れ浮み引も切らす候ぬ。‥‥日光道中幸手宿においては、権現堂・中川、利根川、此二つの川筋へ‥‥僧俗男女の屍とも手足が切れ、首もなく、子を抱き‥‥、あるいは手をとり交わしたまま、体が半分ちぎれたりした生々しい死骸とも水の色も知られざる程来候‥‥」と記している。

地点㊱　利根川河口・銚子

上野国吾妻郡大笹村・無量院住職『浅間大変覚書』（Ⅱ, p.49）は、其の日の晩方には浅間山から285km離れた利根川河口まで流れ着いたという。

第3章　天明泥流

岡田（1993）によれば、ヒゲタ醤油の創業者である田中玄蕃に、『天明凶災録』（海上町，1988）がある。江戸時代の天明年間に起こった飢饉に関する記録で、当時の下総国海上郡飯沼村（現銚子市）を中心とした地域の災害の実情を「水中火石炸泥満水、是に溺死す人馬其数知れず、北上州吾妻郡は大半退転とかや。其の流れ利根川にかかり、人馬の死骸江戸川銚子口まで夥しく流れでるさてさて哀れなる次第なり。」と記している。

天明三年七月七日（1783年8月4日）の夕刻、銚子地方の村々に折からの曇り空から灰とも砂ともつかぬものが降り始めた。灰は夜中も降り続き、翌八日の朝がきても激しい降灰のため、あたりはいつまでも暗い闇のままであった。道を行く人は蓑笠を付けて提灯を下げ、家々では行燈・燭台に灯をともして時を過ごした。八日八ツ（8月5日14時頃）過ぎになって、空が明るみ始め、降灰も静まってきたため、人々の顔にも生色が蘇ってきた。銚子でも三寸（9cm）余りの降灰となった。銚子口に天明の洪水が到達した時間は記されていない。

(5) 江戸川を流下した泥流・洪水

地点㊱　葛飾区金町

著者不明であるが、『浅間山焼記録』（Ⅱ，p.326）は、「昨九日八ツ時（8月6日14時）頃江戸川水泥之様に相成、何方より流来候哉根付之立木折候様に相成、人家之道具材木細々に相成川一面に押流申候。尤（もっとも）人之死骸牛馬等是又切切に見へ夥敷流通候。夜五ツ時（20時）過に相成流物相減申候。夫より流止み候。右之通東葛領金町村名主勘蔵訴出申候。七月十日　伊奈半左衛門」と記している。関宿（幸手宿）から江戸川を流れ下った天明泥流は、28時間後の6日14時に葛飾区金町付近を流下した。この流れには切れ切れになった人や牛馬の死骸が多く含まれていた。34時間後の6日20時過ぎには流れは減少した。

地点㊳　江戸川区東小岩の善養寺

江戸川区東小岩の善養寺には、寛文七年（1975）の十三回忌に建立され

た供養碑と昭和57年（1982）の二百回忌に作成された和讃碑がある（5章1項）。

地点㊴　江戸川河口・行徳浜

著者不明（群馬県群馬郡群馬町棟高，木村吉太郎氏蔵）『浅間嶽大焼泥押次第』（Ⅱ，p.299）は、「中村の者弐人河（川）原嶋村の者八人八日は四ツ時（8月5日10時）流失、九日の四ツ時（8月6日10時）には下総行徳浜迄流行引あけ助られれば所の以慈悲を村継送り相成、九日にて送り届られ帰村いたし候者有之候。」と記している。渋川市中村の2人と川原嶋村の8人が天明泥流に流され、24時間後の8月6日10時に江戸川河口の浦安市行徳浜付近で救出されたという。

著者不明（吾妻郡吾妻町金井，片山豊滋氏蔵）『天明浅間山焼見聞覚書』（Ⅱ，p.157）は、「翌朝江戸行とくへ押出し死人山のごとしと云。」と記している。

また、滋賀紀豊『浅間焼之書付』（Ⅴ，p.38）は、「行徳川岸に死人夥数流れ懸り候故、其辺の寺方より筵を着せ回向致候。筵数凡そ五百枚計遣ひ切候由、其死人或は首無し或は手足無きも多く候由。其跡は如何成候哉不知。行徳海岸は枝川故大川筋へ流候死人は嘸夥敷かるへく候とも其数は不知。」と記している。

4　天明泥流の流下特性

以上説明したことをもとに、天明泥流の流下特性を整理してみよう。

図3.13は、浅間山山頂を起点（0km）とした吾妻川・利根川の縦断形状（小菅，2006a）である。鎌原土石なだれが吾妻川に流入して天明泥流に変化した時点で、河床勾配は1度（1/75.4）以下の緩勾配河川となっていた。河相は山頂から134kmの利根大堰付近で、礫床河川から砂河川へと変化している。

利根川は関東平野を貫流する大河川で、徳川家康が江戸に入府して以来、たびたび河川改修が行われていた（大熊，1981a,b，中山，1997，澤口，

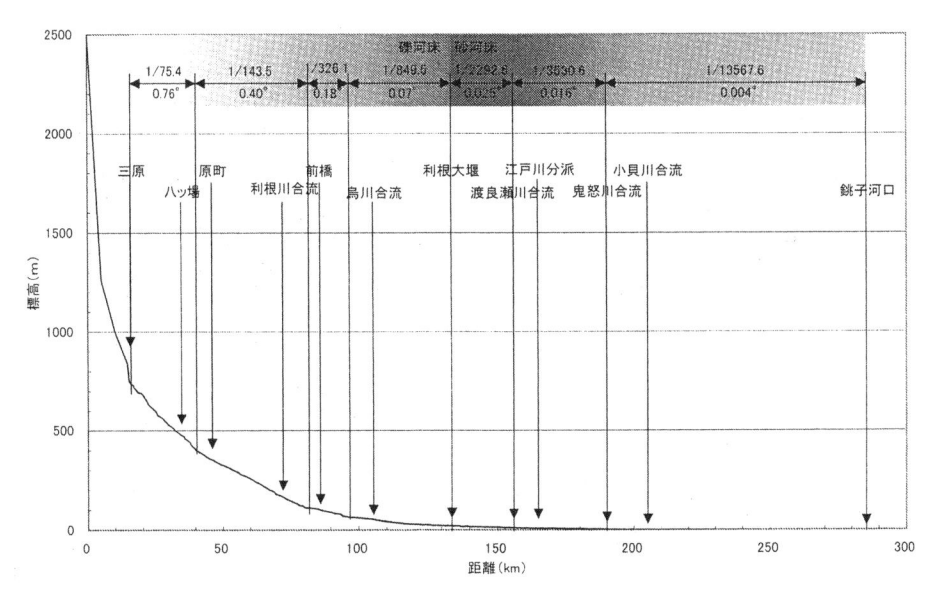

図 3.13 浅間山山頂から吾妻川・利根川の縦断形状（小菅, 2006a）

2000)。とくに、もともと江戸川を通じて東京湾に注いでいた利根川を何回もの瀬替工事によって、銚子から直接太平洋に注ぐようにした利根川の東遷事業が、現在の利根川の原型をつくりあげたといえる。天明三年（1783）当時、東遷事業はほぼ完成し、利根川の主流は銚子から直接太平洋に注いでいた。

表3.3は、群馬県内の浅間山天明噴火に関する主な遺跡の発掘調査の一覧表である（国土交通省利根川水系砂防事務所, 2004）。群馬県埋蔵文化財調査事業団や市町村がこれらの発掘調査を実施しており、多くの報告書などが作成されている。これらの文献を参考にしながら、天明泥流の流下特性を説明する。

(1) 大量の本質岩塊（浅間石・火石）を含む流れ

図3.14は、史料・絵図の記載や現地調査の結果に基づいた吾妻渓谷より下流の主要な浅間石の一覧図である。

天明泥流は、直径10mを越えるような本質岩塊（浅間石・火石）を多く

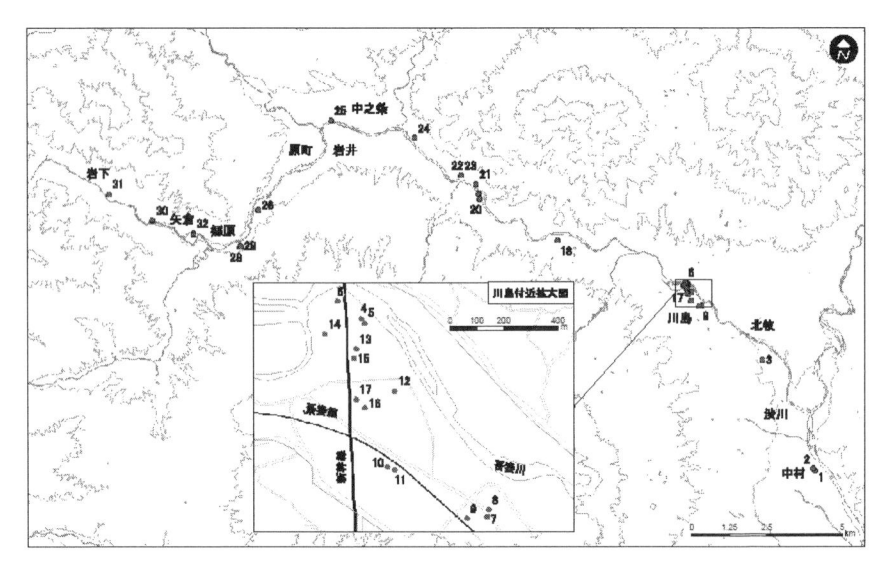

図 3.14　吾妻渓谷より下流の主な浅間石

含んで流下した。カラー口絵 9 は、渋川市金島（山頂から約 63km）まで運ばれてきた浅間石（東西 15.75m，南北 10m，高さ 4.4m,）で、群馬県の天然記念物である。このような巨大な岩塊がどのようにして 63km も運ばれてきたのかを合理的に説明するのは難しい。しかし、明らかに本質岩塊（浅間石）は非常に高温で、水蒸気を激しく噴き上げ、天明泥流の中を浮き沈み・転びながら流下している。家ほどの大きさから酒樽程度の浅間石（火石）が流されてきた。多量の火石を含んでいるため、泥流はかなり高温で、堆積した泥流の上を歩くことは出来なかった。吾妻川の上流で流された人は泥流の熱によって亡くなった人も多かったと推定される。泥流堆積物中に残された浅間石（火石）は、12 〜 13 日の間、煙を上げていたという。このため、雨が降るたびに、高温の火石（本質岩塊）はひび割れを生じ、小さくなっていったという。

　天明泥流流下直後は、夥しい量の浅間石が吾妻川の河床に存在したが、割りやすく加工も簡単なため大量に採取され、庭石や石垣などとして利用された。図 2.3 に示したように、吾妻川流域の本質岩塊（山頂から 16.0 〜

64.8 km 地点の浅間石）の古地磁気を測定した。その結果、いずれの試料とも当時の磁北方向を向いており、堆積直後もキュリー温度（鉱物によっても異なるが、400℃程度）以上の高温であったことが判明した。

やや多孔質とは言え、密度が 2.0 以上もある安山岩質の大岩塊が利根川との合流点付近まで、どうやって 70km 以上も流下することができたのであろうか。一つには泥流の密度がかなり高かったことが挙げられる。

『川越藩前橋陣屋日記』（Ⅰ，p.33）では、天明泥流を「黒土をねり候様成水にて」と表現している。澤口（1983, 86）は、渋川市中村遺跡の発掘に際して出土した天明泥流の調査を行い、「無層理で分級が悪く、砂礫の混合状態は垂直、水平とも極めて均質に堆積しており、流動中も含水率が比較的低く、かためのお粥」のようであったと推定している。

以上のことから、天明泥流の流下機構として、以下の点が考えられる。
① 天明泥流は密度が大きく、浅間石との密度の差はかなり小さかった。
② 泥流中の本質岩塊（浅間石）は、史料で火石と呼ばれ、キュリー温度（400℃程度）以上の高温であった。
③ 泥流中の含水率が低かったことから、高温の本質岩塊（浅間石）の周りで発生した水蒸気は容易に抜けきらず、巨大な岩塊の周りを取り囲み、岩塊に大きな浮力を与えたと推定される。この点に関して、中村（1998）はハワイ島で溶岩が海水に流入する時、高温の溶岩片が白煙を出しつつ海面上をしばらく浮遊している様子を観察し、本質岩塊はホバークラフトのように、天明泥流の表面付近を移動したと考察した。史料や絵図 3.1 には、赤い火石が浮かんで流れて行く様子が多く描かれている。

(2) 天明泥流中の水の起源

鎌原土石なだれが吾妻川に流入して、天明泥流となったが、泥流中の水分はどこから供給されたのであろうか。菊地（1980a,b）や荒牧（1968）は、「鎌原」が吾妻川を塞き止めて、一時的に天然ダムが形成され、背後に水が溜まって、それが決壊し、天明泥流となったと考えた。しかし、史料から吾妻川沿いの泥流到達時間を検討すると、渋川（山頂から 70km）まで 2 時間で流下

しているので、背後に水が溜まるほど、長時間に渡って天然ダムが形成された可能性は低い（坪谷・他，1988）。したがって、吾妻川に流入した時点で、泥流として流下できるほど十分な水分量を有していたと考えられる。

カラー口絵1に示したように、浅間山北麓には「柳井沼」と呼ばれる沼地があった。大きさは不明であるが、役の行者が天仁元年（1108）の噴火より前の持統天皇九年（695）に浅間山に登り、「柳の井」と命名している。

柳井沼の場所は、浅間山火山博物館の鬼押出し遊歩道付近の半円形の凹地と考えられる。この地点での調査ボーリングの結果から、水深30m程度の柳井沼が存在したと判断した。直径700m，平均水深20m程度とすると、柳井沼の水量は1000万m^3程度となる。この付近から鬼押出しの先端部付近は現在でも湧水池となっており、嬬恋村の水源地となっている。この付近の浅間北麓の斜面は地下水で飽和状態となっていたと考えられる。したがって、本質岩塊（浅間石）の噴出によって、北麓斜面を構成していた土石が削剥され、一緒になって鎌原土石なだれは流下したので、当初からある程度水分を含んでいた。このことは、土石なだれ堆積物中にパイプ構造が認められたことと調和的である。

柳井沼の存在した凹地は、天仁元年（1108）の噴火以前から存在することから、浅間山の爆裂火口であった可能性がある。山田・他（1993a），井上・他（1994）は、マグマの上昇により柳井沼及びその周辺の地下水帯で水蒸気爆発が発生したと考えている。田中（1999，2000MS）は、鬼押出し溶岩流が柳井沼及びその周辺の湧水帯に流入して水蒸気爆発が起きたとしている。

(3) 吾妻川の下流では流されても助かった人がいた

天明泥流は多量の本質岩塊を含み、かなり高温の部分があった。吾妻渓谷での塞き上げ現象による天然ダムの決壊によって、数波の段波となって激しく流下した。しかし、下流に行くに従い流れも穏やかになり、泥流に押し流されても助かった人がいた。表3.4は、根岸九郎左衛門の『浅間山焼に付見聞覚書』（Ⅱ，p.332-348）をもとに集計したもので、流された者の名前と

第3章 天明泥流　123

表3.3　群馬県内の浅間山天明噴火に関する主な発掘遺跡一覧表
（国土交通省利根川水系砂防事務所，2004）

No.	名称	所在地[*1]	As-A	泥流	内容
1	鎌原遺跡	吾妻郡 嬬恋村	○	○	泥流で押し流された鎌原集落の発掘調査
2	旧新井村	吾妻郡 長野原町	○	○	泥流被害にあって後に廃村になった村
3	久々戸遺跡	吾妻郡 長野原町	○	○	A軽石・泥流下遺跡
4	尾坂遺跡	吾妻郡 長野原町	○	○	泥流1～2m検出
5	中棚II遺跡	吾妻郡 長野原町	○	○	泥流層と畑耕作土層との間に洪水砂層・A軽石鋤込み
6	横壁中村遺跡	吾妻郡 長野原町横壁	○	○	泥流下に畑跡（西区の沢部に泥流）
7	下田遺跡	吾妻郡 長野原町林	○	○	泥流流下直前の逆級化層
8	下田遺跡	吾妻郡 長野原町林	○	○	A軽石降下・泥流下の近世畑跡
9	東宮遺跡	吾妻郡 長野原町川原畑	○	○	A軽石降下・泥流堆積物
10	川原湯勝沼遺跡	吾妻郡 長野原町川原湯		○	泥流堆積物
11	林久森	吾妻郡 長野原町		○	泥流（畑跡・民家はない）
12	石畑遺跡	吾妻郡 長野原町川原畑	○	○	A軽石・泥流下畑跡（2枚）
13	前畑遺跡	吾妻郡 吾妻町岩下	○		泥流層は確認できず
14	唐堀遺跡	吾妻郡 吾妻町三島		○	泥流検出
15	川島久保内・馬場遺跡	渋川市川島		○	泥流で埋没した神社跡
16	北牧羽黒遺跡	子持村北牧		○	泥流下水田
17	中村久保田遺跡	渋川市中村	○	○	泥流に埋もれた水田・石垣による畦や作物痕（稲）
18	中村遺跡	渋川市中村	○	○	天明3年浅間泥流埋没下の水田跡・畑跡等
19	公田東遺跡	前橋市公田町	○		A軽石わずかに残存（洪水層）
20	宿横手三波川遺跡	高崎市 横手町	○		A軽石混じり土下畑跡・灰かき穴
21	西横手跡群	高崎市 宿横手町	○		A軽石下耕作痕
22	村中遺跡・西田遺跡	前橋市 鶴光路町	○		A軽石を含む溝（1条）・当時の利根川崖線
23	鶴光路榎橋遺跡	前橋市 鶴光路町	○		A軽石下畑跡・A軽石で埋まった土杭
24	下阿内町畑・前田遺跡	前橋市阿内町・新堀町	○		A軽石降下後の灰かき山
25	上滝榎町北遺跡	高崎市 上滝町	○		A軽石混土層面
26	上滝五反畑遺跡	高崎市 上滝町	○		A軽石下水田・農具痕
27	上福島中町遺跡	佐波郡 玉村町		○	泥流下家屋跡
28	福島曲戸遺跡	佐波郡 玉村町	○	○	A軽石・泥流処理坑・畑跡
29	福島大島遺跡	佐波郡 玉村町	○		A軽石水田復旧痕（13箇所）
30	福島飯塚遺跡	佐波郡 玉村町	○		A軽石処理溝・畑跡
31	宮柴前遺跡	伊勢崎市 東上之宮町	○	○	A軽石下水田・溝
32	小泉大塚越遺跡	佐波郡 玉村町		○	泥流下畑跡
33	稲荷町II遺跡	高崎市 稲荷町	○		A軽石下水田跡・溝跡
34	東町V遺跡	高崎市 東町	○		A軽石下水田復旧痕
35	真町I遺跡	高崎市 真町	○		A軽石下水田跡・鋤鍬痕
36	栄町I遺跡	高崎市 栄町	○		A軽石下水田
37	上佐野樋越遺跡	高崎市 上佐野町	○		A軽石を片づけるための土坑・畑跡
38	下中居条里遺跡	高崎市 下中居町	○		A軽石混じり水田
39	下之城村東遺跡	高崎市 倉賀野町	○		A軽石畝跡
40	倉賀野上稲荷前三坊木遺跡	高崎市 倉賀野町	○		A軽石下水田跡
41	下山遺跡	多野郡 吉井町	○		A軽石畑跡
42	天引向原遺跡	甘楽郡 甘楽町	○		発掘区北側の谷地でA軽石下水田・畑跡
43	多比良観音山遺跡	多野郡 吉井町	○		A軽石直下水田
44	福島駒形遺跡	甘楽郡 甘楽町	○		A軽石下畑畝
45	甘楽条里遺跡	甘楽郡 甘楽町	○		A軽石畑跡
46	下沖・中沖遺跡	安中市 小俣下沖	○		A軽石直下に水田
47	秋間川下流遺跡群	安中市 下秋間	○		A軽石下畑跡

○印はAs-A（浅間A軽石）、天明泥流に覆われている遺跡を示す
*1 所在地は文献の表記（平成の合併前の市町村）による

表3.4 天明泥流に流されて助かった人の名前
(国土交通省利根川水系砂防事務所, 2004)

No.	場所	流された者	年齢	流された距離	助けられた場所
1	川島村	百姓武七	45	3里ほど	中村（渋川市中村）
2	川島村	同人倅伊八	11	3里ほど	中村（渋川市中村）
3	川島村	百姓 半兵衛娘ふき	24	3里ほど	中村（渋川市中村）
4	川島村	百姓善右衛門	55	3里ほど	中村（渋川市中村）
5	川島村	同人弟忠右衛門	46	3里ほど	中村（渋川市中村）
6	川島村	同人倅松次郎	20	3里ほど	中村（渋川市中村）
7	川島村	百姓九兵衛娘けん	17	3里ほど	中村（渋川市中村）
8	川島村	百姓伊兵衛母ほつ	53	3里ほど	中村（渋川市中村）
9	川島村	百姓治助妻はつ	50	3里ほど	中村（渋川市中村）
10	川島村	りん	66	3里ほど	中村（渋川市中村）
11	川島村	百姓九郎兵衛妻くに	19	8里余り	柴中町（伊勢崎市柴？）
12	川島村	百姓半兵衛	54	4里余り	川原嶋村（前橋市川原）
13	川島村	百姓庄左衛門	36	4里余り	川原嶋村（前橋市川原）
14	川島村	百姓安兵衛年	53	6里ほど	惣社町（前橋市総社町）
15	川島村	百姓源六倅寅松	35	9里	戸谷塚（伊勢崎市戸谷塚）
16	川島村	百姓源兵衛妻なつ	40	6里余り	漆原村（吉岡町漆原）
17	川島村	名主十兵衛娘ひやく	24	6里余り	漆原村（吉岡町漆原）
18	川島村	百姓藤右衛門	48	6里余り	実正村（？）
19	川島村	百姓藤左衛門倅儀七	27	6里余り	金井村（渋川市金井）
20	北牧村	百姓又市女房	39	1里ほど	八崎村（北橘村八崎）
21	北牧村	百姓仙蔵妹やす	8	6～7里	六供村（前橋市六供町）
22	北牧村	百姓次郎左衛門女房	48	10里	田中村（伊勢崎市田中？）
23	北牧村	組頭源左衛門	67	1里ほど	八崎村（北橘村八崎）
24	北牧村	百姓喜兵衛倅源之助	21	5里ほど	惣社町（前橋市総社町）
25	北牧村	組頭清左衛門飼馬一頭	—	7～8里	中島村（玉村町中島）

出典：根岸九郎左衛門『浅間焼に付見分覚書』（萩原（1986）：Ⅱ, p.332-348.）

流された場所、流された距離、助けられた場所が示されている。多くは浅間山の山頂から60～65kmの吾妻川下流（川島村・北牧村）付近から利根川を12～24km流されて助かった者である。

表3.2に示したように、浅間山山頂から30kmの吾妻渓谷より上流では、天明泥流の流速は20m/s（72km/時）程度であるのに対し、中之条付近で8～10m/s（29～36km/時）、川島・北牧付近で6～8m/s（22～29km/時）、

利根川から下流では、2.5〜4 m/s（9〜14km/時）となった。流速が6〜8m/s以下となると、天明泥流に流されても助かる人があったようである。

図3.14に示したように、現在見ることができる大きな浅間石は、川島・中村付近（山頂から70km）が最下端である。多くの史料によれば、吾妻川流域では火石泥入り、泥押しと表現されるが、利根川流域では泥入りという表現が多く使われている。

利根川との合流点より下流では、利根川本川や支流の流水が加わり、浅間石（火石）の量が減って水温は常温となった。河床勾配がさらに緩くなり、流速が2.5〜4km/s（9〜14km/時）となるので、家は流されても流死する人はいなかった（昼間の泥流のため、助かる人が多かった）。家が壊されることなく、そのままの形で流されることも多いため、家に掴まりながら、あるいは屋根に乗ったまま流され、下流の岸辺に打ち上げられ、救助された人も多かったと考えられる。

(4) 天明泥流の流下形態の水理学的検討

表3.2は、マニング則に基づく天明泥流の流下計算の結果（国土交通省利根川水系砂防事務所，2004）で、図3.7は吾妻川と利根川の河床縦断面と天明泥流の流下水位、図3.15は天明泥流のピーク流量と流速の推移を示したものである。

天明泥流の流下開始地点（No.1断面，山頂から10.2km）から塞き上げ現象のあった吾妻峡谷（No.9断面，山頂から31.4km）までは、想定水位40〜70m，流速17〜22m/s，ピーク流量14〜26万m^3/sである。塞き上げ地点の背後は天然ダム状態となり、5050万m^3の泥流が一時的に貯留された。平均流入量を16万m^3/sとすると、天然ダムが満水になるのに9分程度（515秒）かかる（3章2項（2）参照）。この時間は上湯原の不動院住職が逃げ延びることができた余裕時間である。

天然ダムは3回以上に分かれて決壊し、巨大な浅間石（火石）を含む段波状の泥流となって、吾妻川を流下した（想定水位17〜35m，流速7〜14m/s，ピーク流量2〜11万m^3/s）。中之条では3波の段波の流下状況の

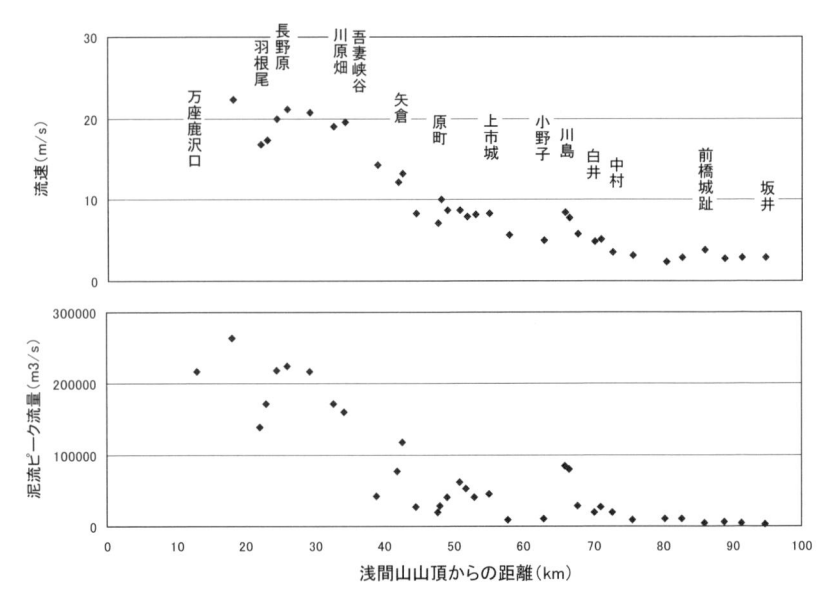

図 3.15 天明泥流のピーク流量と流速の推移
(国土交通省利根川水系砂防事務所, 2004)

目撃記録が多く残されている。山田川（四万川）や名久田川などの支流にはかなり上流まで逆流したことが記されている。

　中之条盆地を通過すると、天明泥流は少し緩やかな流れとなり（想定水位 13 〜 23m, 流速 5 〜 9m/s, ピーク流量 1 〜 8 万 m^3/s）、利根川に合流する。吾妻川を下流してきた粥状の密度の高い天明泥流は、河床勾配（1/200 程度）が緩く、河幅が拡がったため、利根川（沼田川）を一時的に塞き止めた（1.5km 上流まで逆流）。利根川上流からの河川水は閉塞されたため、天然ダム（4km 上流まで）を形成した。その後、1 刻（1 〜 2 時間）程で満水となり、決壊して段波となって流下した。このため、利根川中流では一端水が引き、網で魚を掬おうとしていると（魚を手掴みする者もいた）、水深 6 m の泥流が押し出してきた（地点㉙参照）。

　山下・他（2001）は、安養寺・他（1991），山田・他（1993b），井上・

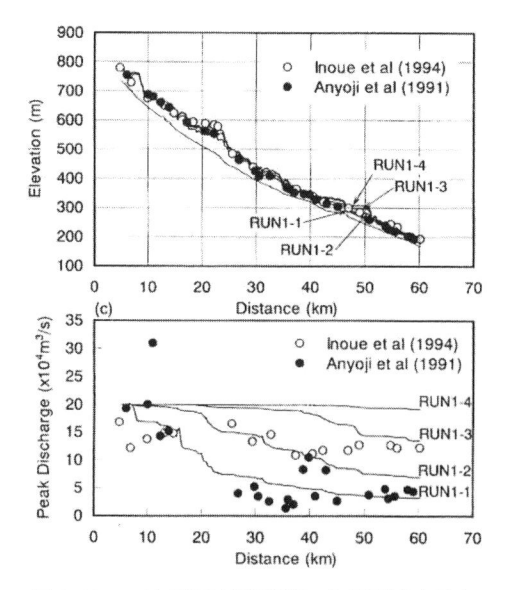

図 3.16 一次元不定流計算による泥流水位と
ピーク流量の縦断変化図（山下・他，2001）

他（1994）の流下計算を参考に、天明泥流の水理学的検討（一次元不定流計算）を行っている。史料の記載や現地調査に基づく流下実態と比較して、泥流の流下プロセス、泥流総流量及び流入点での継続時間について検討した。図 3.16 は、一次元不定流計算による泥流水位とピーク流量の縦断変化（山下・他，2001）を示し、安養寺・他（1991）と井上・他（1994）の計算結果をプロットしている。

史料などの記載から、天明泥流の流量を 15 〜 20 万 m^3/s，総流量を 1 〜 10 億 m^3 という流入条件を与えた。計算結果によれば、泥流総量を 1 〜 4 億 m^3 とした場合、泥流の継続時間は 1.5 〜 2.0 時間となり、史料の記載とほぼ一致する。

第4章　長野県側の天明噴火に伴う土砂災害

1　長野県側から描かれた浅間山の噴火

　天仁噴火（1108）は天明噴火（1783）よりも規模が大きく、降下火砕物（浅間B，As-B）の堆積も東側地域を中心に大きかった。追分火砕流が北側と南側に分かれて大規模に流下し、かなり広範囲の地域が埋没してしまった。最後に上の舞台溶岩流が流下して、一連の噴火は終了した。天明噴火時には山頂火口が少し北側に傾いたため、吾妻火砕流・鬼押出し溶岩流・鎌原土石なだれ・天明泥流はすべて北側に流下した。浅間山の南側では噴火の状況が詳しく観察することができたため、多くの史料や絵図が残されている。

　図4.1は、浅間A軽石（As-A）の層厚（Minakami, 1942）と浅間山南麓

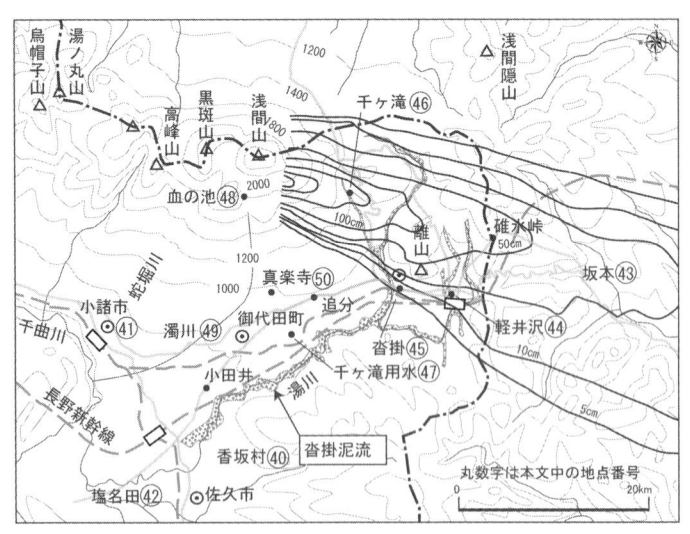

図4.1　浅間山南麓の浅間A軽石と沓掛泥流の分布

絵図 4.1 浅間山噴火の様子『天明雑変記』より（藤森太平氏蔵）

で発生した沓掛泥流の流下経路を示している。天明三年四月九日（1783年5月9日）の噴火開始以来、上空の偏西風によって大部分の降下火砕物は東方へ流下した。風向きの状況によっては、北方向や北東方向でもAs-Aが降下・堆積した。山頂から南東側の碓氷峠や軽井沢付近では、As-Aが厚く堆積したため、焼失したり、押潰された人家も多く、沓掛泥流による被害もかなり大きかった。

地点㊵　佐久郡香坂村から見た噴火

信濃国佐久郡香坂村・佐藤雄右衛門将信『天明雑変記』（Ⅳ, p.34-88）は、南麓からみた天明噴火の状況を詳しく記載している。筆者は長野県佐久市香坂（浅間山から南に 16km）の素封家で、宝暦二年（1751）に世襲の名主の家で生まれ、天明三年（1783）の噴火当時 32 歳、天保十一年（1840）89 歳で没した。若くして学問を志し、儒学・天文暦数・俳句を学び、俳号「梅の屋香山」と称した。村の子供を集めて寺子屋で珠算・数学・天文学を

教え、教材に地球儀を自作したという。自からの見聞と諸書を漁って一々出典を明らかにする学問的態度で書かれている。上・中・下の3冊からなり、数多い天明三年浅間山噴火史料の中でも最も内容量の多い史料である。

絵図4.1に示したように、地学的な噴火状況を詳しくスケッチしている。また、噴火被害状況や冷害と噴火による農産物の不作、それに続く飢饉の情況、米穀の払底と高値による信州を主とした暴動打ち毀しの実情等を記している。

8月5日7〜11時の浅間山の噴火状況は、鎌原土石なだれの噴出・流下

絵図4.2 『浅間山夜分大焼之図　五月廿六日始而焼出之体』（美斉津洋夫氏蔵）

絵図4.3 『同上』七月七日六ツ時中刻

絵図4.4 『同上』七月六日・七日・八日

第 4 章　長野県側の天明噴火に伴う土砂災害　131

絵図 4.5　夜分大焼之図（七月朔日・六日・七日，美斉津洋夫氏蔵）

機構を考える上で重要である。信濃国佐久郡香坂村・佐藤雄右衛門『天明雑変記』（Ⅳ，p.38）によれば、南へ向かって逃げる途中で、疱瘡に罹った子供が途中で死んだことを記している。

地点㊶　小諸から見た噴火

小諸市八満の美斉津洋夫氏所蔵の『浅間山夜分大焼之図』（Ⅳ，p.89-102）には、浅間山の南側から噴火の変化状況を示す 4 枚の絵図がある。絵図 4.2 は焼け始めの状況を示した『浅間山大焼之図（五月二十六日（6 月 25 日））』、絵図 4.3 は『同　七月七日暮れ六ツ時（8 月 4 日 18 時）』、絵図 4.4 は『同　六月二十九日～七月八日（7 月 28 日～8 月 5 日）』であり、噴火の変化が良くわかる。

絵図 4.5 は有名な『夜分大焼之図　七月一日・六日・七日（7 月 29 日，8 月 3 日，4 日）』で、天明噴火最後の状況を描いている。巨大な噴煙柱が空高く上昇し、偏西風に流されて東方に向かって流れ、噴煙柱から放出される火山弾（火石）が赤い点々で示されている。噴煙柱の西側には背の低い別の噴煙柱が描かれており、吾妻火砕流や鬼押出し溶岩流が噴出している状況を示しているのであろうか。

地点㊷　中山道塩名田宿から見た噴火

　浅間山の南西麓にある中山道塩名田宿（長野県北佐久郡浅科村）本陣の丸山柯則（伝右衛門号時々庵）は、『信濃国浅間ヶ嶽の記（抄）』（Ⅳ, p.131-139）と『天明三年癸卯年ヨリ同六年丙午年迄　四ヶ年記』（Ⅳ, p.140-149）を書いている。浅間山の噴火史について平素から研究していたらしく、浅間山南麓から碓氷峠、中山道筋の宿場町などの描写は信頼がおけるものである。

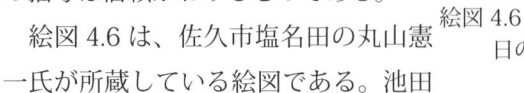

絵図 4.6　浅間山大焼之図（七月六日・七日の夜の大焼）（丸山憲一氏蔵）

　絵図 4.6 は、佐久市塩名田の丸山憲一氏が所蔵している絵図である。池田良臣という人物が 11 歳の時に浅間山天明噴火を経験している。塩名田宿の丸山氏に頼まれて弘化四年（1847）、75 歳の時に描いたものである。ベースの絵図は同じで、移り変わる噴火の様子をめくり式に描いたものである。浅間山南麓の街道と集落の位置・名前がかなり正確に描かれている。

2　降灰・砂礫による東麓・南麓の被害

地点㊸　上州碓氷郡坂本宿（板倉伊勢守領分）

　幕府勘定吟味役・根岸九郎左衛門『浅間山焼に付見聞覚書』（Ⅱ, p.345）は、群馬県（上州）と長野県（信州）の境の碓氷峠に位置する熊野神社の本殿で、棟梁まで埋まったと記している（写真 4.1）。図 4.2 によれば、坂本宿では 172 軒中、59 軒が潰れ、103 軒が大破して修復に難儀したと

写真 4.1　碓井峠熊野神社本殿

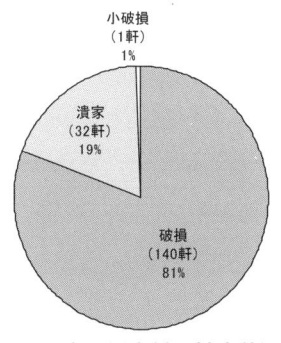

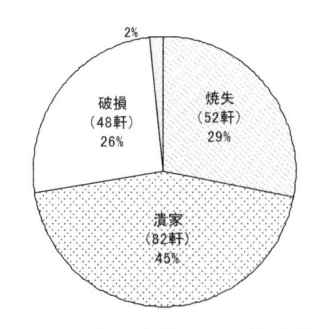

図 4.2 上州坂本村の被害状況　　図 4.3 信州軽井沢宿の被害状況
(『浅間山焼に付見聞覚書』に基づく、国土交通省利根川水系砂防工事事務所，2004)

いう。

地点㊹　信州佐久郡軽井沢宿（遠藤兵右衛門御代官所）

　幕府勘定吟味役・根岸九郎左衛門『浅間山焼に付見聞覚書』(Ⅱ, p.346) は、風下にあたる中山道の軽井沢宿や坂本宿では 1m 以上も降り積もった降下火砕物によって、大きな被害を蒙った状況を記している。七月六日 (8月3日) 頃から噴火は激しさを増し、火山灰や砂礫 (火石) が降り始めた。七月七日 (8

絵図 4.7　浅間山焼昇之記「軽井沢宿における状景」（美斉津洋夫氏蔵）

月4日）朝には、大雪のように火山砂礫が降り積もり、潰れる家も多かった。宿の若者達は木鉢・桶・布団などを頭にかぶって屋根に登り、積もった砂礫・灰をかき落とした。日光が遮られて、日中でも真っ暗闇となり、昼夜を通して行燈や松明を灯さなければならなかった。坂本宿では、震動・雷電が激しい上に用水路が埋まって水が使えなくなったため、七月八日（8月5日）朝には、10人足らずの人を残して逃げ出した。

絵図4.7は、美斉津洋夫氏蔵の『浅間山焼昇之記』の「軽井沢宿における状景」（Ⅳ, p.93）である。軽井沢宿に火山弾（火石）や火山砂礫が降り注ぎ、宿場町が燃え出し、桶や戸板などを被って、逃げまどう状況を示している。

図4.3によれば、軽井沢宿では186軒中、52軒が焼失、70軒が潰家となり、65軒が大破して修復に難儀したという。飛んできた焼石の直撃を受けて、丈次郎という若者1人が即死した。

3　浅間山南麓における泥流の発生

地点㊺　信州佐久郡沓掛宿（遠藤兵右衛門御代官所）

幕府勘定吟味役・根岸九郎左衛門『浅間山焼に付見聞覚書』（Ⅱ, p.346）は、沓掛宿（現在の中軽井沢）の状況を記している。沓掛宿は軽井沢から4km程西側に位置するため、降灰・火山砂礫による被害は受けていない。しかし、沓掛宿東側の湯川は噴火後何回も出水（泥流）し、湯川に架かる土橋は流失した。

地点㊻　湯川の源頭部の千ケ滝と地点㊼千ケ滝用水

写真4.2は湯川の源頭部の千ケ滝である。大量に降り積もった浅間A軽石が千ケ滝に流れ込み、落差15～18mあった滝は6mほどになった。写真4.3は沓掛泥流が流下した湯川に構築された千ケ滝用水である。

著者不明（幕閣の役人か？　国立公文書館の内閣文庫蔵，166-488）『浅間山焼出記事（全）』（Ⅳ, p.264-283）は、小笠原相模守に従って国元へ帰城した際に、この変に遭った道中の生々しい消息（伴与左衛門から井小四郎

に宛てた書簡）を記している。七月七〜八日（8月4〜5日）における噴火のクライマックスを浅間山の南側から詳細に描写している。沓掛宿を流れる湯川では、七日夕方頃から熱湯（泥流）が流れてきて、家を押し流した。川水と思って踏み込んだら足を火傷したと

写真 4.2　千ケ滝の全景　　写真 4.3　千ケ滝用水

いう。帰る頃には減水したが、昼夜も分からない程暗かったようである。その後、降下火山砂礫に埋もれ、火石で焼失した軽井沢宿を通り、碓氷峠から坂本、安中付近の状況を描写している。

地点㊽　血の池と地点㊾濁川

浅間山南麓の田畑を潤す濁川（総延長 17km）は、浅間山中腹の石尊山脇で湧水している血の池を水源としている（堤, 2004）。天明三年（1783）の噴火によって、この血の池と濁川が埋没し、小田井村・前田原村など南麓の農民はその生命線を絶たれた。地域住民は幕府に何度も嘆願し、ようやく願いがかなって、復旧工事が実施された。天明四年、工事の無事完成を祈って、血の池の縁に小田井村・前田原村の名を刻んだ石祠が建立されている。

地点㊿　別当真楽寺と天仁・天明噴火

御代田町塩野には、北麓の延命寺と対峙する別当真楽寺がある。真楽寺は用明天皇の勅願により、浅間山鎮守の祈願所として 587 年に創建されたと伝わる（浅間山真楽寺, 2002）が、仏教伝来（538）からまもなくの時期に、東国信濃の一地域に仏教寺院が建立されたとは考えにくい。しかし、寺の東に隣接する川原田遺跡の発掘（堤編, 1993）では、天仁噴火以前の 9 世紀

末から10世紀初頭にかけての仏堂とも思われる礎石建物や寺に関する墨書、仏教的遺物などが出土しており、この当時寺院として存在していたことが分かる。

したがって、真楽寺は天仁（1108）と天明（1783）の2回の大規模噴火を経験したことになる。現在は1万坪の境内に、本堂・庫裡・恵光殿・大玄関・聖天堂・中雀門・三重塔・観音堂・仁王門・鐘楼・閻魔堂などがある。三重塔は寛延四年（1751）に建てられたもので、建設の32年後に天明の噴火を経験したが、幸い噴出物の方向により、被害には遭わなかった（コラム7参照）。

コラム7

南麓における中腹噴火（？）
（－金沼村の「陥没」現象－）

天明噴火による長野県側の被害は、噴石・降灰と湯川の沓掛泥流のみであり、それ以外はほとんど知られていない。

しかし、萩原先生の御自宅で天明噴火の史料の話をお聞きしていて、先生が一番悩んでおられたのが、金沼村の「陥没」現象であった。有名な『浅間山焼昇之記』（長野県小諸市・美斉津洋夫氏蔵, IV, p.97）にも、「佐久郡金沼村の陥没」と題する絵図4.8が挿入されている。史料の中にも「金沼村の陥没」による被害状況の記述がかなり多く存在する。「金沼村」の正確な位置は不明であるが、御代田町塩野集落・真楽寺周辺の可能性がある。真楽寺は浅間山の南に位置する大寺で、北の鎌原・延命寺と並んで、浅間山の鎮護を司る寺である。真楽寺には多くの史料があると言われているが、ほとんど公表されていない。

『浅間山夜分大焼之図（浅間山焼昇之記』にこの絵図の解説が、「表三番町伊丹雅（楽）之助様御知行所　一．私領地信勠金沼村より追分之方へ一里半（6km）横幅二十八丁（2800m）余去ル四日朝五時（8月5日8時）鳴響震動仕、家居立木田畑共落入申候。其穴より黒煙り立登り如闇夜羅成候。落入候場所村数三十ヶ村人馬数相知不申候。其近村廿三四ケ村立退申候。」と掲載されている。

国立国会図書館蔵（著者不明）『浅間山大変略記』（Ⅳ, p.285-286）は、「一．信州浅間山は不断煙立候所、当六月廿八日（7月27日）頃より殊之外あれ申候而、浅間より軽井沢之方向江二里（8km）斗脇之在所金沼村と申は浅間之煙常に見へ渡り候処に而御座候。然る処廿八日比より夥敷煙立、大石砂共悉焼候而飛散候事稲妻のごとく、金沼村より追分迄一里半（6km）程横幅廿八丁斗、七月四日の朝五ツ時（8月1日8時）より誠に百連之鏡（鐘か）之落ることく夥敷音仕候而右之場所不残落入申候。其跡より焼立候石砂を空へ吹立事夥敷、其近村作物は不及申竹木とも不残焼立枯木のことくに相成る、村数凡四拾三ケ村程は人馬共に不残死失仕、家は勿論乃儀大石に潰れ家数凡七八拾軒、老若男女人数相知れ不申候。伊丹雅楽之介様御知行所金沼村より六日夜早打に而訴参候由也。……」と記している。金沼村は、浅間山麓より追分方向に向かって1里半（6km）の所にあり、その付近の家々170軒程失われたらしい。

肥前国平戸藩主・松浦静山『甲子夜話（巻四十）』（Ⅳ, p.298）は、「十八日堀越亮泉持参書付左之通　信州浅間山六月廿八日（7月27日）殊之外荒候て煙夥く立登、大石焼出し一里程之内作物不残損申候。一．表三番町伊丹雅楽之助知行所、金沢（沼）村より追分方向へ一里半、横幅二十八町余りの所、七月四日の朝五ツ時雷の如く音致候て地へ落入申候。其跡より煙立候事夥しく、余り不思議之事故其近村二十三ヶ村立退申候。作物は勿論竹木不残損申候。落入候村数四十三ケ村、死候牛馬数不知。右之趣雅楽助知行所金沢（沼）村より六日九時（8月3日12時）注進申来候。」と記している。

この記載は、浅間山北麓の鎌原土石なだれの噴出・流下を誤記している可能性もある。真楽寺の東方は水田が発達しているが、圃場整備前の航空写真では、かなり明瞭な直径数百mの凹地形が認められる。真楽寺の史料調査や現地調査によって、浅間山南麓における天明噴火時の地形変化を調査すべきであろう。

絵図 4.8　佐久郡金沼村の陥没『浅間山焼昇之記』（美斉津洋夫氏蔵）

第5章　慰霊碑でたどる災害跡と救済復興事業

1　浅間山焼け供養碑和讃（江戸川区東小岩　善養寺）

浅間山焼け供養碑和讃
一．樟の木の間に鎮まれる　　　　石碑古りて語らねど
二．嘆きは深し二百年　　　　　　天明三年夏七月
三．天地くだく火柱に　　　　　　猛り狂える浅間岳
四．長閑な山の村里は　　　　　　忽ちかわる生地獄
五．噴火に続く山津波　　　　　　七十余村を押し流す
六．水火の責めにさいなまれ　　　数万のいのちみまかりぬ
七．哀しきむくろ谷を埋め　　　　漂い出て幾十里
八．流れて武州小岩村　　　　　　毘沙門洲へとうち上る
九．村人こぞりてなきがらを　　　涙ながらに掬い上げ
十．手厚くここに葬りて　　　　　建つる手向けの石の塚
十一．年古りところ変れども　　　人の情けのあたたかく
十二．浅間のみたま安かれど　　　今も香華の絶ゆるなく
十三．本尊能化地蔵尊　　　　　　守りましませとこしえに
十四．守りましませとこしえに　　本尊能化地蔵尊
昭和五十七年四月　　　　　　　　江戸川区東小岩善養寺

　上記は、江戸川区東小岩の善養寺にある『天明三年浅間山噴火横死者供養碑』（江戸川区登録有形文化財、地点㊳）で、寛政七年（1795）の十三回忌に建てられた。もとは江戸川の毘沙門洲を望む岸部にあったが、堤防改修の際に行方不明になった。その後、善養寺の住職に発見され、現在地の寺の参

道に移された。

　善養寺では、二百回忌にあたる昭和57年（1982）、盛大な供養を行うとともに、慰霊のために『浅間山焼け供養碑和讃』をつくり、それを供養碑のかたわらに碑として建立したものである。この章では、各地に建立されている慰霊碑などから、天明三年災害後の救済と復興事業を紹介する。

2　天明噴火による被害の集計

写真5.1　天明三年浅間山噴火横死者供養碑（東京都江戸川区善養寺）

　浅間山の天明噴火によって、噴出・流下した鎌原土石なだれと天明泥流は、浅間山北麓から吾妻川・利根川流域に非常に大きな被害を与えた。表5.1は、古澤（1997）が浅間山天明噴火による被害を集計した結果を修正・追記したものである。この表の作成に当たっては、

① 『浅間山焼に付見聞覚書』，幕府勘定吟味役，根岸九郎左衛門，Ⅱ，p.332-348.
② 『浅間焼出山津波大変記（浅間山大変記）』，上野国吾妻郡草津村，山口魚柵，Ⅱ，p.108-120.
③ 『浅間記（浅間山津波実記）上，下』，上野国吾妻郡原町，富沢久兵衛，Ⅱ，p.121-153.
④ 『浅間山焼荒一件』，上野国吾妻郡大笹村名主，黒岩長左衛門，Ⅱ，p.58-107.
⑤ 『天明浅嶽砂降記（浅間嶽変記・天明三年砂降記・浅間嶽火記）』，上野国佐位郡伊勢崎藩，常見一之，Ⅲ，p.25-48.
⑥ 『信濃国浅間嶽焼荒記（浅間嶽焼荒記）』，上野国碓井郡原市村，成風亭春道，Ⅲ，p.245-268.
⑦　群馬県と長野県の県史と市町村史

などの史料をもとにした。国土交通省利根川水系砂防事務所（2004）と古

表5.1 浅間山天明噴火による被害一覧（国土交通省利根川水系砂防事務所，2004）

合併前市町村	江戸時代の村名	天明泥流の堆積状況	石高	被害石高	被害率	居住人口	死者数	被害家屋	流死馬
嬬恋村	大笹	畑少々泥入	209(210)	3(2)	1.4%				
	鎌原	泥砂火石入荒	332	324	97.6%	597	477(466)	93	170
	芦生田	泥砂火石入荒	163	154(151)	94.5%	183	136	43	43
	袋倉		97(96)	96(46)	99.0%		17	23	18
	大前	泥砂火石入荒	158(159)	90	57.0%	452	27	81	4
	西窪	泥砂火石入荒	51	24	54.0%	160	58(54)	40	29
	赤羽根		63	39(38)	61.9%		14	33	8
	中居		42	26	61.9%		10	29	9
	今井		143	57	39.9%		47	27	7
長野原町	小宿	泥砂火石入荒	114	103(98)	90.4%	290	141	60	70
	古森		46	23	50.0%		14	19(13)	5
	与喜屋		126	70	55.6%		5	8	6
	新井		24	20	83.3%		2	6	
	横壁		55	14	25.5%				
	川原湯	泥砂火石入荒	72	64	88.9%	74	14	19	11(17)
	羽根尾	泥砂火石入荒	258(259)	180	28.5%	253	27	63	13
	勘羽木/立石		129	9	7.0%		12	1(7)	
	坪井	泥砂火石入荒	84	25	29.8%	140	4	21	18
	長野原	泥砂火石入荒	252(253)	201	79.8%	428	200	71	36
	林		195	90	46.2%		17	10	3
	川原畑		160	8	5.0%		4	21	18
群馬県 吾妻町	三島		1087	318(317)	29.3%		19	8	6
	厚田		214	89	41.6%		6	16	1
	川戸		655	105(150)	16.0%		9	10	5
	金井		205	1	0.5%				
	岩井		737(738)	43(45)	5.8%		1		
	植栗		771	25	3.2%				
	小泉		413	77	18.6%		1		
	泉沢		209(413)	12	5.7%				
	松尾	泥砂火石入荒	293	107	36.5%	454	3	6	2
	横谷	泥砂火石入荒	134	98	73.1%	134	12(9)	24	12
	岩下		608	259(307)	42.6%		4	31(26)	5
	矢倉		775	80(100)	10.3%			36	9
	郷原	泥砂火石入荒	222	20	9.0%	人馬家居共別状無			
	原町	泥砂火石入荒	903	128	14.2%	人別別状無		24	3
	原町在組		297(-)	4(-)	1.3%				
中之条町	新巻		431(432)	108(75)	25.1%				
	奥田		172	6	3.5%		1		
	五町田		267	17	6.4%			6	
	箱島		551	84	15.2%		2		
	岡崎新田		230	2	0.9%				
	西中之条		388	4	1.0%				
	中之条	泥砂火石入荒	712	130(10)	18.3%				
	伊勢町		648	119	18.4%			2	1
	平		479	29	6.1%				
	青山		200	110	55.0%		1	17	5
	市城		223	51	22.9%			20(21)	
小野上村	村上		909	250	46.3%		3	24	
	小野子		560(1046)	120(252)	27.5%		1	12	1
子持村	北牧	泥砂火石入荒	863(860)	379(409)	43.9%	736	53	133(135)	60
	吹屋		813(194)	35	4.3%				
	中郷		813(-)	1(-)	0.1%				
	白井		972	8	0.8%				
渋川市	祖母島	泥砂火石入荒	434	40	9.2%			27	1
	川島	泥砂火石入荒	687(68)	486	70.4%	768	123	127	28
	南牧	泥砂火石入荒	98	70	71.4%	101	6	24	8
	阿久津		212(224)	29(28)	13.7%				
	金井		205	1	0.5%		2		
	渋川	泥入荒	1677	146	8.7%				
	中村(川越)	泥砂火石入荒	341(339)	243(246)	71.2%	418	24	74	3
	半田	泥砂火石入荒	857	287	33.5%	787	9	42	5
吉岡町	漆原	泥砂火石入荒	1150	255	22.2%			7	
	大久保	少泥入							
赤城村	樽	田畑泥入							
北橘村	上八崎	泥入荒	967	56	5.8%				
	下八崎	泥入荒	420(424)	15	3.6%	人馬家居共別状無			

	合併前市町村	江戸時代の村名	天明泥流の堆積状況	石高	被害石高	被害率	居住人口	死者数	被害家屋	流死馬
群馬県	前橋市	田口	泥入荒	675	492	72.9%	人馬共別状無		29軒流失, 15軒泥入	
		関根	泥入荒	491	90	18.3%			20軒流失, 4軒潰家, 17軒泥入	
		荒牧	田畑泥入							
		小出	田畑泥入							
		岩神								
		川原島新田	9町6反3畝泥入							
		植野	泥入	506(-)	0.2	0.0%	人馬家居共別状無			
		野馬塚(?)		336(-)	65	19.3%				
		総社	少泥入							
		大渡		63(-)	24	38.1%				
		内藤分		155(-)	61	39.4%				
		小相木	少泥入							
		新田	少泥入							
		紅雲分	少泥入							
		宗甫分	少泥入							
		六供	田畑泥入							
		楢島	田畑泥入							
		公田	川縁通泥入	100					8	
		下公田	大泥入							
		茂右衛門分	大泥入							
		横手	大泥入							
		善光寺(鶴光路?)	少泥入							
		寺家(?)	少泥入							
		新堀	少泥入							
		阿内	大泥入							
	高崎市	萩原	少泥入							
		西横手		151(1509)	17	11.3%			42(4)	
		大類	少泥入							
		中嶋	泥入荒	250	210	84.0%			34	
	玉村町	板井	田畑泥入							
		斉田	田畑泥入							
		下新田	泥入アレトモ未詳							
		五科	430	471		91.3%			200	5
		玉村	七分泥入							
		樋越	少々泥入							
		上福島(川越)	泥入荒	608	186	30.6%		3	41軒流失, 25軒泥入	1
		上福島(伊勢崎)								
		福島	泥入アレトモ未詳							
		南玉	田畑泥入							
		下之宮								
		川井	泥入荒	824	434	52.7%			34軒泥入	
		飯倉	少々泥入							
		小泉	不残泥入							
		沼ノ上	泥入荒						30軒流失, 170軒泥入	
	伊勢崎市	東上之宮	大泥入	986				2	56	
		西上之宮	大泥入							
		阿弥大寺	少々泥入							
		柴宿	泥入荒	730	308	42.2%			2軒流失, 69軒泥入	
		中町	泥入	610					11	
		堀口								
		戸谷塚	田畑泥入							
		八斗島								
		富塚		518				2		
		長沼	泥入	361					18(8)	
		下蓮沼(下蓮町?)	少々泥入							
		飯島	少々泥入	154				1		
		国領								
	境町	島村		45(-)						
		小此木	少々泥入							
		境町	少々泥入	206(-)						
		中島	少々泥入							
		平塚	泥入荒	911	35	3.8%	人馬家居共別状無			
	尾島町	徳川								
埼玉県	上里町	八町河原		339	261	77.0%			13軒押潰, 47軒泥入	
	本庄市	新井	泥入荒	697	219	31.4%			42軒泥入	3
		山王堂	田畑泥入							
		沼和田	田畑泥入							
		都島	田畑泥入							
		仁手	田畑泥入							
	深谷市	中瀬	少泥入							
	合計			36,762	8,899	24.2%		1,523	2,065	642
	合計(古澤)集計			35,167	8,867			1,502	1,977	648

古澤(1977)のデータを一部改変 括弧内が古澤の集計値)

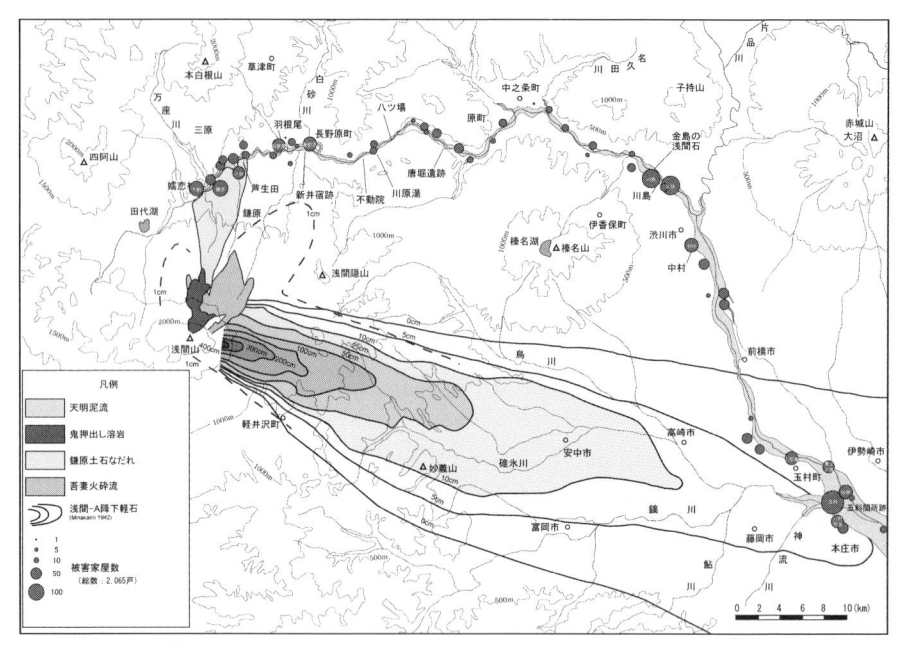

図 5.1　鎌原土石なだれ，天明泥流による被害家屋数（表 5.1 をもとに作成）

澤（1977）では、基にした史料の違いから少しずつ集計値が異なるため、古澤の値を括弧で示した。古澤（1997）は群馬県側の鎌原土石なだれと天明泥流による死者数を 1502 人としているが、利根川水系砂防事務所（2004）では 1523 人となった。この数値に、長野県側の降下火砕物（火石）などによる死者 1〜2 人を加える必要がある。

気象庁（2005）や中央防災会議・災害教訓の継承に関する専門調査会（2006）などでは、死者 1151 人としているが、浅間山の天明噴火によって、1500 名以上の犠牲者となったことは間違いないであろう。

カラー口絵 3 は、天明三年浅間山噴火に伴う堆積物と犠牲者の分布図で、図 5.1 は被害家屋数、図 5.2 は被害石高である。これら被害分布図をみると、鎌原土石なだれと天明泥流の流下・堆積形態との関係がよくわかる。鎌原土石なだれに直撃された北麓の村々では、一瞬にして人や牛・馬などとともに多くの人家や蔵が流され、田畑は厚い堆積物に覆われた。鎌原村延命寺の石

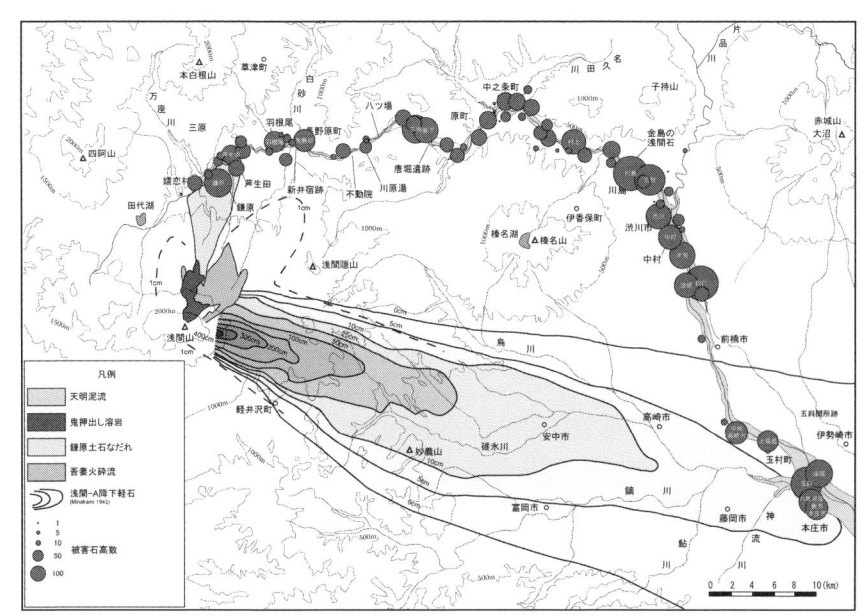

図 5.2 鎌原土石なだれ，天明泥流による被害石高（表 5.1 をもとに作成）

標（写真 2.6）は 28km も流され、1910 年に吾妻町矢倉の川原から発見された。その後、土石なだれや天明泥流の上に、集落や田畑が復興されている。

天明泥流が流下・堆積した吾妻川・利根川流域では、流下・堆積形態の違いが被害状況の差となって現れた。泥流の流速が早く、破壊力の大きな吾妻川沿いでは、「泥砂火石入荒，泥押し」と記されている（表 5.1）。人的被害は吾妻川上流の長野原地区、利根川との合流部付近の川島村・北牧村に集中している。それ以外の地区では昼間に天明泥流が襲ってきたため、泥流から自力で脱出し、流下範囲外の地域に逃げ出せた人も多かった（表 3.4 参照）。また、川島村・北牧村では数〜数十 km 流されても救出された者もいた。人家は押し潰され、バラバラの木材となって、天明泥流と一緒に利根川下流から江戸川まで流下した。

夜間に天明泥流が発生していたら、もっと大きな犠牲者が出たであろう。天明泥流が利根川に流入すると、川幅が広く、河床勾配が緩いため、流速

がかなり遅くなり、「泥入，田畑泥入」という表現になる。人家や田畑は逃げることができないため、天明泥流に押し流され、埋没した。

利根川沿いではほとんどの住民は逃げることができた。しかし、老人や子供、盲目者などの弱者で逃げ遅れた者も多かった。利根川の中洲・半田嶋では、中州に取り残され、3日後にやっと救出された住民もいた（地点㉕, Ⅱ, p.125）。

吾妻川を流下した天明泥流（固めのお粥状態）は、利根川との合流点で一時的な塞き上げ現象を起こしたため、一刻（2時間）程、利根川の水流は著しく減少した。このため、多くの住民が利根川の河原で魚を手掴みしていた。その後、利根川の上流部に次第に水が溜まり、天然ダム（4km上流まで湛水）が形成された（図3.2参照）。2時間後に満水となり決壊して、段波状の天明泥流が利根川の中・下流域を襲ってきた。魚取りをしていた住民は、慌てて逃げた（地点㊶, Ⅱ, p.322）。田畑の被害石高は、耕地面積の広い平野部で広範囲に泥流が氾濫・堆積したため、大被害となった。

浅間山から東南東方向には、降下火砕物（浅間A軽石、As-A）が厚く堆積したため、人家や田畑、交通路への被害も大きかった（信州側の直接の死者は1～2名程度）。

3　救護と復興

(1) 近隣篤志家による救済

鎌原村・西窪村・芦生田村などの激甚被災地では、生き残った人々の大部分が家と食料を失った。領主や支配者による救済措置は遅く、江戸幕府の見分役が被災地を訪れたのは、土砂災害が発生してから2か月も後だった。その間、近隣の篤志家達は生き残った人達に穀物や金銭を寄付して救済を行った。

大笹村名主兼問屋の長左衛門は、腹を空かせて来る者に30日余にわたって食事を与え続けた。干又村名主の小兵衛は、逃げのびてきた者に食事を与え、鎌原村の50～60人をかくまい、資産をはたいて米120俵を買い救助

した。大戸村百姓の安左衛門は、近隣の村へ義捐金を提供した。この3人の篤志家は、鎌原村の復興にも尽力している。原町年寄の五郎兵衛・六兵衛、山田村（現中之条町）の三右衛門と十五郎親子、三島村の片貝清兵衛、大柏木村の権右衛門も救済を行った。篤志家達は、火山災害直後の家を失った人々に対する直接的な救済ばかりでなく、その後襲ってきた天明飢饉への救済も行った。

このような被災者の救済に尽力した篤志家に対して、江戸幕府は褒美をとらせているが、そのやり方はいかにも封建的であった。長左衛門・小兵衛・安左衛門の3人を江戸まで呼びつけ、銀10枚を与え、黒岩・干川・加部という名字と帯刀を許可したが、その後で小役人宅まで挨拶回りをさせている。なお、幕府は五郎兵衛・六兵衛にも銀3枚を与えている。

大笹の黒岩悦男氏所有の史料に、「大笹の湯」に関する記載がある（松島，1997）。天明三年七月八日、浅間山噴火の際、浅間山麓（鬼押出しの先端付近）に温泉が湧き出した。このため、黒岩長左衛門は翌年四月から大笹宿に湯を引くこととし、費用を捻出した。左太夫屋敷へ湯小屋を建て、天明五年七月に開業した。黒岩長左衛門『浅間山焼荒一件』（Ⅱ，p.98）は、「当村の飢え人救済のため、人足賃として男に鐚八十文／日（米換算3合6尺）、女に鐚七十二文を渡した。天明四年三月二日までに、延べ人足4063人に賃金を払った」と記している。この引湯道の計画は、鬼押出し先端の湧出地点（標高1200m）から大笹までの3250間（約6km）で、尾根には掘割を、沢には脚立状に木を組み、樋を渡し、窪地には両側面に石を積んで土塁を築き水路を確保するなど、難工事であった。現在でも鎌原の「浅間ハイランド」内に引湯跡が残っている。「大笹の湯」は湯温度が次第に低下し、文化三年（1808）頃廃止された。

（2）勘定吟味役・根岸九郎左衛門鎮衛の見分

浅間山の天明噴火災害後、江戸幕府は泥流や降灰・砂礫で被災した武蔵・上野・信濃の被害地の見分のために、大噴火から14日後の七月二十一日（8月18日）に役人を派遣した。その後、八月下旬になって、勘定吟味役・根

岸九郎左衛門鎮衛(やすもり)を代表とする正式の見分役が組織された。見分後に根岸が記したものが、『浅間山焼けに付見分覚書』(Ⅱ, p.332-348) である。

　見分の一行は、根岸のほか、勘定組頭の豊田金右衛門、勘定吟味方改役の田口五郎左衛門、勘定の野田文雄、勘定吟味方改役並の篠山十兵衛、支配勘定の萩野伴右衛門・橋爪領助・栗原礼助・中村右衛門らに、勘定吟味下役や普請役、各地の代官所役人を総動員して編成された。一行が江戸を発したのは、噴火から1ケ月半も経過した八月二十八日 (9月24日) のことであった。

　幕府直轄領の激甚地域の幕府直轄による復旧工事は、天明三年十月 (1783年9月) から始められた。根岸は工事の総支配格として現地で直接指揮した。復旧工事は耕地の再開発や道路工事が主体で、使途の大部分は人足賃であった。田畑を失って生活の基盤を失った農民の救済、救農事業の性格を持っていた。

　天明四年閏一月 (1874年1月) には、応急の復旧工事を終え、検査のために再び見分が行われている。

(3) 細川藩による御救い普請

　江戸時代には大きな災害が起こると、幕府は大名に復興のための資金を出させることが多く、御手伝普請と言われた。江戸初期は御手伝普請を命じられた大名・家臣が直接現地に出向いて土木工事を行ったが、江戸中期からは幕府が復興工事を行い、その費用を大名に負担させるようになった。天明浅間焼けの復旧工事は、御救い普請の名で実施された。

　外様藩である熊本藩細川家は、浅間焼けの40年前の寛保二年 (1743) の『戌(いぬ)の満水』と呼ばれる大洪水の際にも、御手伝を命ぜられ、12万7280両の出費を強いられた (中央防災会議・災害教訓の継承に関する専門調査会, 2006)。

　そして、浅間山の天明噴火に際し、天明四年一月二十七日に御救い普請の費用9万6932両の負担を命ぜられた。細川家では1万両を藩の御用達商人に用立ててもらい、1万3000両を大阪の蔵屋敷から、残る7万3932両を国元から支出した。これとは別に1万4000両余の資金を出し、被災者

への援助を行っている。藩の財政が苦しかったため、領内村々に割り当てたが、村々にもそれを引き受けるだけの力はなかった。結局、領内から寸志金を集めることにした。これは金納郷士制と呼ばれ、寸志金の額に応じて百姓・町人などに身分待遇を与え、それが郷士という武士身分につながっていった。本来、固定されている筈の身分制度を金の力によってなし崩しにすることであり、浅間焼けの御手伝普請が熊本藩の身分制度にまで影響を与えたことがわかる。天明四年閏一月十日（1784年1月10日）には、御手伝い場所の見分が終わり、同二十二日には藩主細川重賢が江戸城で褒美を与えられており、応急復興は半年間で終了した。

　重税を追加徴収された肥後・天草の住民は、9年後の寛政四年（1792）『島原大変肥後迷惑』でさらに大打撃を受けた。島原大変は、有明海対岸の島原の眉山が山体崩壊と津波を起こし、全体で1万5000人もの死者・行方不明者を出した。肥後・天草地方も、有明海を渡って襲来した大津波によって5000人もの死者・行方不明者を出した（井上, 1999, 2006c）。譜代大名であった島原藩とは異なり、外様大名の熊本藩は、浅間焼け災害以上の大被害を受けたにもかかわらず、江戸幕府から何の援助も受けなかった。

　度重なる御手伝いと肥後迷惑によって、熊本藩では財政困難に陥り、藩士・領民は極度に困窮したことは間違いない。

（4）前橋陣屋（川越藩）の取り組み

　激甚被災地の幕府直轄領は、幕府の御救い普請により復旧工事が行われたが、各藩の復旧工事は自普請が原則であった。とくに被害の大きかった利根川中流域には、川越藩前橋陣屋と伊勢崎藩の領地があったが、災害に際して2つの藩の取り組みは対照的であった。

　前橋藩は明和四年（1767）に武州川越に転封となり、川越藩の一部となった。このため、天明三年（1783）当時、前橋には陣屋郡代官所が置かれているだけであった。天明泥流によって、前橋の利根川縁の石垣が長さ480mも崩れ、城外の柳原林も720mほど欠け込み、利根川の本流が前橋城下に流れ込む危険が生じた（地点㉖, Ⅰ, p.33）。領内の福嶋関所・五料

関所は、泥に埋もれ壊滅的被害を受けた。天狗用水や広瀬川・桃木川堰も埋まって、農業の生命である用水路を断たれ、前橋から下流の利根川流域では、田畑の被害が大きかった。

川越藩は、これらの被害の復旧に対する自藩の支出を最小限にとどめ、被害復旧を幕府直轄工事としてもらうために、尽力している。川越藩の財政は、天明三年以前から赤字だった上に、天明飢饉と浅間山の噴火による凶作と被害復旧の支出で、財政は逼迫した。藩士の給与を減額し、非常措置として藩の諸行事も切り詰め、緊縮政策が断行された。被害の現場見回りに来た江戸幕府の根岸九郎左衛門一行を手厚くもてなし、ご機嫌伺いや贈り物をして陳情を行った。

その結果、天明三年十一月（1783年10月）には、用水や関所その他の復旧工事が幕府の手で開始され、翌天明四年一月下旬（1783年12月）には、ほぼ応急工事が完了している。

(5) 伊勢崎藩の取り組み

伊勢崎藩では、家老の関当嶷・重嶷親子、藩士の浦野神村、常見一之などの優れた人物によって、他藩に見られない救済措置が実施された。藩財政は決して豊かではなかったが、全力を挙げて被災民の救済と復旧にあたっている。

七月八日（8月5日）に発生した天明泥流の翌日、関当嶷らは利根川沿いの天明泥流の堆積現場を視察した。伊勢崎藩・関重嶷『沙降記』（Ⅰ、p.270）によれば、降灰で田畑が埋まり、泥流で家をなくし、道で泣き叫ぶ数百人の領民に対し、「伊勢崎藩には慈悲がある。必ずやお前達をして飢餓に至らしめない。すぐに藩の役所に行き、命を保て」と伝えた。柴町では家来に命じて、三百間（540 m）もの筏（いかだ）を作り、泥に埋まる3人を救助した。また、藩命で領内の利根川岸に打ち上げられた流死人を手厚く埋葬した。泥入りの人家や道・田畑の除去などの復旧工事にも尽力したが、厚く堆積した天明泥流を除去することは不可能に近く、各地の発掘調査によって、埋没した集落跡が見つかっている。

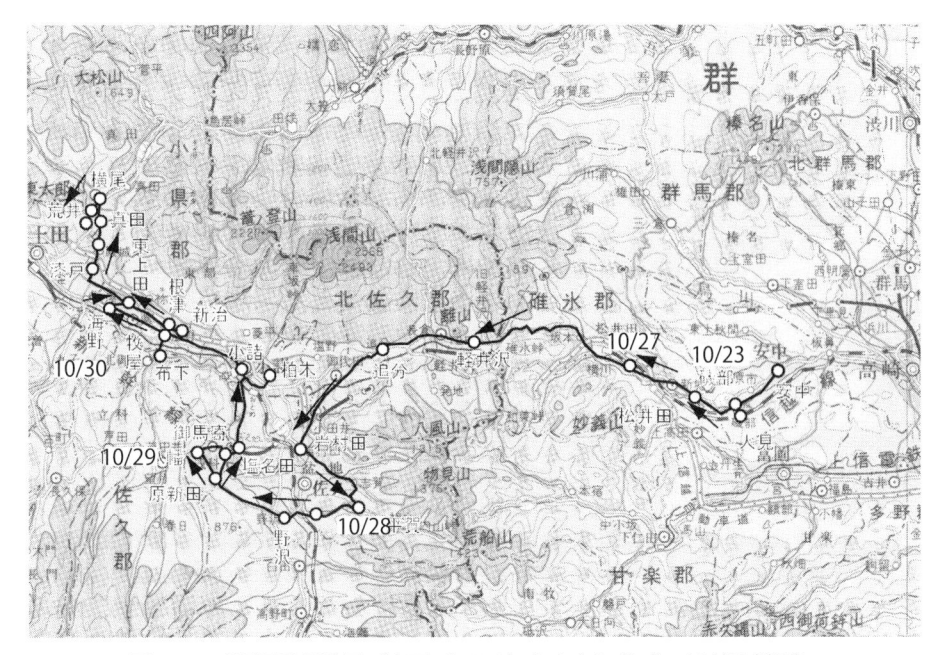

図 5.3　天明騒動経路図（大石（1986）をもとに作成，日付は新暦）
　　　　　　　　　　　　　　（国土交通省利根川水系砂防事務所，2004）

租税の免除だけでなく、種米の利子も免除して、百姓の困窮を救った。さらに、天明の飢饉と泥流災害で米価が高騰したときには、米穀商に罰金を課す一方で警備を固めた。その結果、暴動の発生を未然に防げたので、後述する天明騒動に対して、伊勢崎藩だけは事なきを得ている。

4　天明騒動と天明大飢饉

(1) 天明騒動

　天明三年（1783）は冷夏であったうえに、浅間山の噴火よる降下火砕物や天明泥流の堆積によって、上州では田畑が荒れ、穀物不足となった。信州の佐久地方でも、真夏の土用というのに布子を着、たびたび炬燵に入るような有様で、作物の出来も非常に悪かった。このため、物価が急騰し、天明三

年八月（1783年9月）から四年三月（1784年4月）の8ケ月の間に、米の価格は3倍にもなった（磯部誌編集委員会，1990）。このため、生活に困窮した農民による騒動が起きた。「天明騒動」とも「上信一揆」とも呼ばれるものである（大石，1986，斎藤，2003）。図5.3は天明騒動の経路を示している。

ことの発端は九月十八日（10月13日）の夜に、下仁田道筋上州一宮（富岡市一宮町）の北の方人見の原に立てられた立札にあるという。その立札には、「此節至て米穀高値に相成、末々の者難儀至極に付、下仁田・本宿両村の穀屋を打潰し、続て信刕穀物かこひ置所の富人并買置の者共を打潰し、米穀豊に可仕候、」（『天明雑変記』，Ⅳ，p.75）と書かれていた。

九月二十七日（10月22日）には中山道筋の松井田付近の村々へ、そして翌日の夕方には、集まった人々が磯部の穀物屋に打ちかかった。その後、近在の穀物屋を荒らしまわり、十月二日（10月27日）の晩丑刻（2時）過ぎには、中山道の横川の関所を破って碓氷峠を越え、十月二日の朝五ツ時（8時）には、270人あまりが軽井沢宿へと入った。発地・茂沢・広戸などの村々に、「男の分不残加勢に出べし、左なくば宿に火を放ちて焼払はん」（Ⅳ，p.75）と門戸を打ち破って加勢を求め、炊き出しを受けながら金品を調達していった。小田井を通過し、岩村田へなだれ込んだときには、総勢800人にも達し、布袋屋・法華堂などの有力な米商人を打ち潰した。人々のいでたちは顔全体に煤を塗って見分けがつかないようにし、汚れたぼろをまとい、斧・猫矢をかついでいた。

十月三日（10月28日）、野沢の隅屋を打ち壊しにかかったときには3000人もの一揆に膨れ上がった。さらに人々は塩名田や小諸を経て、五日（10月30日）上田へと向かった。この一揆は小諸を過ぎたあたりから、「米穀安値」という目標を掲げた一揆から、富裕層を狙った暴動へと変化した（大石，1986）。

この一揆も上田藩と江戸から派遣された江戸町奉行・大阪町奉行らによって、六日卯刻（31日6時）にようやく鎮圧された。佐久地方の牢は逮捕者によって一杯になり、多くの参加者が切捨てられた。

(2) 天明大飢饉の発生・激化

　群馬県（上州）では、天明三年（1783）の秋頃から浅間山の天明噴火による被災地域を中心に深刻な食糧不足に見舞われた。しかし、その原因は浅間山の天明噴火による被害だけではなく（コラム 5 参照）、天明三年八月十七日（9 月 12 日）の大風雨（台風）の被害が加わったことも影響している。

　八ツ場ダム発掘調査では、天明泥流に覆われた畑地からサトイモなどの栽培作物痕が確認されている（関，2003c）。それによると、天明泥流堆積物の下から見つかったサトイモは、明らかに発育が不良であったという。天明三年（1783）は天候の異変が続き、八月末に桜が咲き乱れ、栗の花やツツジが咲いた。秋霜が早く降りたのでほとんど収穫がなかった。天明泥流に覆われた長野原町横壁地区の区有文書『破免の御年貢割付状』によれば、天明泥流により横壁村は減租を認められたが、被害を受けなかった田の 1/3 も「青立皆無引」となっており、作柄不良であったことを示している。吾妻川沿いの村々は天明泥流の被害だけでなく、天候不順による作柄不良のため、未曾有の飢饉を迎えた。

　天明の大飢饉は浅間山の天明噴火の 1 年前から始まった天候不順を引き金にして、寛政元年（1789）まで続いた。コラム 5 でも述べたように、浅間山の噴火とアイスランドのラキ火山の大規模噴火が原因と言われている。なかでも天明三年から四年（1783〜1784）の飢饉がひどく、東北日本で最も被害が激しかった。図 5.4 は、江戸時代の人口の推移を示したもので（関山，1959）、安永九年（1780）から天明六年（1786）にかけて、著しい人口の落ち込みが見られる。天明大飢饉による人口の減少で、天明二年（1782）から寛政元年（1789）までの間に東北地方を中心に 110 万人が餓死したという。

　岡田（1993），『天明凶災録』（海上町，1988）は、「天明三年卯年五月より雨しげしげしく、殊に北風強く、稲作ともに思わしからず。この通りにては夏作秋作六、七分に相なるべしやと、人の心まさに安からず思ひ候。‥‥この通りに候わば、五、七分の作には相なり申すべしと存じ候ところ、八月

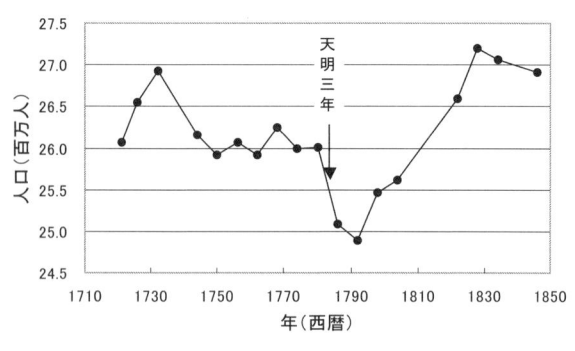

図 5.4　江戸時代の人口推移（関山，1959）

十七日（9月12日）大風雨にて稲の出穂花盛りを吹き荒らされ、稲しいて実入らず、ようよう二、三分の作、これより世間一統嘆き悲しむこと限りなし。」と記している。この上に浅間焼けの降灰が重なり、畑作物は全滅に瀕した。少々ばかり残った稲も、収穫間際を襲った大風のため、痛めつけられた。天明三年八月十七日（9月12日）の大風雨（台風）の被害の方が大きかった。

5　長期間にわたった利根川の洪水災害

(1) 天明泥流による河床上昇と洪水の発生

　浅間山の天明噴火は、利根川河道に大量の降下火砕物や泥流堆積物をもたらしたため、河床が上昇し、洪水が頻発するようになった（大熊，1981a,b，澤口，2000）。栗橋付近（浅間山山頂から130km）で、河床上昇がピークを迎えるのは、天保年間（1830〜1843）であった。天明三年（1783）七月から天保七年（1836）までの54年間に記録されている洪水は24回あり、天明三年、天明六年（1786）、寛政三年（1791）、享和二年（1802）の洪水が特に大きかった。

　利根川は烏川との合流付近で、何回も瀬替えした。図5.5は栗原（1943）がまとめた利根川流路の烏川合流点付近の変流図である。近世直前の利根川は、高崎・前橋台地を切り込んだ流路（この間の流路幅はかなり狭い）をと

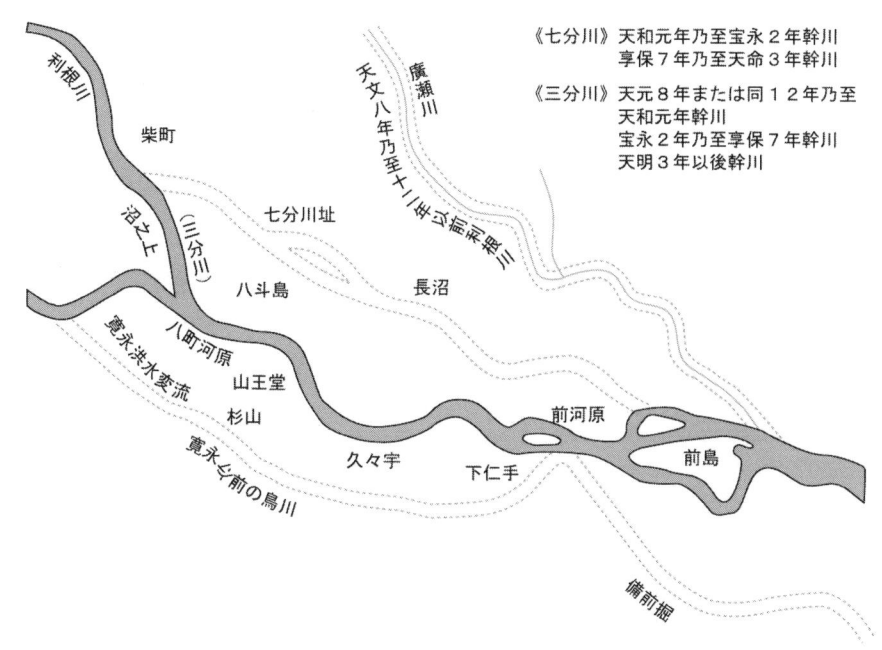

図5.5　利根川流路の烏川合流点付近の変流図（栗原，1943）

り、七分川筋を流れていた。天明泥流の流下によって、それまで本流であった七分川が埋まり、三分川が本流となり、対岸（南側）の八丁河原の氾濫が多くなった。

　天明六年（1786）の洪水は、江戸期に発生した洪水の中でも、寛保二年（1742）の「戌の満水」と並んで最大規模のものである。天明六年の洪水は、利根川全川にわたるその後の河床上昇に強い影響を与えた。

(2) 長期にわたる洪水被害の増加

　図5.6は、利根川流域における天明災害前後の水害発生件数を示している（大熊，1981a）。天明三年以降、水害発生件数が3倍近くに増えており、とくに上利根川で増加傾向が大きく見られる。これは天明泥流の流下により、泥流堆積物の一部が利根川の河床に堆積したため、河床が上昇し、河積断面が減少したためである。

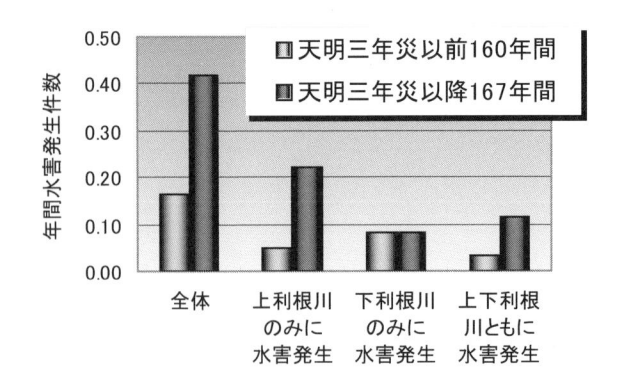

図 5.6　利根川流域の天明災害前後の水害発生件数（大熊，1981a）

6　吾妻川沿いの天明災害の供養碑

　生き残った人々は突然の惨事に驚きながらも、救援や復興作業に立ち上がった。利根川中・下流や江戸川沿いの人々は、流死体を集め、手厚く葬っている。このため、浅間山北麓から吾妻川・利根川・江戸川沿いには、これらの犠牲者を弔った供養碑が、多く建立されている。表 5.2 は、群馬県立歴史博物館（1995）、萩原（1995）、高瀬（1996）、大浦（2006）などをもとに整理した天明災害の供養碑の一覧表である。図 5.7 は吾妻川流域、図 5.8 は利根川中・下流，江戸川流域の天明災害の供養碑の分布で、表 5.2 に示した地点番号を示した。

(1) 嬬恋村鎌原観音堂（No.4 〜 24）

　最大の被害を受けた鎌原村では、8 割の村民が犠牲となったため、村人達が受けた心の傷は深く、簡単に癒せるものではなかった。幕府や篤志家の援助があったとはいえ、日々の暮らしを維持することさえ困難な状態が長く続き、犠牲者の霊を弔う心のゆとりも金銭的な余裕もなかった。しかし、先祖

第5章 慰霊碑でたどる 災害跡と救済復興事業

表 5.2　天明災害供養碑一覧（大浦（2006）に修正・追記）

No.	建立年代		所在地	碑名	No.	建立年代		所在地	碑名
1	1816	文化十三年	長野原町鬼押出し園	大田蜀山人浅間山噴火記念碑	31	1793	寛政五年	長野原町大津字坪井	地蔵菩薩
2	1967	昭和42年		厄除観世音	32	1783	天明三年	長野原町作道・国道端	馬頭観音
3				浅間観世音横死者総霊塔	33	1813	文化十年	長野原町長野原・雲林寺	地蔵菩薩
4	1783	天明三年		地蔵観世音	34	2004	平成16年		供養碑
5	1783	天明三年		死馬供養碑	35	1803	享和三年	長野原町群馬銀行	燈籠
6	1783	天明三年		馬頭大士	36	1784	天明四年	長野原町林・上原トヤ	馬頭観音
7	1783	天明三年		墓碑①					
8	1783	天明三年		墓碑②	37	1784	天明四年	長野原町林・御塚	聖観音
9	1783	天明三年		墓碑③	38				馬頭観音
10	1783	天明三年		墓碑④	39	1783	天明三年	長野原町川原畑	馬頭観音
11	1783	天明三年		墓碑⑤	40	1785	天明五年	三ツ堂	馬頭観音
12	1783	天明三年		墓碑⑥	41		天明年間	長野原町川原湯・中原	万霊供養碑
13	1815	文化十二	嬬恋村鎌原・観音堂	三十三回忌供養塔					
14	1966	昭和41年		万霊魂祭塔	42	1814	文化十一年	吾妻町大戸・大運寺	加部喜翁暮表
15	1966	昭和41年		万霊魂祭塔の碑	43				加部一法翁昭先碑
16	1982	昭和57年		二百回忌供養観音	44	1784	天明四年		馬頭観音
17	1982	昭和57年		二百回忌供養観音造立碑	45	1788	天明八年		六回忌供養碑
					46	1805	文化二年	吾妻町原町・善導寺	二十三回忌供養塔
18	1982	昭和57年		石燈籠一対	47	1815	文化十二		三十三回忌供養塔
19	1985	昭和60年		浅間山噴火大和讃	48	1832	天保三年		五十回忌供養塔
20	1992	平成4年		謝恩碑	49	1932	昭和7年		百五十回忌供養塔
21				浅間和讃	50	1786	天明六年	吾妻町原町・顕徳寺	供養多宝塔
22				天めいの生死を分けた十五だん	51	1784	天明四年	吾妻町吾妻川河畔	地蔵菩薩
					52	1784	天明四年		三界万霊塔
23				県指定史跡の碑	53	1882	明治15年	中之条町伊勢町・林昌寺	災民修法碑
24	1983	昭和58年	嬬恋村鎌原・墓地入口	天明三年浅間押し流死者菩提塔	54	1893	昭和58年		災変受難供養碑
25			嬬恋村今井	墓碑	55	1982	昭和57年	中之条町青山・浅間石上	天明浅間大爆発二百周年記念碑
26	1783	天明三年	嬬恋村応桑字小宿	馬頭観音	56			沼田市下川田・平塔	三界万霊無縁法界
27	1811	文化八年		先住流失者墓碑	57	1783	天明三年	小野子町小野子木ノ間	流死方霊塔
28	1983	昭和58年	嬬恋村応桑・常林寺	天明浅間押し二百年記念碑	58	1783	天明三年	子持村横堀字幸才	墓碑
29				法泉牌	59	1829	文政十二年	子持村北牧・興福寺入口	賑貸感恩碑
30	1783	天明三年	長野原町与喜屋・字新井	墓碑	60	1958	昭和33年	子持村北牧・国道沿い	人助け榧の碑

出典： 1．萩原　進（1996）「浅間山天明噴火史料集成Ⅴ」, 群馬県文化事業振興会, p.159-180.
　　　 2．群馬県立歴史博物館（1995）：第52回企画展「天明の浅間焼け」
　　　 3．国土交通省利根川水系砂防事務所（2004）：天明三年浅間焼け
　　　 4．高瀬正（1996）：埼玉県の近世災害碑，ヤマトヤ出版
　　　 5．中央防災会議・災害教訓の継承に関する専門調査会（2006）：1783天明浅間山噴火報告書
　　　　 大浦瑞代作成：表3-21　1783浅間山噴火災害関連石造物一覧表

No.	建立年代		所在地	碑名	No.	建立年代		所在地	碑名
61	1783	天明三年	子持村北牧字後黒井	墓碑	92	1811	文化八年	長野市川中島町今里・墓地	村沢高包碑
62	1783	天明三年	子持村北牧・黒井観音堂	馬頭観世音菩薩	93	1840	天保十一	児玉町小平・成身院	百観音形主元映師墓志銘
63	1783	天明三年		墓碑	94	1806	文化三年	本庄市都島・正観寺	御茂氏墓碑
64	1905	明治38年	子持村北牧字後黒井	供養石祠	95	1918	大正7年	深谷市高畑・鷲宮神社	金鶴堂金井翁之碑
65	1783	天明三年	子持村中郷・雙林寺	寺島伝兵衛家水没者石碑	96	1833	天保四年	熊谷市八木田・公園	備前渠再興記
66	1784	天明四年	子持村白井字落合	供養石祠	97	1994	平成6年		備前渠再興記
67	1783	天明三年	渋川市祖母島	馬頭観音	98	1980	昭和55年	熊谷市妻沼台	男沼用樋改良碑
68			渋川市川島上川島	甲波宿祢神社(跡)記念碑	99	1819	文政二年	熊谷市下奈良・集福寺	吉田宗敬墓碑
69	1783	天明三年	渋川市川島中川島	馬頭観音	100	1916	大正5年	行田市須加公園	撤見沼渠増圦碑記
70			渋川市川島下川島	浅間押流死者供養石仏	101	1971	寛政三年	加須市水深・育毛堀川畔	砂降降水碑
71	1783	天明三年	渋川市川島下川島	馬頭観音	102	1920	大正9年	加須市不動岡・図書館前	田村庄太郎君彰功碑
72			渋川市金井字鳥頭	供養塚					
73	1783	天明三年	渋川市金井南町	流死墓	103	1897	明治30年	大利根町北下新井	修繕記念碑
74	1783	天明三年	渋川市並木	流死方霊墓	104	1924	大正13年	大利根町北下新井・八幡神社	川邊領耕地整理碑
75	1783	天明三年	渋川市半田・龍траз寺	馬頭観音					
76	1783	天明三年	渋川市有馬字神戸	馬頭観音	105	1784	天明四年	幸手市北・正福寺	義賑窮餓之碑
77	1784	天明四年	前橋市元景寺	奉書写大仏頂万行首楞厳神呪供養塔	106	1877	明治10年	幸手市権現堂堤上	行幸堤之碑
78			玉村町五料・常楽寺墓地	天明山焼記念塔	107	1933	昭和8年		防水記念碑
79	1784	天明四年		天明地蔵	108	1833	天保四年	越谷市瓦曽根・照蓮院	宣秋雲兒自休居士墓
80	1962	昭和37年		天明地蔵尊の碑					
81	1962	昭和37年	伊勢崎市戸谷塚・観音堂	高松宮殿下御来臨の記	109	1784	天明四年	越谷市増林・林泉寺	利剣名号塔
					110	1878	明治11年	荒川堤防	荒川築堤碑
82	1982	昭和57年		鎌原地蔵	111	1783	天明三年	葛飾区柴又・題経寺	天明三年浅間山噴火横死者供養塚碑
83	1982	昭和57年		天明浅間押二百回忌供養碑	112	1795	寛政七年		溺死者供養塚碑
84	1783	天明三年	伊勢崎市八斗島町共同墓地	為河流各霊菩提	113	1982	昭和57年	江戸川区東小岩・善養寺	浅間山焼け供養碑和讃碑
85	1783	天明三年	伊勢崎市長沼町・本郷築山	為河流各■霊提也	114	1842	天保十三	江戸川区東小松川・善照寺	石造六地蔵塔
86	1783	天明三年	同長沼町・墓地	為河流各霊菩提也					
87	1783	天明三年	境町中島・薬師堂墓地	流死霊数位	115	1785	天明五年		信州上州地変横死之諸霊魂等碑
88	1783	天明三年	千代田町舞木・円福寺	為水死男女菩提也				墨田区両国・回向院	
89			倉渕村三ノ倉字暖	浅間山噴火記念碑	116	1789	寛政元年		浅間嶽大火震死者供養之碑
90	1822	文政五年	松井田町坂本字水谷山口	水神砂除供養塔	117	1789	寛政元年	野田市木間ケ瀬出洲	水神社・兜巾型角柱の碑
91	1792	寛政四年	藤岡市緑埜・墓地	千部供養塔	118	1783	天明三年	東庄町夏目・禅定院	角柱・万霊塔
					119	1823	文政六年	銚子市高神町	庄川杢左衛門頌徳碑

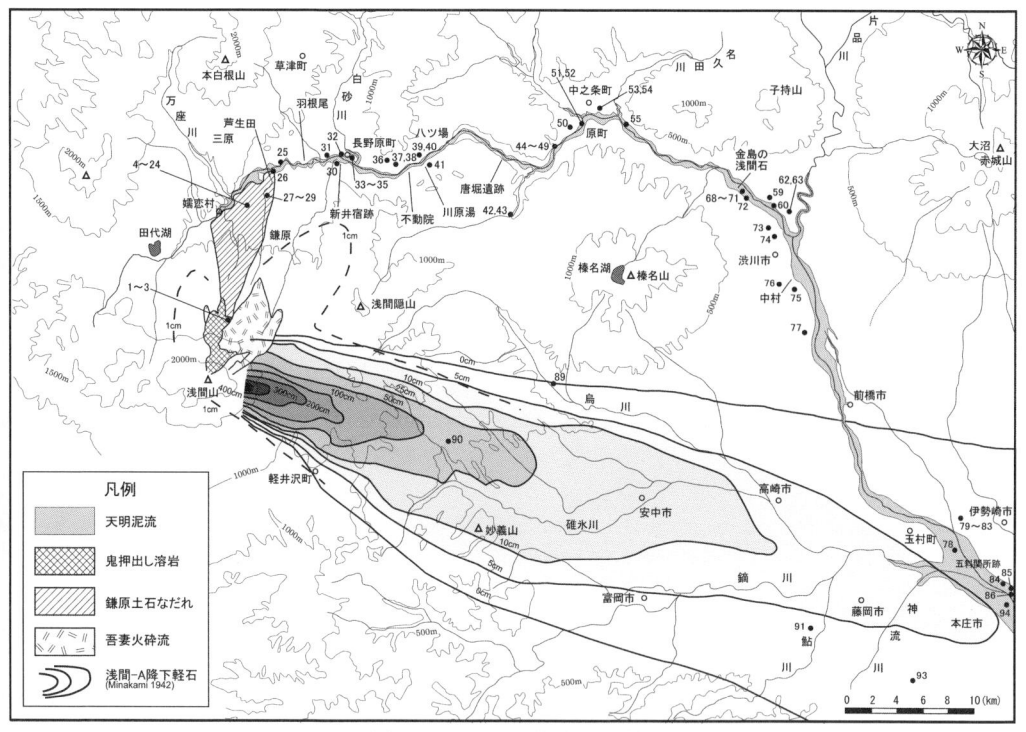

第5章 慰霊碑でたどる災害跡と救済復興事業　157

図5.7　吾妻川沿いの天明災害供養塔の分布

が眠っている土砂の上に再建された村である。1日とて忘れることはなかったであろう。

　文化十二年（1815）七月八日に、周辺の村々の篤志家が資金を出して、鎌原観音堂の入口に三十三回忌供養石塔（写真5.2，No.13）が建立された。亡くなられた477名の戒名と「天明三癸卯歳七月八日巳下刻従刻浅間山火石泥押出於当村四百七十七人流死為菩提建立」（V，p.159-163）が刻まれている。その後、鎌原村では昭和58年（1983）の200回忌に供養観音像（写真5.3，No.16）を建立した。平成4年（1992）には観音堂前に、鎌原村の復興に力を注いでくれた篤志家や隣人達への感謝を刻んだ謝恩碑などが建立されている（No.20）。

写真 5.2　鎌原観音堂三十三回忌供養塔　　写真 5.3　鎌原観音堂二百回忌供養・観音像

(2) 吾妻町・中之条付近

吾妻町大戸・大連寺（No.42, 43）

篤志家の一人加部安左衛門の功績を称えた碑が文化十一年（1814）に建立された（写真 5.4）。大連寺は加部家の菩提寺である。安左衛門は吾妻郡一の分限者であった。天明三年災の折には、大笹の黒岩長左衛門、干俣村の小兵衛らとともに、資材を投げ打ち、被災者の救済に当たった。

吾妻町原町・善導寺（No.44～49）

原町の善導寺は泥流が山門前まで達している。そのような縁もあってか、六回忌（1788）から始まり、二十三回忌（1805）、三十三回忌（1815）、五十回忌（1832）、百五十回忌（1932）と5基の供養塔が建立されている（Ⅴ，p.164-166，写真 5.5，5.6）。このように何度も供養して碑を建立した例は少ない。

中之条町・林昌寺（No.53～54）

林昌寺は中之条町の市街地が載る高台にあり、天明泥流の被害を受けなかったが、吾妻川の支流の近くに位置するため、泥流が逆流してすぐ近くまで押し寄せた。被災100年後の明治15年（1882）に噴災百年供養祈念碑

写真 5.4　加部一法翁昭先碑
（吾妻町大戸）

写真 5.5　善導寺の供養碑群（吾妻町原町）

写真 5.6　善導寺の三十三回忌供養碑

として、「災民修法碑」を建立した（V，p.166-167，写真 5.7）。碑文にはときの群馬県令(知事)楫取基彦の撰文を記している。また、昭和58年（1983）には、二百年供養祈念碑として、「災変受難供養碑」を建立した（写真 5.8）。

(3) 吾妻川下流付近
子持村北牧・興福寺入口（No.59）

北牧村の興福寺入口付近に「上毛北牧村賑貸感恩碑」（写真 5.9）が四十七回忌にあたる文政十二年（1829）一月に建立されている。この碑には、浅間押しの被害から立ち直った教訓と、復興の総括責任者であった幕府勘定吟味役根岸九郎左衛門の救済措置による恩恵を忘れないように、佃村福増寺金峰和尚の提唱で、北牧村の老人達が相談して建立したと刻まれている（V，p.168-169）。なお、興福寺は天明泥流で押し流されてしまい、その後

写真 5.7　林昌寺の災民修法碑
　　　　（中之条町伊勢町）

写真 5.8　林昌寺の災変受難供養碑

写真 5.9　興福寺の上毛北牧賑貸感恩碑（子持村北牧）

再建された。

原敬が明治8年（1875）4月19日に三国街道を通り、東京へ向かう途中、この碑に目をとめ、『原敬日記』に記している（大浦, 2006）。

渋川市川島の地蔵菩薩（No.70）

写真5.10　浅間石上の供養地蔵（渋川市川島）

川島村は吾妻川下流では北牧村と並び大きな被害を出している。川島には県の天然記念物である「金島の浅間石」（カラー口絵9）をはじめ、浅間石（火石）の大きな岩塊が散見される。天明泥流は吾妻川の河道の中を流れていたが、この付近から低い段丘面の上に広く氾濫堆積した。水位が低下して流速が遅くなったため、いくつもの浅間石が堆積したのであろう。写真5.10はそのうちの一つで、川島村113名の供養のため、浅間石の上に地蔵菩薩が15体も置かれている。図3.14に示したように、吾妻川沿いには「浅間石」が多く残っているが、その多くには石地蔵や祠が祀られている。しかし、このような浅間石は耕作地が狭まることを嫌われて近年、取り除かれることが多いので、供養碑として、きちんと保存すべきである（中村, 1998, 99）。

7　利根川・江戸川沿いの天明災害の供養碑

(1) 前橋付近

前橋市元景寺の供養塔（No.77）

元景寺（前橋市総社町植野）には、天明四年（1784）に建立された「奉書写大仏頂万行者楞

写真5.11　奉書写大仏頂万行首楞厳神呪供養塔

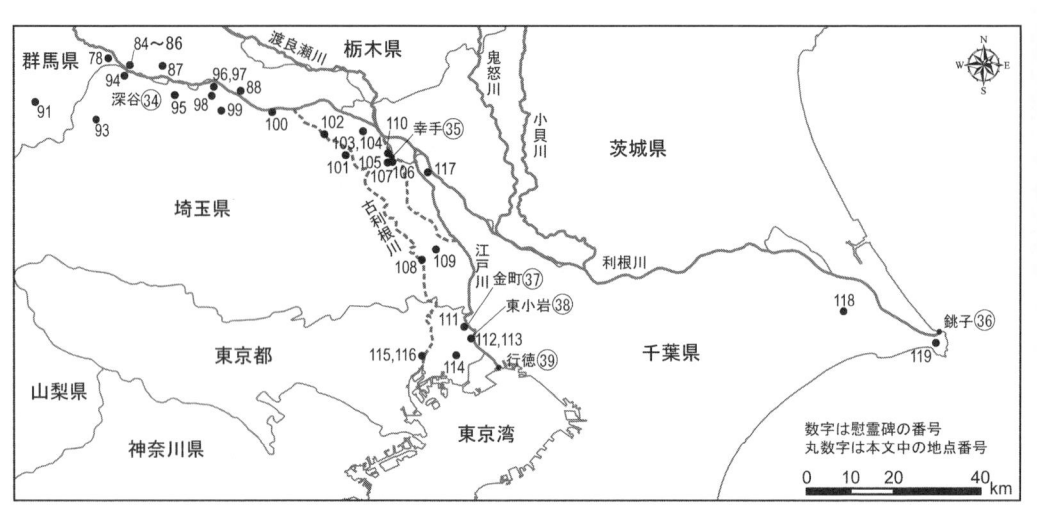

図 5.8　利根川中・下流，江戸川沿いの天明災害供養碑の分布（表 5.2 をもとに作成）

厳神呪供養塔」（V，p.171，写真 5.11）がある。元景寺は利根川河畔付近にあり、たくさんの流死者が打ち上げられたため、一周忌の命日に供養したものである。以前はもっと東方の利根川河畔に建立されていたが、河岸の侵食によって危険となったため、現在地に移設された。

（2）烏川との合流点付近

伊勢崎市戸谷塚（No.79-83）

　天明泥流の流下堆積によって、利根川左岸・伊勢崎市戸谷塚付近には多数の流死体が打ち上げられた。これらの流死者を弔うため、天明災害の翌年（1784）に戸谷塚の観音堂では供養地蔵（V，p.172-173、写真 5.12、カラー口絵 10）が建立された。また、昭和 37 年

写真 5.12　戸谷塚観音堂の供養地蔵
（伊勢崎市戸谷塚）

第5章　慰霊碑でたどる災害跡と救済復興事業　163

(1962) には、高松宮殿下の御来臨を賜り、180回忌の法要を行うとともに、天明地蔵の碑が建てられた（写真 5.13）。

(3) 江戸川・古利根川沿い

幸手市北・正福寺「義賑窮餓之碑」(No.105)

埼玉県幸手市北の正福寺境内には、天明四年に建立された「義賑窮餓之碑」（写真 5.14）がある。県指定の文化財で天明三年（1783）の浅間山大噴火による大飢饉の時、正福寺境内で70日間余りにわたって、粥を炊くなどして難民を救った

写真 5.13　戸谷塚観音堂の供養碑
（伊勢崎市戸谷塚）

幸手宿の有力者21人を讃えた碑で、関東郡代伊奈氏が表彰し建立した。利根川を流下してきた天明泥流は、関宿・幸手宿付近で江戸川・古利根川方向に分流した。

幸手市権現堂「行幸堤の碑」(No.106)

絵図 3.2 によれば、幸手付近の天明泥流では高温の火石は描かれていないが、多くの家や材木、人、馬が流下した。流れの廻りには、幸手付近の人達が長竿などを持って、救助している様子が描かれている。

権現堂堤は権現堂川の水防のために造られたが、江戸時代を通じて、天明三年（1783）、六年（1786）など、何回も決壊・氾濫した。明治時代になって地元かの要望もあり、明治8年（1875）6月～10月の工事で新権現堂堤が完成した（現在は国道4号線がその上を通っている）。

写真 5.14　正福寺の義賑窮餓之碑
（埼玉県幸手市北）

明治9年（1876）6月に、明治天皇が東北巡幸の際にその労に感じ入り、この仕事に携わった者の名前を刻んで残すように言われ、費用の一部が下賜された。写真5.15はこれらのことを記した「行幸堤之碑」で、明治10年（1877）1月に建立された。天明泥流が流下して川床が高くなり氾濫したことや権現堂堤を強固なものに構築したことなどが記されている。

写真5.15　権現堂堤「行幸堤」之碑
（埼玉県幸手市権現堂）

越谷市増林・林泉寺「利剣名号塔」（No.109）

埼玉県越谷市増林の林泉寺入口にある「利剣名号塔」（写真5.16）で、天明四年七月七日の一周忌にあたり建立されたもので、千葉県立関宿博物館の石田年子客員研究員に紹介して頂いた。利剣名号とは文字が剣の形をしていて、亡霊を鎮める力があるとされている。塔の正面は「南無阿弥陀仏」と書かれ、背面に「上州　信州　行倒　為横死流轉忘霊皆蒙解脱也」と記されている。

越谷市瓦曽根・照蓮院「宣秋雲児自休居士墓」（No.108）

埼玉県越谷市瓦曽根の照蓮院墓地にある「宣秋雲児自休居士墓」（写真5.17）で、非常に大きな墓碑である。天明三年災害から50年後の天保四年（1833）に建立され、「□□天明三年癸卯秋信濃浅間山焼降沙数百里野無青艸君乃発廩出粟五十俵

写真5.16　林泉寺の利剣名号塔
（埼玉県越谷市増林）

賑村民不能自給者……」と記されている。中村家5代目彦左衛門重梁（宣秋）は、天明三年の浅間山噴火後の凶作時に、自分の蔵を明け、米50俵を拠出し、困窮者の救済にあたった（高瀬, 1996, 大浦, 2006）。そのため、天明四年（1784）閏一月に代官所に招かれ、幕府から褒賞され、名字帯刀を許されている。天明

写真5.17　照蓮院の宣秋雲児自休居士墓（埼玉県越谷市瓦曽根）)

六年（1786）の利根川の大洪水には、多額の救済資金を幕府に献納し、被災者の救助につくした。中村家は代々瓦曽根村の世襲名主を務める家柄で、現在まで続く旧家である。天明八年（1788）に幕府が凶災に備える籾米の備蓄を制度化すると、重梁は村民にかわり、瓦曽根村の備蓄米全てを負担した。困窮した村民には常に穀類・金銭・衣類を与え救っていたため、村民から父母の如く慕われていたという。

葛飾区柴又・題経寺「浅間山噴火川流溺死者供養塚の碑」（No.111）

天明泥流は江戸川を流下し、多数の遺体や流木・潰れ家などが江戸川下流の中州に打ち上げられ、河床が上昇したため、船の運航にも支障があったという。地元の人々は突然の出来事に驚きながらも、流死者を哀れに思い、手厚く葬っている（第5章1項で説明した善養寺の供養碑和讃参照）。

写真5.18　題経寺の浅間山噴火川流溺死者供養塚の碑（東京都葛飾区柴又）

「帝釈天」で有名な柴又の題経寺の墓地には、流死者を弔った「浅間山噴火川流溺死者供養塚の碑」(写真 5.18) が建てられている。流死者の遺体などを集め、11 日後の七月十八日 (8 月 15 日) に日啓住職の手で施餓鬼供養が執り行われた。碑には「南無妙法蓮華経　川流溺死之老若男女一切変死之魚畜等供養塚」と刻まれており、葛飾区指定有形民俗文化財となっている。

墨田区両国回向院の「浅間嶽大火震死者供養碑」(No.115, 116)

墨田区両国の回向院には、どこの寺院にも見られる有縁者の墓とは別に、歳月の流れとともに、風化して判読の難しくなった文字を刻した石塔が、境内狭しと並び建っている (宗教法人回向院, 1992)。これらの石塔は、天災・地災で非業の死をとげた人々や不慮の事故にあった人々の中でも、縁者がついに判明しなかった人々の亡魂を供養するための無縁供養塔である。

江戸川から少し離れているが、回向院には天明災害に関連した 2 基の慰霊碑がある (写真 5.19)。中央は三回忌の天明五年 (1785) に建立された「信州上州地変横死之諸霊魂等」で、正面に「天明三年癸卯七月八日信州上州地

写真 5.19　回向院の浅間嶽大火震死者供養碑 (東京都墨田区両国)
左の碑は関東大震災の供養碑

変横死之諸霊等」と刻まれている。右側は寛政元年(1789)に建立された「浅間嶽大火震死者供養碑」である。正面に大きく「南無阿弥陀仏」と大きく彫られ、背面に死者が流れ着いたあらましが刻まれている。近くを流れる隅田川に流死体が漂流したとは記されていない。なお、左側の石碑は、関東大震災の慰霊碑『大震災横死者之墓』である。

(4) 利根川下流

　関宿地点で江戸川と分流した利根川下流での天明泥流（黒い洪水流）の流下状況を記録した史料はほとんどなく、慰霊碑もほとんど見つかっていない。利根川下流は、周辺に湿地や沼が多く、天明泥流もこれらの地区に貯留され、何時頃どのような状況で銚子河口に到達したか良くわからない。

　現地調査を行った際に、佐原市の伊能忠敬記念館で天明泥流のことを記した史料や絵図を尋ねたが、佐原付近の文書は存在しないということであった。天明三年（1783）当時、忠敬は37歳で佐原の本宿組の名主となっているが、天明泥流（洪水）に対して、忠敬がどのような行動をしたか不明である（小島, 1978）。しかし、その後の天明飢饉や天明六年（1786）の大洪水では、被災民の救済や利根川の堤防工事などに携わっている。

野田市木間ヶ瀬出州・水神社の兜巾型角柱の碑（No.117）

　関宿から10km下流の千葉県野田市木間ヶ瀬出州の水神社に「兜巾型角柱の碑」（写真5.20）がある。関宿博物館の石田年子客員研究員に紹介して頂き、現地調査・写真撮影を行った。水神社は利根川の右岸（南側）の土手直下にある。この碑は寛政元年（1789）に建立したもので、正面に「水死諸聖霊諸畜類　寛政元己酉年（1789）七月初

写真5.20　水神社の兜巾型角柱の供養碑（千葉県野田市木間ヶ瀬出洲）

七日」と記されている。右側面の碑文には、「右志意趣者去天明三癸卯七月従初六日夜上州浅間麓辺於螺蚓出数万人之水死不知其数哀哉当川流行事如落葉流誠見聞之輩愁歎思起依而為詢得脱菩提当村中催多少志譏建之右」と記されている。

千葉県東庄町夏目・禅定院の「万霊塔」（No.118）

　利根川最下流の河道から少し南の東庄町夏目に位置する禅定院に建立された「万霊塔」（写真5.21）である。天明三癸卯年（1783）七月善根日に建立されたもので、正面には「光明真言二百万遍　為水中万霊菩提」、右面には「上州川流為亡者供養」と記されている。

写真 5.21　禅定院の天明噴火供養碑
（千葉県東庄町夏目）

銚子市高神町・庄川杢左衛門頌徳碑（No.119）

　天明当時、利根川の河口に位置する銚子地方は、高崎藩の代官として庄川杢左衛門が支配していた（篠崎編，1981）。銚子市高神町の切通し道に位

第5章 慰霊碑でたどる 災害跡と救済復興事業　169

置する都波岐神社の反対側に「庄川杢左衛門頌徳碑」（写真5.22）が存在する。天明大飢饉の際に領内庶民が難渋するのを見かね、藩の銚子米蔵を開いて、救済の緊急手配をとったが、後にその独断専行の責任を問われて自刃したと云う伝説が地方民の間に流布している。しかし、この碑文には、寛政二年（1790）に五十七歳で病死したとあって、天明泥流のことは記されていない。再三に亘る救米数千俵と救恤金数百両により、二万余人の者が起死回生することが出来たと、その仁慈の徳を讃えている。この碑は三十三回忌にあたる文政六年（1823）に建立された。

写真5.22　庄川杢左衛門頌徳碑
（千葉県銚子市高神町）

第6章　浅間山の火山防災マップと防災対策

　火山防災マップやハザードマップ（Hazard Map）と呼ばれる地図は、過去の火山噴火の歴史と特徴を調査し、将来の噴火によって発生する可能性のある災害の種類や規模を想定した「火山災害危険区域図」のことである（国土庁，1991，ハザードマップ編集小委員会編，2005）。活火山地域の住民は常日頃から火山活動や火山防災マップに関心を持ち、噴火活動が激しくなった時には、気象庁や県・市町村からの情報に基づいて、速やかに避難する必要がある。

　浅間山では、今までに2回火山防災マップが作成されている。

1　平成7年（1995）版浅間山火山防災マップ

　国土庁（1991）は、火山噴火災害危険区域予測図試作に関する作業報告書を作成した。浅間山はこの報告書の4つのモデル火山の一つとして、浅間山火山噴火災害危険区域予測図作成検討委員会（委員長・荒牧重雄東京大学名誉教授）が設立された。図6.1は、この委員会の指導を受けて、長野県佐久市・小諸市・軽井沢町・御代田町・群馬県長野原町・嬬恋村が作成した「平成7年（1995）版浅間山火山防災マップ」である。この火山防災マップでは、過去の災害状況と現在の地形から災害が及ぶと予想される区域を示している。大規模噴火を想定し、天仁噴火（1108）と同様な噴火が起こるとして、降灰・火砕流・溶岩流・洪水の範囲を示した。各市町村別に作成され、避難場所などが示されている。

　群馬県と長野県では、建設省砂防部の指導を受け、浅間火山噴火警戒避難対策事業の一環として、平成4～7年度に浅間火山噴火警戒避難対策事業調査業務（群馬県土木部中之条土木事務所・長野県佐久建設事務所，1993-

第6章　浅間山の火山防災マップと防災対策　　171

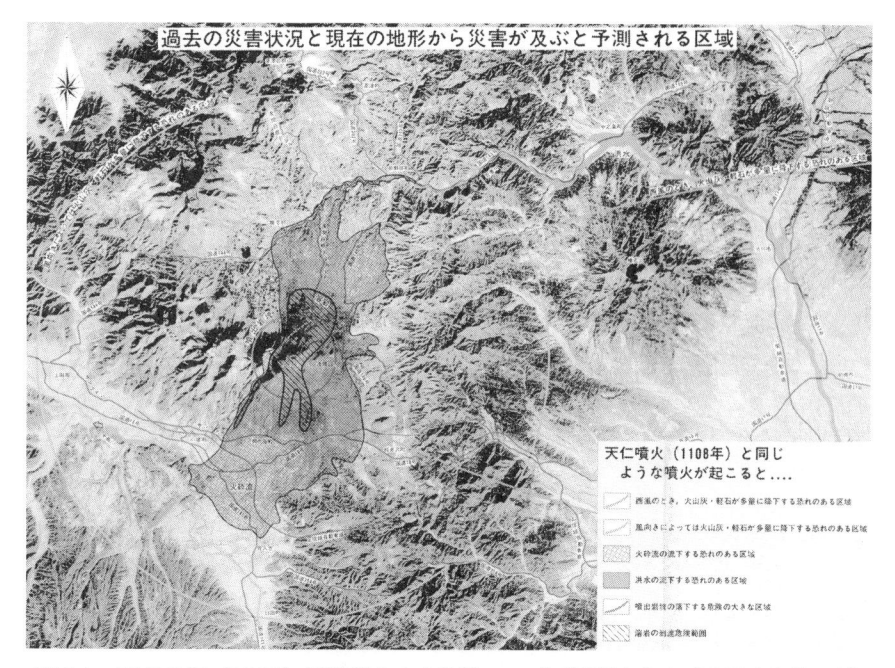

図6.1　平成7年（1995）版浅間山火山防災マップ（浅間山火山噴火災害危険区域予測図作成検討委員会監修，1995）

95）を実施した。この業務の成果として、火山防災の広報を目的とした広報冊子とビデオ・災害履歴板などを作成した。群馬県土木部中之条土木事務所（1997a,b）では、「浅間山の噴火と防災，―浅間山を知り，浅間山と向き合って暮らすために―」と「浅間山の噴火と防災，―わたしたちの郷土（小学生版）―」いう冊子と広報ビデオを作成した。長野県佐久建設事務所（1999）では、「浅間山の火山災害と防災」いう冊子と広報ビデオを作成した。

2　平成15年（2003）版火山防災マップ

平成10年（1998）から発生した富士山の地下での長周期地震をきっかけとして、富士山ハザードマップ検討委員会（委員長・荒牧重雄東京大学名誉教授）が組織され、3年間の審議を経て「富士山ハザードマップ」が作成

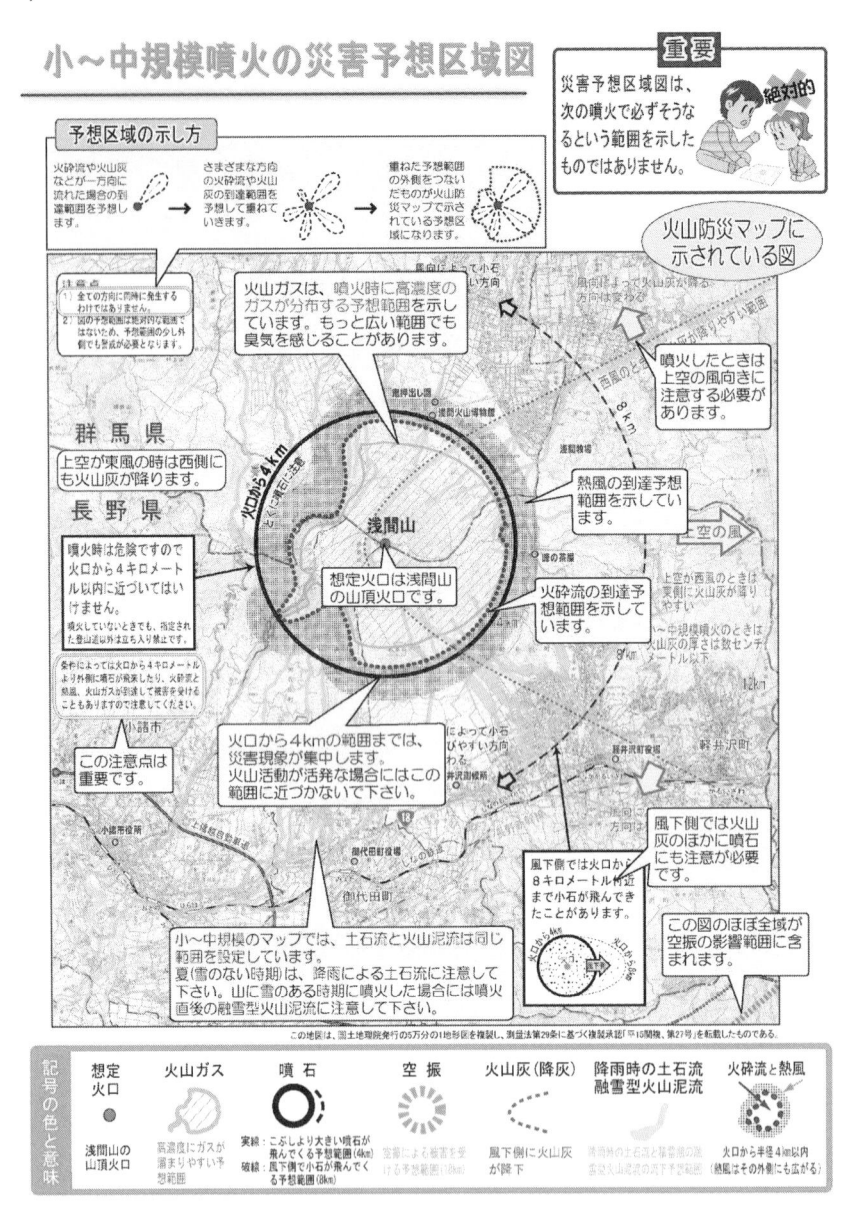

図 6.2　平成 15 年（2003）版浅間山火山防災マップー小〜中規模噴火の災害予想区域図（浅間山ハザードマップ検討委員会監修，2003）

第6章 浅間山の火山防災マップと防災対策　173

大規模噴火の災害予想区域図 「もしも天明噴火のような大噴火が起きたら…」

・大規模噴火の災害予想区域図は天明噴火と同規模噴火で発生が予想される様々な災害現象を1枚の図に示しました。

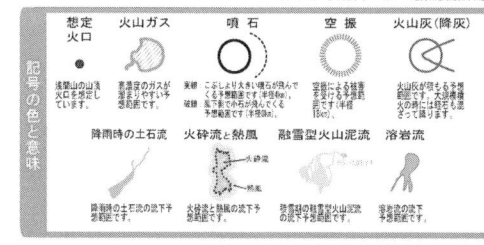

火山防災マップに示されている図

火山灰が50cm以上積もるおそれのある範囲
火山灰が10cm以上積もるおそれのある範囲

噴火したときは上空の風向きに注意する必要があります。

上空が東風の時は西側にも火山灰が降ります。

火山灰が30cm以上積もるおそれのある範囲では、土石流が頻繁に発生しやすくなるため降雨時の土石流の氾濫予想区域も記載しました。
（火口から約20km程度まで影響）

火山灰が10cm以上積もるおそれのある範囲では、降雨時に土石流が発生しやすくなるという想定です。これは他火山の土石流事例を参考に決めました。
（火口から約40数km程度まで影響）

長野県

記号の色と意味：想定火口／火山ガス／噴石／空振／火山灰（降灰）／降雨時の土石流／火砕流と熱風／融雪型火山泥流／溶岩流

注意してください

「火山防災マップ」の避難施設を示した面には、地形図の背景に大規模噴火の災害予想区域図を示しています。

大規模噴火は過去にも2000年間に3回程度と、まれな現象ではありますが、万が一そのような噴火が発生したときには防災行政無線などにより噴火の被害を受けにくい避難施設が指定されます。

ポイント2
◎浅間山の噴火規模には、極小規模から大規模まで様々な規模が考えられます。
◎噴火によって噴石、降灰、火砕流、融雪型火山泥流、溶岩流、降雨時の土石流などたくさんの現象が起きる可能性があり、噴火規模の大きさで災害予想区域がかわります。

図6.3　平成15年（2003）版浅間山火山防災マップ－大規模噴火の災害予想区域図
　　　　（浅間山ハザードマップ検討委員会監修, 2003）

火山性の異常が発生した場合
火山情報（臨時火山情報 や 緊急火山情報 など）が発表されます

過去100年間にもたびたび発生

極小規模の噴火
噴出物量（1万立方メートル以下）

予想される災害現象　火山灰（火口付近のみ）

対応する噴火の例
1990（平成2）年7月20日
2003（平成15）年2月6日 など

過去100年間にたびたびみられた極小～中規模の噴火は、今後も起こりやすいと予想されます。

小～中規模の噴火
噴出物量（100万立方メートル以下）

予想される災害現象

火山ガス、噴石、空振、火山灰、降雨時の土石流、
火砕流・熱風（火砕サージ）、融雪型火山泥流 など

対応する噴火の例
1950（昭和25）年9月23日
1958（昭和33）年11月10日
1961（昭和36）年8月18日
1973（昭和48）年2月1日
1983（昭和58）年4月8日 など

噴火後数年間は雨による土石流が発生しやすい

過去2000年間に3回発生

大規模の噴火
噴出物量（100万～数億立方メートル）

予想される災害現象

火山ガス、噴石、空振、火山灰、降雨時の土石流、
火砕流・熱風（火砕サージ）、融雪型火山泥流、
洪水、溶岩流 など

対応する噴火の例　1108（天仁元）年
1783（天明3）年 など

天明の噴火のような大規模な噴火は、過去2000年間に3回起こっています。

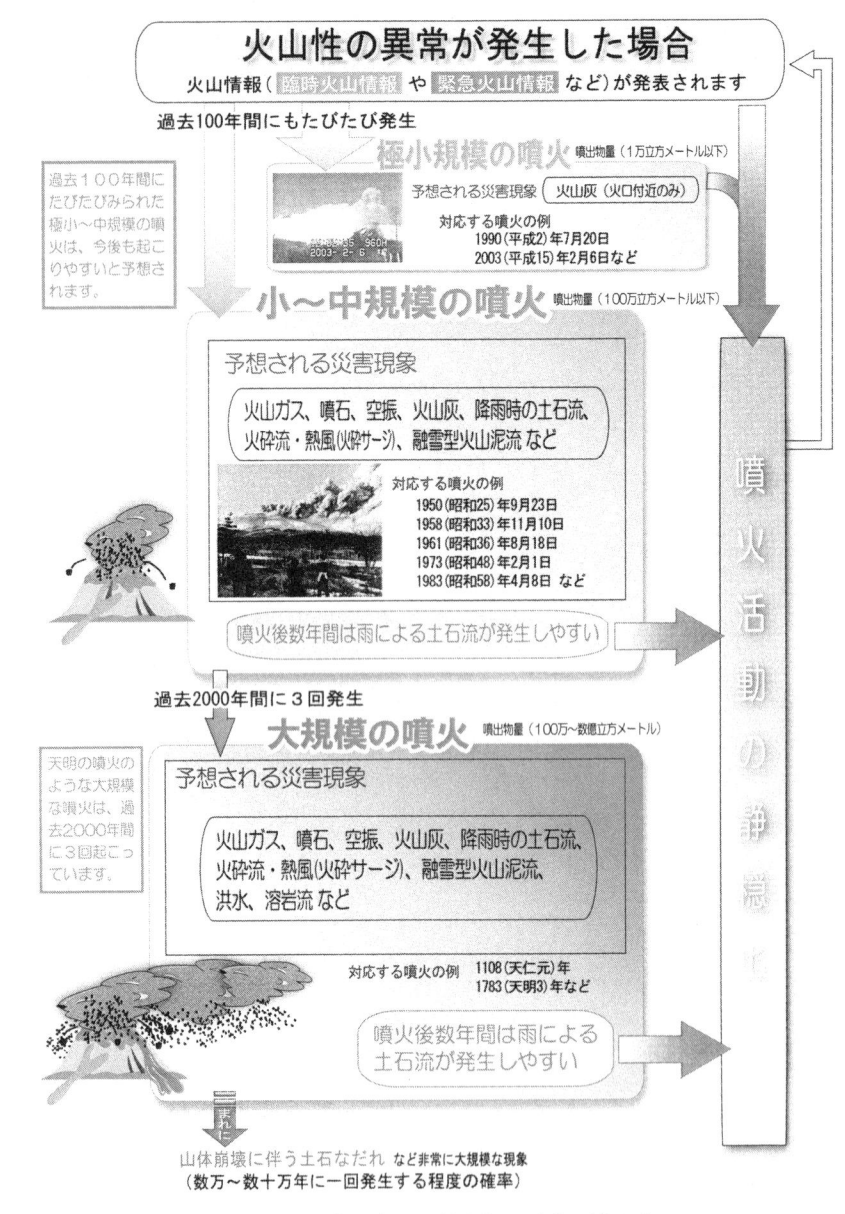

噴火後数年間は雨による土石流が発生しやすい

噴火活動の鎮静化

山体崩壊に伴う土石なだれ など非常に大規模な現象
（数万～数十万年に一回発生する程度の確率）

図6.4　浅間山で予想される噴火の進み方
（浅間山ハザードマップ検討委員会監修，2003）

第6章　浅間山の火山防災マップと防災対策

火山活動度レベルの区分け

下の表は、全国の標準的な区分けを示しています。
浅間山の火山活動度レベルは『浅間山火山防災マップ』に掲載しています。

◎「火山活動度レベル」は火山が静穏な時期も含めて、常にどれかのレベル値が設定されます。
◎火山活動度レベルの現況は、最新の「火山情報」の中に必ず記されています。

レベル	火山の状態	イメージ	レベル	火山の状態	イメージ
5	極めて大規模な噴火活動等。広域で警戒が必要。		2	やや活発な火山活動。火山活動の状態を見守っていく必要がある。	
4	中〜大規模噴火活動等。火口から離れた地域にも影響の可能性があり、警戒が必要。		1	静穏な火山活動。噴火の兆候はない。	
3	小〜中規模噴火活動等。火山活動に十分注意する必要がある。		0	長期間火山の活動の兆候がない。	

火山情報

◎火山に異常がある場合に気象庁から発表されます。
気象庁のホームページ　http://www.jma.go.jp/

情報の種類		どう対応したらよいか
緊急火山情報　レベル4や5へ上昇した時は、原則として緊急火山情報で発表されます。	生命、身体にかかわる火山活動が発生した場合、あるいはそのおそれがある場合に随時発表	天気予報に例えれば、警報に相当します。いつでも避難できる準備をしてニュースや役場からの広報をよくききましょう。
臨時火山情報　レベル3へ上昇した時は、原則として臨時火山情報で発表されます。	火山活動に異常が発生し、注意が必要なときに随時発表	こちらは注意報に相当します。その後のニュースや役場からの広報など情報を入手して、浅間山の活動状況に注意しておきましょう。
火山観測情報　レベル1や2へ上昇またはレベルが下降した時は、原則として火山観測情報で発表されます。	緊急火山情報、臨時火山情報を補う場合や、火山活動に変化があった場合などに発表	臨時火山情報等が発表されて以降、その後の状況について定期的に発表されたり、火口周辺にのみ影響する極小規模の噴火など臨時火山情報に至らない場合に発表される情報です。以後の情報に注意しましょう
火山活動解説資料（毎月発表）	浅間山の火山活動の状況は、気象庁火山監視・情報センターから「火山活動解説資料」として毎月公表されています。気象庁ホームページでもご覧になれます。浅間山の異常の有無に関係なく毎月公表されます。浅間山の現在の活動状況や火山活動度レベルを知りたい方は、気象庁ホームページ等から入手しておきましょう。	

ポイント3
◎火山活動度のレベルが常時公表され、現在の火山活動状況が分かりやすくなりました。（2003年11月から運用を開始）
◎噴火しそうになったり、火山活動に異常が見られる場合には、気象庁から火山情報が発表されます。この火山情報は重要度に応じて3種類に分かれています。火山活動度レベルが変化する場合は火山情報が発表されます。

図6.5　火山活動度レベルと火山情報（国土交通省利根川水系砂防事務所，2003）

され、関係市町村より全戸配布された。

　浅間山でも国土交通省利根川水系砂防事務所・群馬県・長野県が「浅間山ハザードマップ検討委員会」（委員長・荒牧重雄東京大学名誉教授）を組織した。委員会の審議経過及び火山防災マップ2003年版は、国土交通省利根

川水系砂防事務所のホームページで閲覧できる。長野県佐久市・小諸市・軽井沢町・御代田町・群馬県長野原町・嬬恋村（2003）は、「浅間火山防災マップ2003年版，―活火山浅間山を知り，火山と共生するために―」を作成し、全戸配布した。

　図6.2は2003年版に掲載されている火山災害予想区域図（火山ハザードマップ）「小～中規模噴火の災害予想区域図」で、最近100年間に発生した規模の噴火を考慮して、想定火口・火山ガス・噴石・空振・火山灰（降灰）・降雨時の土石流と融雪型火山泥流・火砕流と熱風の予想範囲が示されている。

　図6.3は「大規模噴火の災害予想区域図」で、「もしも天明噴火のような大噴火が起きたら……」として、天明噴火（1783）と同規模噴火で発生が予想される様々な災害現象を1枚の図にしたものである。この図では、想定火口・火山ガス・噴石・空振・火山灰（降灰）・降雨時の土石流・火砕流と熱風・融雪型火山泥流・溶岩流の予想範囲が示されている。

　図6.4は「浅間山で予想される噴火の進み方」で、火山性の異常→極小規模噴火→小～中規模噴火（過去100年間にもたびたび発生）→大規模噴火（過去2000年間に3回）→山体崩壊に伴う土石なだれ（まれに）と分け、噴火現象の推移が説明されている。2004年8月に起こった噴火は微噴火である。各市町村別に避難施設の分布図・地区別の一覧表・防災関係機関連絡先などが示されている。

　国土交通省利根川水系砂防事務所は「2003年版火山防災マップ早わかりガイドブック」を作成し、図6.5は「火山活動度レベルと火山情報」を示している。

3　火山活動度レベルと火山情報

　気象庁では、全国の活火山の活動を火山監視・情報センター（全国を4地区に分割監視）において、24時間常時監視し、火山の活動状態に異常な変化があれば、必要に応じて火山情報を発表している。平成15年（2003）11月4日より、火山情報の中で「火山活動度レベル」の提供を開始した。

表 6.1 浅間山の火山活動度レベル（気象庁，2003）

レベル	火山の状態	噴火の形態	事例（活動履歴）
5	広範囲まで及ぶ大規模噴火が発生または可能性 遠方まで火砕流または溶岩流が到達して広域に影響するような大規模噴火が発生した。または、上記のような噴火の可能性がある。	山麓まで噴出物が降下、溶岩流の流出、火砕流の発生の可能性がある。	・天仁、天明の大噴火（山麓まで火砕流、岩屑なだれ）
4	山麓まで及ぶ中～大規模噴火が発生または可能性 遠方まで噴石が飛散、あるいは火砕流または溶岩流など、居住地まで影響するような中～大規模噴火が発生した。または、上記のような噴火の可能性がある。	山頂火口から3km以遠、山麓まで噴出物が降下、空振の影響の可能性がある。小規模の火砕流もあり得る。	・1950年9月23日の噴火（火口から8km以上離れた場所に噴石） ・1973年の噴火
3	山頂火口で小～中噴火が発生または可能性 小～中規模噴火が発生した。または地震が群発したり、火映、鳴動が観測されるなど小～中規模噴火の発生の可能性がある。	山頂火口から2～3km程度以内まで、噴石を飛散したりごく小規模な火砕流を伴う噴火もあり得る。	・1983年4月8日の噴火（空振で山麓のガラスなどに被害） ・2000年9月、2002年6月の地震群発
2	やや活発な火山活動 噴煙がやや多くなったり、火山性地震が時々多発、微動が発生するなど火山活動がやや活発である。	火山性ガスの顕著な放出や微小な噴火（火山灰の放出など）があり得る。山頂火口付近に微量の火山灰の噴出もあり得る。	・2002年5月以降の噴煙活動の活発化、火口の温度上昇 ・1990、2003年の微噴火
1	静穏な火山活動 噴煙は比較的少なく、火山性地震も群発が時折発生するものの、その規模は小さく、火山性微動の発生も少ない。	噴火可能性低い。	・静穏な活動期のほとんど
0	長期間火山の活動の徴候なし 噴煙がなく、火山性地震・微動もほとんど発生しない。	噴火可能性なし。	

　火山活動度レベルとは、火山活動の程度と防災体制の必要性を0～5の6段階の数値で示したものである。各々の火山の状態や噴火の様態を考慮し、各火山の火山活動度レベルを定めており、表6.1は浅間山の火山活動度レベルを示している。

コラム8

浅間山の火山観測
―近代的火山観測の発祥地―

　浅間山は明治以降も噴火活動が活発であったため、日本の火山の中では、もっとも早い時期から火山観測が行われてきた。明治21年（1888）に長野県立長野測候所が設立され、翌年の明治22年に浅間山の最初の噴火調査が実施された。明治42年（1909）から顕著な噴火が相次いで発表したため、長野県の大山綱昌知事が震災予防調査会に火山観測所の設立を要望した。この要望を受けて、明治44年（1911）8月26日、浅間山の山頂付近の西南西山腹・湯の平高原に我が国最初の火山観測所である「浅間火山（湯の平）観測所」が建設された。当時の文部省震災予防調査会と長野県立長野測候所（現，長野地方気象台）の協力で、火山観測業務が開始された。この観測所は、地震や噴火の観測を行う場所としては適していたが、標高約2000mの湯の平高原にあったため、冬期間の観測は困難を極めた。また、噴火時には噴石の落下範囲内となるため、観測所の周辺に噴石が度々落下した。このため、一時は観測所を閉鎖し、待避したこともあり、必ずしも安全な施設とはいえなかった。

　大正12年（1923）7月に、冬季観測所として「浅間火山追分観測所」が北佐久郡西長倉村大字追分（現，軽井沢町追分）地区に建設され、同年11月1日から通年の常時観測（地震・気象）が開始された。なお、湯の平観測所における観測は昭和4年（1929）に中止され、観測所の建物は昭和22年（1947）8月14日の噴火により焼失した。浅間火山追分観測所は大正15年（1926）に長野測候所追分支所となり、昭和14年（1939）に気象観測業務が国（気象庁）へ移管されたため、「中央気象台追分観測所」（正式には昭和16年）となった。昭和22年（1947）に中央気象台の機構改革により、追分観測所は軽井沢観測所へ統合され、昭和25年（1950）に軽井沢測候所と改称された。

　昭和8年（1933）には、浅間山中腹の峰の茶屋（標高1406m）に東京大学地震研究所の付属施設として、「浅間火山観測所」（現火山噴火予知研究推進センター浅間火山観測所）が設立され、本格的な火山観測が始まった。
（軽井沢測候所，東京大学地震研究所のホームページなどから編集した。1章1節や寺田寅彦の随筆も参照して下さい。）

あとがき —謝辞—

　本書は、実に多くの方々と議論させて頂いた結果をまとめたものである。
　第一に、すでに他界された萩原進先生（1923-2007）で、前橋市のご自宅に何度もお邪魔し、天明噴火の史料について懇切・丁寧なご指導を受けた。
　第二に、東京大学名誉教授・山梨県環境科学研究所所長の荒牧重雄先生で、浅間山の調査を始めた1991年頃、当時の北海道大学の研究室に訪ねた。その時には、柳井沼の存在と「鎌原」の中腹噴火の可能性について議論させて頂いた。それ以来、浅間山の現地を含めて、火山学に対する実に多くのご指導と議論をさせて頂いている。
　次に、浅間山の天明噴火に伴う土砂災害の調査を依頼され、一緒に調査を実施した建設省土木研究所砂防研究室の石川芳治室長（現東京農工大学大学院共生科学技術研究院教授）、山田孝主任研究員（現三重大学大学院生物資源学研究科准教授）、群馬県土木部砂防課・中之条土木事務所、長野県土木部砂防課・佐久建設事務所、財団法人砂防・地すべり技術センター総合防災部の安養寺信夫部長などの関係各位に感謝致したい。
　群馬県埋蔵文化財調査事業団の津金澤吉茂事務局長・関俊明研究員（現長野原町立東中学校教諭）を始めとする関係各位には、八ツ場ダムの発掘調査現場を含め、多くの現地を案内して頂いた。嬬恋郷土資料館の松島榮治名誉館長、群馬県立歴史博物館の古澤勝幸学芸員（現群馬県前橋市立箱田中学校教諭）、長野原町営浅間火山博物館の早川智也学芸員（現日本工営株式会社札幌支店）、中之条町歴史民俗資料館の唐澤定市館長、高崎市立かみつけの里郷土資料館、長野県御代田町立浅間縄文ミュージアムの堤隆博士、埼玉県の近世災害碑を調査されている高瀬正станный、災害史を研究されている永井九一氏、茨城県境町歴史民俗資料館、千葉県立関宿城博物館の斉藤仁上席研究員と石田年子客員研究員、鈴木堯士高知大学名誉教授、寺田寅彦記念館、伊能

忠敬記念館、東京都葛飾区郷土と天文の博物館、及び、群馬県文書館、東吾妻町教育委員会など各地の市町村教育委員会や図書館などには多くの史料や絵図を見せて頂き、ご教授頂くとともに、写真撮影・コピーを取らせて頂いた。

　また、群馬大学教育学部の早川由紀夫教授、日本大学文理学部の安井真也講師、アジア航測株式会社の千葉達郎博士、埼玉県立自然の博物館の井上素子学芸員、国土防災株式会社技術本部の小菅尉多副本部長、（有）山川事務所の山川克己氏、お茶の水女子大学大学教育研究特設センターの大浦瑞代さん、日本地形学連合の 2003 年秋季大会巡検（9月 23-24 日）の参加者など、非常に多くの方々と現地で議論をさせて頂いた。

　本書を作成するに当たっては、国土交通省関東地方整備局の佐藤一幸事務所長（『天明三年浅間焼け』からの転載を認めて頂いた）、一緒に浅間山の調査をした日本工営株式会社や財団法人砂防フロンティア整備推進機構などの関係各位に大変お世話になった。

　以上の方々に深く感謝致すとともに、鎌原土石なだれ・天明泥流の発生・流下・堆積機構が解明される日を待ちたいと思う。

　本書の原稿を書き上げて、校正をしている最中に、再度何箇所かの慰霊塔をめぐるとともに、萩原先生の収集・整理された史料を読み返してみた。浅間山の天明噴火による土砂災害は、天明飢饉と重なり、極めて激甚な打撃を利根川流域に与えた。復興にあたっては、為政者（幕府や藩）だけでなく、各地の篤志家や一般住民も流死体の弔いや被災民の救護活動を行っている。封建社会であるが、地域社会の充実と仏教思想の加護を強く感じた。現在の社会で、天明噴火と同様な激甚な災害が発生した時に、地域社会は健全に働くであろうか。防災技術や交通・通信手段は格段に進歩した。しかし、少子高齢化、過疎化などによって、地域社会の防災力は、確実に低下しているように思われる。

　　　平成 21 年 2 月

　　　　　　　　　　　　　　　　　　　　　　　井上　公夫

引用・参考文献一覧

吾妻町教育委員会（1983）：唐堀遺跡，30p.
赤松宗旦原著・津本新博訳（1980）：利根川図志，—板東太郎の流域紀行—，教育社新書〈原本現代訳〉103，276p.
浅間火山博物館（1995）：浅間山の観察手帳，42p.
浅間山麓埋没村落総合調査会・東京新聞編集局特別報道部編（1980）：嬬恋・日本のポンペイ，東京新聞出版局，183p.
浅間山麓埋没村落総合調査会・東京新聞編集局特別報道部編（1992）：嬬恋・日本のポンペイ（最終増補版），東京新聞出版局，183p.
浅間縄文ミュージアム（2004）：浅間嶽大焼，94p.
浅間山火山噴火災害危険区域予測図作成検討委員会監修（1995）：浅間山火山防災マップ1995年版，長野県佐久市・小諸市・軽井沢町・御代田町・群馬県長野原町・嬬恋村，調査・製作：国際航業株式会社
浅間山真楽寺（2002）：真楽寺三重塔および諸堂調査修理報告書，131p.
浅間山ハザードマップ検討委員会（2003）：『浅間火山防災マップ2003年版』
あさを社（1982）：緑よみがえった鎌原，—クロノボウへの叙事—，（改訂版），上州文庫6，159p.
浅間山ハザードマップ検討委員会監修（2003）：浅間火山防災マップ2003年版，—活火山浅間山を知り，火山と共生するために—，国土交通省利根川水系砂防事務所のホームページ参照.
新井房夫（1962）：関東盆地北西地域の第四紀編年，群馬大紀要自然科学編，10号，p.1-10.
新井房夫（1967）：前橋泥流の噴出年代と岩宿I文化期，—日本の第四紀層の14C年代XXXXⅡ—，地球科学，21巻，p.46-47.
新井房夫（1972）：斜方輝石・角閃石の屈折率によるテフラの同定，—テフロクロノロジーの基礎的研究—，第四紀研究，11巻 p.254-269.
新井房夫（1979）：関東地方北西部の縄文時代以降の示標テフラ層，考古学ジャーナル，157号，p.41-52.
新井房夫（1993a）：温度一定型屈折率測定法，日本第四紀学会編「第四紀試料分析法－研究対象別分析法」，p.138-148.
新井房夫（1993b）：火山灰考古学，古今書院，264p.
Aramaki S. (1956)：The 1783 activity of Asama Volcano. Part 1, Japan Jour. Geol. Geogr., 27, p.189-229.
Aramaki S. (1957)：The 1783 activity of Asama Volcano. Part 2, Japan Jour. Geol. Geogr., 28, p.11-33.
Aramaki S. (1963)：Geology of Asama Volcano. J.Fac,Sci. Univ.Tokyo, Sect.2, 14, p.229-443.
荒牧重雄（1968）：浅間火山の地質（地質図付），地団研専報，14巻45p.（1993年に地質調査所より『浅間山火山地質図』として発行されている）
荒牧重雄（1973）：浅間火山1973年2〜3月の噴火の際に発生した小型火砕流，火山，18巻，p.79-94.

荒牧重雄（1978）：浅間火山，アーバンクボタ，15号，p.10-11．
荒牧重雄（1980）：浅間火山の火砕流災害，月刊地球，18巻，p.421-429．
荒牧重雄（1981）：浅間火山の活動史，噴出物および Disaster Map と災害評価，噴火災害の特性と Hazard Map の作製及びそれによる噴火災害の予測の研究，文部省科学研究費自然災害特別研究，No.A-56-1，p.50-82．
荒牧重雄（1982）：Ⅲ　火山学的考察(2)，―堆積物の分析を中心に―，天明3年（1783）浅間山大噴火による埋没村落（鎌原村）の発掘調査，文部省科学研究費特別研究（A），p.25-36．
荒牧重雄（1986）：火山災害と災害予測図，測量，1986年9月号，p.12-18．
荒牧重雄（1990a）：浅間火山の成長史の総括と問題点，1990年度日本火山学会講演要旨集，No.2，p.57．
荒牧重雄（1990b）：浅間火山天明・天仁の噴火の総括と問題点，1990年度日本火山学会講演要旨集，No.2，p.62．
荒牧重雄（1993a, 第4刷, 2001）：浅間天明の噴火の推移と問題点，新井房夫編，火山灰考古学，古今書院，p.83-110．
荒牧重雄（1993b）：浅間山火山地質図，裏面説明書，地質調査所
荒牧重雄・中村一明（1969）：浅間火山前掛山1281年(？)の噴出物の14 C 年代，地球科学，23巻，p.141．
荒牧重雄・早川由紀夫（1982）：1982年4月26日浅間火山噴火の降下火山灰，火山，27巻，p.203-215．
荒牧重雄・早川由紀夫・鎌田桂子・松島榮治（1986）：浅間火山鎌原火砕流／岩屑流堆積物の発掘調査，火山噴火に伴う乾燥粉体流（火砕流等）の特性と災害，文部省科学研究費自然災害特別研究，No.A-61-1，p.247-288．
荒牧重雄・安井真也・小屋口剛博・草野加奈子（1998）：古記録・古文書に残された浅間天明3年の降下火砕流堆積物の層厚，火山，43巻4号，p.223-237．
荒牧重雄・安井真也・草野加奈子・小屋口剛博（1995）：浅間火山天明降下火砕物の層序と分布，―古文書の信頼性の検討―，火山学会秋季講演予稿集，B17，p.67．
荒牧重雄・高橋正樹・市川八州夫・浅香尚英（1990）：浅間火山天明・天仁噴出物の全岩化学組成，1990年度日本火山学会講演要旨集，No.2，p.63．
荒牧重雄・山科健一郎・高橋正樹（1990）：浅間火山，日本火山学会1990年度秋季大会野外討論会資料
安中市史刊行委員会編（2003）：安中市史，第二巻，通史編，1102p．
安養寺信夫・小菅尉多・山下伸太郎（1991）：天明3年吾妻泥流の流下過程と流動機構，平成3年度砂防学会講演予稿集，p.352-355．
飯森康広（2003）：下原遺跡の中世掘立柱建物跡と焼土・墓・土抗をめぐる景観，―イロリを伴うとみられる掘立柱建物跡を前提として―，群馬県埋蔵文化財調査事業団：群馬県埋蔵文化財調査事業団調査報告書319集，八ツ場ダム建設工事に伴う埋蔵文化財発掘調査報告書第3集，久々戸遺跡・中棚遺跡・下原遺跡・横壁中村遺跡，p.408-420．
飯森康広・池田政志・関俊明（2004）：八ツ場遺跡散策，埋文群馬，42号，群馬県埋蔵文化財調査事業団，p.4-8．
池澤夏樹（1993）：真昼のプリニウス，中公文庫，265p．
石川芳治・山田孝・井上公夫・山川克巳（1991）：浅間山天明火山泥流の流下範囲と噴出箇所について(1)，火山学会講演予稿集，1991年春季，p.20．
石川芳治・山田孝・井上公夫・山川克巳（1992）：浅間山天明火山泥流の流下範囲と噴出箇所について(2)，火山学会講演予稿集，1992年春季，p.19．

石川芳治・山田孝・矢島重美（1992）：天明の浅間山噴火による鎌原火砕流と吾妻泥流の発生・流下の実態（第1報），土木技術資料，34号，p.32-39.
出雲崎町史編さん委員会（1999）：出雲崎町史，資料編，Ⅱ，近世（二），第一法規出版
伊勢崎市教育委員会（2003）：宮柴前遺跡，Ⅰ，Ⅱ，文化財調査報告書，第49集.
伊勢屋ふじこ（2003）：泥流の流動と逆級化構造の成因，群馬県埋蔵文化財調査事業団調査報告書319集，八ツ場ダム建設工事に伴う埋蔵文化財発掘調査報告書第3集，久々戸遺跡・中棚遺跡・下原遺跡・横壁中村遺跡，口絵，p.347-355.
磯部誌編集委員会（1990）：磯部誌，磯部地誌刊行会，550p.
井上公夫(1992)：書評，萩原進編『浅間山天明噴火史料集成』（第1－第3巻），第四紀研究，31巻2号，p.121.
井上公夫（1993）：4 浅間山天明噴火時の鎌原火砕流から泥流に変化した土砂移動の実態，地形発達史からみた大規模土砂移動に関する研究，京都大学農学部学位論文（論農博），p.90-134.
井上公夫（1995）：浅間山天明噴火時の鎌原火砕流から泥流に変化した土砂移動の実態，こうえいフォーラム，4号，p.25-46.
井上公夫(1999)：1792年の島原四月朔地震と島原大変後の地形変化,砂防学会誌,52巻4号，p.45-54.
井上公夫（2001）：地形変化と土砂災害，展示通信「歴史・災害・人間」，4号，p.6-11.
井上公夫（2003）：浅間山天明噴火時の鎌原土石なだれから天明泥流に変化した土砂移動の実態，日本地形学連合2003年秋季大会シンポジウム講演要旨，地形，24巻4号，p.454.
井上公夫（2004）：浅間山天明噴火と鎌原土石なだれ，地理，2004年5月号，表紙，口絵カラー，p.1-4, 本文，p.85-97.
井上公夫（2006a）：浅間山天明噴火と鎌原土石なだれ，平成16年度外部発表概要集，日本工営株式会社，p.269-285.
井上公夫（2006b）：事例10 1792年の島原四月朔地震と眉山の山体崩壊，建設技術者のための土砂災害の地形判読実例問題 中・上級編，古今書院，p.55-58.
井上公夫（2006c）：コラム寺田寅彦『天災は忘れられたる頃来たる』，建設技術者のための土砂災害の地形判読実例問題 中・上級編，古今書院，p.96
井上公夫（2007）：富士山宝永噴火（1707）後の長期間に及んだ土砂災害，荒牧重雄・藤井敏嗣・中田節也・宮地直道編集：富士火山，山梨県環境科学研究所，p.427-439.
井上公夫（2008）：寺田寅彦の浅間山観察,寺田寅彦記念館友の会,槲（かしわ），56号,p.18-21.
井上公夫・石川芳治・山田孝・矢島重美・山川克己（1994）：浅間山天明噴火時の鎌原火砕流から泥流に変化した土砂移動の実態，応用地質，35巻1号，p.12-30.
井上公夫・古澤勝幸・荒牧重雄（2003）：2.3 浅間山の天明噴火，ドキュメント災害史1703-2003―地震・噴火・津波，そして復興―，国立歴史民俗博物館，p.83-94.
井上公夫・山川克己（2003）：浅間山天明噴火時の鎌原土石なだれから天明泥流に変化した土砂移動の実態，日本地形学連合2003年秋季大会，巡検案内資料・シンポジウム要旨，「浅間山の噴火様式と山麓の地形」，p.10-11，p.14-17，p.22-41，p.62-68.
井上公夫・向山栄（2007）：建設技術者のための地形図判読演習帳 初・中級編，古今書院，82p.
井上公夫・松尾卓次・北原糸子・杉本伸一・平尾明（2007）：1792年の島原大変による地形変化と被災状況，災害復興の経緯を見学する，国際火山都市会議島原大会，COV5 in Shimabara，現地見学会，A8コース，24p.
井上素子（1996）：鬼押出し溶岩流は火砕噴火起源か,日本火山学会講演予稿集，1996秋季，p.170.

井上素子（1998MS）：浅間火山鬼押出し溶岩流の構造，金沢大学大学院文学研究科史学専攻地理学教室修士論文，70p.
井上素子（2002）：浅間火山鬼押出溶岩流の全岩化学組成変化，金沢大学文学部地理学報告，10号，p.17-23.
井上素子（2006）：火砕成溶岩流としての鬼押出溶岩流，月刊地球28巻4号，p.223-230.
井上素子・守屋以智雄（2002）：浅間火山鬼押出し溶岩流は火砕物の2次流動？（演旨），62号，p.154.
今井博・三ヶ田均（1982）：1783年天明三年浅間火山噴火に伴うテフラと古文書の研究，火山，27巻，p.27-43.
岩島村誌編さん委員会（1971）：岩島村誌，p.355.
海上町（1988）：海上町史史料編　近世Ⅱ『天明凶災録』，p.487-494
Endo K., Koyaguchi T., Miyaji N., Takahashi M., Ukawa M. & Yasui M. (2003) : Asama and Fuji Volcano, IUGG2003, Field Trip Guidebook, p.37-65.
大石慎三郎（1986）：天明三年浅間山大噴火，日本のポンペイ鎌原村発掘，角川選書，No.174, 197p.
大石慎三郎・松島榮治・菊池勇夫（1995）：第52回企画展「天明の浅間焼け」，群馬県立歴史博物館，p.1-91.
大浦瑞代（2002）：天明三年浅間山噴火災害絵図の分析，お茶の水女子大学人間文化研究科修士論文
大浦瑞代（2006）：第3章第3節　災害の記録と記憶，内閣府中央防災会議災害教訓の継承に関する専門調査会『1783天明浅間山噴火報告書』，p.154-180.
Oura M. (2007) : Hazard Perceptions Observed in Stone Structures Built After Eruptions of Mt, Asama in the 3 rd Tear of the Tenmei Era, 1783, 33-p-14, COV5 in Shimabara,
大浦瑞代（2008）：天明浅間山噴火災害絵図の読解による泥流の流下特性，—中之条盆地における泥流範囲復原から—，歴史地理学，50巻2号，p.1-21.
大熊孝（1981a）：天明3年浅間山の噴火と幕末の治水問題，利根川治水の変遷と水害，東京大学出版会，p.63-105.
大熊孝（1981b）：近世初頭の河川改修と浅間山噴火の影響，アーバンクボタ，19号，p.18-31.
大矢雅彦・坂田篤稔・新井達也・井上素子（2004）：火山活動が河川に及ぼす影響—天明3(1783)年の浅間の活動による利根川への河床礫の分布—，葛飾区郷土と天文の博物館紀要，10号，p.5-15.
大矢雅彦・坂田篤稔・新井達也・井上素子（2005）：火山活動が河川に及ぼす影響—浅間火山天明3年噴火が利根川中流域に与えた影響について—，平成16年度河川整備基金助成事業報告書，45p.
岡田勝太郎（1993）：名代官の虚像と実像，再考「天明の大飢饉と庄川杢左衛門」114p.
岡田勝太郎編（2001）：年表江戸時代の銚子，123p.
沖津弘良（2003）：道しるべにみる草津道，群馬県埋蔵文化財調査事業団：群馬県埋蔵文化財調査事業団調査報告書319集，八ツ場ダム建設工事に伴う埋蔵文化財発掘調査報告書，第3集[本文編]，久々戸遺跡・中棚遺跡・下原遺跡・横壁中村遺跡，p.385-393.
小倉章・荒牧重雄・安井真也（1996）：浅間火山鎌原火砕流/岩砕流堆積物西部の微地形と地質（演旨），1996年度地球惑星科学関連学会合同大会予稿集，p.400.
小野和之（2004）：江戸時代天明三年の浅間山泥流に埋没した建物の調査から，—群馬県佐波郡玉村町上福島中町遺跡で発見された建物について—，研究紀要，22号，群馬県埋蔵文化財調査事業団，p.401-410.
小野里良治（1980）：火の山，あさを社，279p.

葛飾区郷土と天文の博物館（2003a）：開館記念展葛飾柴又展，35p.
葛飾区郷土と天文の博物館（2003b）：葛飾区の民族Ⅳ，洪水の記憶，51p.
葛飾区郷土と天文の博物館・荒川知水資料館（2003）：川の手　放水路のある風景，—東京低地の川と地域の変貌を探る—，144p.
葛飾区郷土と天文の博物館（2007）：特別展諸国洪水川々満水，—カスリーン台風の教訓—，145p.
かみつけの里博物館（2006）：第14回特別展図録　はるな30年物語，—古墳時代に榛名山が大噴火した　災害と向き合うヒト，そして復興へ—，100p.
かみつけの里博物館（2007）：第16回特別展図録　最新の遺跡発掘調査からみた江戸時代浅間山大噴火，—224年前におきた火山災害，西上州に生きた人々，その暮らしぶり—，80p.
軽井沢町総務課（2003）：浅間山火山防災マップ（軽井沢町版），浅間山ハザードマップ検討委員会監修
菊池万雄（1980a）：天明3年浅間山噴火，日本の歴史災害　江戸時代後期の寺院過去帳による実証—，古今書院，p.32-94.
菊池万雄（1980b）：天明3年浅間山噴火とその被害，日大研究紀要，p.31-52.
菊池清人（1984）：浅間山の噴火と八ヶ岳の崩壊，千曲川文庫6，201p.
気象庁（1980b）：浅間火山，日本活火山総覧，p.191-211.
気象庁（1991作成，1996発行）：日本活火山総覧（第2版），501p.
気象庁（2003）：火山噴火活動度レベル，気象庁ホームページより
気象庁（2005）：43.浅間山，日本活火山総覧（第3版），p.270-288.
北原糸子（1999）：災害絵図研究試論，—18世紀後半から19世紀の日本における災害事例を中心に—，国立歴史民俗博物館研究報告，81号，p.57-100.
北原糸子（2003）：災害絵図研究試論，塙書房，p.43-86.
北原糸子（2006）：第3章第2節　噴火災害と復興，内閣府中央防災会議災害教訓の継承に関する専門調査会『1783天明浅間山噴火報告書』，p.128-153.
北原糸子（2008）：ティツィング『日本風俗図誌』（一八二二）掲載の二点の火山噴火図について，歴史民俗資料学研究，13号，p.269-298.，神奈川大学大学院歴史民俗資料学研究科
久城育夫・荒牧重雄・青木謙一郎（1989）：日本の火成岩，東京大学出版会，p.9-18.
栗原良輔（1943）：利根川治水史，官界公論社，331p.
群馬県嬬恋村教育委員会（1981）：鎌原遺跡発掘調査概報，—浅間山噴火による埋没村落の研究—，41p.
群馬県嬬恋村教育委員会（1994）：埋没村落鎌原村発掘調査概報，—よみがえる延命寺—，53p..
群馬県吾妻郡嬬恋村教育委員会（1994）：延命寺発掘調査報告書，—浅間焼けにより埋没した寺院—，59p.，図版，40p.
群馬県土木部中之条土木事務所（1997a）：浅間山の噴火と防災，—浅間山を知り，浅間山と向き合って暮らすために—，製作／(財)砂防・地すべり技術センター，編集／日本工営株式会社，32p.，(同名の編集ビデオ有り)
群馬県土木部中之条土木事務所（1997b）：浅間山の噴火と防災，—わたしたちの郷土(小学生版)—，製作／財団法人砂防・地すべり技術センター，編集／日本工営株式会社，20p.
群馬県土木部中之条土木事務所・長野県佐久建設事務所（1993-95）：平成4-7年度浅間火山噴火警戒避難対策事業調査業務報告書，財団法人砂防・地すべり技術センター
群馬県・長野県（1995）：浅間山，—恐ろしい火山災害から地域を守る砂防—，財団法人砂防・

地すべり技術センター．22p．
群馬県長野原町（1995）：浅間山火山防災マップ 1995 年版，浅間山火山噴火災害危険区域予測図作成検討委員会監修，調査・製作：国際航業株式会社
群馬県埋蔵文化財調査事業団（1993）：小泉大塚越遺跡—玉村町立芝根小学校移転建設にともなう埋蔵文化財調査報告書
群馬県埋蔵文化財調査事業団（1995）：遺跡は今，長野原一本松遺跡，4p．
群馬県埋蔵文化財調査事業団（1996a）：遺跡は今，2 号，長野原一本松遺跡［人々の集まる村］，4p．
群馬県埋蔵文化財調査事業団（1996b）：遺跡は今，3 号，横壁中村遺跡［ムラのまつりの場］，4p．
群馬県埋蔵文化財調査事業団（1996c）：遺跡は今，4 号，出土文化財巡回展示会特集［次々と見つかる縄文人の祈りの場］，8p．
群馬県埋蔵文化財調査事業団（1997a）：遺跡は今，5 号，天明 3 年 8 月 5 日の泥流に埋った畑，8p．
群馬県埋蔵文化財調査事業団（1997b）：白倉下原・天引向原遺跡，V，発掘調査報告書，第 222 集．
群馬県埋蔵文化財調査事業団（1998）：遺跡は今，6 号，横壁中村遺跡のウッドサークルと黒曜石，8p．
群馬県埋蔵文化財調査事業団（1999）：遺跡は今，7 号，横壁中村遺跡で見つかった大型敷石住居跡，4p．
群馬県埋蔵文化財調査事業団（2000a）：遺跡は今，8 号，横壁中村遺跡で見つかった中世の館，4p．
群馬県埋蔵文化財調査事業団（2000b）：遺跡は今，9 号，徐々に遡る長野原の歴史，4p．
群馬県埋蔵文化財調査事業団（2000c）：遺跡は今，10 号，発掘された天明三年畑跡の特集，8p．
群馬県埋蔵文化財調査事業団・群馬県教育委員会（2001）：上福島中町遺跡現地説明会資料・泥流の下から現れた江戸時代の家と屋敷，4p．
群馬県埋蔵文化財調査事業団（2002a）：遺跡は今，11 号，稲作農耕がはじまった頃の西吾妻，8p．
群馬県埋蔵文化財調査事業団（2002b）：福島曲戸遺跡・上福島遺跡，発掘調査報告書，第 309 集．
群馬県埋蔵文化財調査事業団（2003a）：遺跡は今，12 号，上郷岡原遺跡の調査，8p．
群馬県埋蔵文化財調査事業団（2003b）：上福島中町遺跡，発掘調査報告書，第 318 集．
群馬県埋蔵文化財調査事業団（2003c）：群馬県埋蔵文化財調査事業団調査報告書 319 集，八ツ場ダム建設工事に伴う埋蔵文化財発掘調査報告書第 3 集［本文編］，久々戸遺跡・中棚遺跡・下原遺跡・横壁中村遺跡—天明三年浅間災害に埋もれた畑地景観と中世遺稿の発掘調査—，434p．，写真図版，24p．
群馬県埋蔵文化財調査事業団（2004a）：遺跡は今，13 号，特集「長野原の縄文から弥生へ」，8p．
群馬県埋蔵文化財調査事業団（2004b）：群馬県埋蔵文化財調査事業団調査報告書 349 集，八ツ場ダム建設工事に伴う埋蔵文化財発掘調査報告書第 4 集，久々戸遺跡 (2)・中棚 II 遺跡 (2)・西ノ上遺跡・上郷 A 遺跡，127p．，写真図版，38p．
群馬県埋蔵文化財調査事業団（2005）：群馬県埋蔵文化財調査事業団調査報告書 356 集，八ツ場ダム建設工事に伴う埋蔵文化財発掘調査報告書第 6 集，川原湯勝沼遺跡 (2)，発掘調査報告書，第 356 集．
群馬県埋蔵文化財調査事業団（2006a）：遺跡は今，14 号，8p．

群馬県埋蔵文化財調査事業団（2006b）：群馬県埋蔵文化財調査事業団調査報告書368集，八ツ場ダム建設工事に伴う埋蔵文化財発掘調査報告書第7集，横壁中村遺跡（3），本文201p.，写真図版，98p.
群馬県埋蔵文化財調査事業団（2007a）：遺跡は今，15号，特集「平成18年度の成果」8p.
群馬県埋蔵文化財調査事業団（2007b）：群馬県埋蔵文化財調査事業団調査報告書410集，八ツ場ダム建設工事に伴う埋蔵文化財発掘調査報告書第16集，上郷岡原遺跡（1），―天明三年の浅間山泥流に埋もれた麻畑・水田・家屋―，第1分冊：本文・遺構図版編，227p.，弟2分冊：遺構写真編，128p.，第3分冊：遺物図版写真編，206p.，弟4分冊：自然科学分析編，82p.，付図；全体図・拡大図
群馬県歴史散歩の会（1981）：特集天明三年浅間山噴火供養碑・記念碑，群馬歴史散歩，48号，p.2-64.
群馬県立歴史博物館（1995）：第52回企画展図録，「天明の浅間焼け」，91p.
建設省河川局（1986）：建設省河川砂防技術基準（案）・調査編，第6章 粗度係数及び水位計算，p.173-197.
建設省河川局砂防部（1992）：火山砂防予想区域図作成指針（案），平成4年度火山砂防計画策定指針（案）等に関する講習会テキスト，財団法人砂防・地すべり技術センター，p.51-89.
建設省関東地方建設局八ツ場ダム工事事務所（1991-93）：平成2-4年度火山活動に関するダムへの影響調査報告書，財団法人国土開発技術センター
建設省関東地方建設局利根川水系砂防工事事務所（1988）：天明三年浅間火山災害調査業務委託報告書，日本工営株式会社
建設省利根川水系砂防工事事務所（1990）：浅間火山調査報告書，（財）砂防・地すべり技術センター，215p.
建設省土木研究所（1990）：火山噴火による火砕流災害対策確立のための調査報告書
建設省土木研究所砂防研究室（1991）：浅間山火山泥流災害調査報告書，日本工営株式会社
建設省土木研究所砂防研究室（1992）：浅間山火砕流実態調査報告書，日本工営株式会社
国土交通省利根川水系砂防事務所（2002）：浅間山天明噴火における火山災害調査業務報告書
国土交通省利根川水系砂防事務所（2003）：2003年版火山防災マップ早わかりガイドブック，（財）砂防・地すべり技術センター，8p.
国土交通省利根川水系砂防事務所（2004）：天明三年浅間焼け，製作／（財）砂防・地すべり技術センター，口絵，24p.，本文，119p.
国土庁（1987）：我が国の火山災害対策
国土庁（1991）：火山噴火災害危険区域予測図試作に関する作業報告書，153p.
国立歴史民俗博物館（2003）ドキュメント災害史1703-2003―地震・噴火・津波，そして復興―，167p.
小島一仁（1978）：伊能忠敬，三省堂選書39，208p.
小菅尉多（2006a）：コラム4 天明泥流の流れ，内閣府中央防災会議災害教訓の継承に関する専門調査会『1783天明浅間山噴火報告書』，p.91-97.
小菅尉多（2006b）：コラム5 天明泥流の土砂と水，内閣府中央防災会議災害教訓の継承に関する専門調査会『1783天明浅間山噴火報告書』，p.98-104.
小菅尉多・井上公夫（2007）：鎌原土石なだれと天明泥流の発生機構に関する問題提起，平成19年度砂防学会研究発表概要集，p.486-487.
児玉幸多（1982）：天明3年（1783）浅間山大噴火による埋没村落（鎌原村）の発掘調査，昭和56年度科学研究補助金（総合研究（A））研究成果報告書，学習院大学，62p.，図版，12p.

児玉幸多・大石慎三郎・斎藤洋一（1989）：天明三年浅間山噴火資料集，東京大学出版会，上，656p.，下，544p.
小林国夫（1978）：長野県小諸の浅間火山軽石流の14C年代，―日本の第四紀層の14C年代―，地球科学，79巻，p.17.
小諸市総務課（2003）：浅間山火山防災マップ（小諸市版），浅間山ハザードマップ検討委員会監修
小山真人・井村隆介・古川龍太（1995）：浅間ワークショップ報告，歴史噴火，11号，p.2-5.
財団法人国土開発技術研究センター（1993）：火山活動に関するダムへの影響調査，概要報告書，p.107.
斎藤洋一（2003）：天明上信一揆の再検討に向けて，信州農村開発史研究所報，84号，p.2-7.
三枝恭代・早川由紀夫（2001）嬬恋村鎌原における天明三年（1783年）浅間山噴火犠牲者供養の現状と住民の心理，歴史地震，17号，p.39-47.
酒井康弘（2006）：鬼押し出し溶岩流のナゾに迫る，星雲社，117p.
境町歴史民俗資料館（2007）：2007年秋企画展利根川東流と境河岸，14p.
坂寄冨士夫・関俊明（2003）：浅間荒れによる八ツ場地区の被害―長野原町と林村の文書から―，群馬県埋蔵文化財調査事業団調査報告書319集，八ツ場ダム建設工事に伴う埋蔵文化財発掘調査報告書，第3集[本文編]，久々戸遺跡・中棚遺跡・下原遺跡・横壁中村遺跡，p.394-398.
佐久市庶務課（2003）：浅間山火山防災マップ（佐久市版），浅間山ハザードマップ検討委員会監修
笹本正治（2003）：火山と国境の信仰，―浅間山と軽井沢―，早川由紀夫研究代表者，古記録・古文書と噴火堆積物の照合による日本火山の噴火史研究，平成12年度～14年度科学研究費補助金，研究成果報告書，p.45-52.
澤口宏（1983）：天明三年浅間山の大噴火と災害，地理，28巻4号，p.27-35.
澤口宏（1986）：天明三年浅間山火山爆発による泥流堆積物，中村遺跡，関越自動車道（新潟線）地域埋蔵文化財発掘調査報告書（KC-Ⅲ），渋川市教育委員会，P.510-518.
澤口宏（2000）：利根川東遷，―人によって作られた利根川の謎を探る―，上毛文庫，No.43，215p.
佐渡郡教育会（1974）：佐渡年代記，臨川書店
信濃毎日新聞社出版局（2002）：寛保2年の千曲川大洪水「戌の満水」を歩く，信濃毎日新聞社，206p.
篠崎四郎編（1981）：三、天明の大飢饉と庄川杢左衛門，銚子市史，国書刊行会，p.309-315
渋川市教育委員会・群馬県教育委員会・日本道路公団（1986）：中村遺跡，関越自動車道（新潟線）地域埋蔵文化財発掘調査報告書（KC-Ⅲ），518p.
渋川市教育委員会（1980）：中村遺跡，発掘調査報告書，第11集.
渋川市教育委員会（1998）：川島久保内・馬場遺跡，発掘調査報告書，第62集.
渋川市誌編さん委員会（1986）：石造物と文化財，308p.
渋川市誌編さん委員会（1993）：渋川市誌，第二巻，通史編上，原始～近世
渋川市誌編さん委員会（1995）：渋川市誌，第六巻，歴史資料編，近現代
下鶴大輔（1995）：火山灰降下火砕物に挟まれている土壌について，―浅間山天明テフラ下の土壌―，地学雑誌，104巻2号，p.254-266.
宗教法人回向院（1992）：回向院史，223p.
鈴木堯士（2003）：寺田寅彦の地球観，―忘れてはならない科学者―，高知新聞社，300p.
鈴木建夫・津久井雅志・荒牧重雄（1986）：鎌原火砕流本質岩塊の総量と粒度組成，火山噴出に伴う乾燥粉体流（火砕流等）の特性と災害，文部省科学研究費自然災害特別研究，

NO. A -61-1, p.239-245.
鈴木棠三編（1972）：根岸鎮衛著：耳袋，平凡社東洋文庫，No.207，410p., No.208, 375p.
鈴木隆介（2000）：建設技術者のための地形図読図入門，第3巻　段丘・丘陵・山地，第15章　集団移動地形，p.798.
鈴木隆介（2004）：建設技術者のための地形図読図入門，第4巻　火山・変動地形と応用読図，第18章　火山地形，p.952-954, p.1004-1005.
関俊明（2002）：農事「サクイレ」と降灰による川原湯勝沼遺跡の畝断面解釈，群馬県埋蔵文化財調査事業団発掘調査報告書，第303集，八ツ場ダム発掘調査集成（1），P.288-291.
関俊明（2003a）：7月27日〜29日降下浅間A軽石の「鍵層」としての位置づけ，研究紀要，21号，群馬県埋蔵文化財調査事業団，p.87-96.
関俊明（2003b）：八ツ場地区の天明泥流の流下，群馬県埋蔵文化財調査事業団調査報告書319集，八ツ場ダム建設工事に伴う埋蔵文化財発掘調査報告書，第3集[本文編]，久々戸遺跡・中棚遺跡・下原遺跡・横壁中村遺跡，p.308-320.
関俊明（2003c）：天明三年泥流畑の耕作状況，群馬県埋蔵文化財調査事業団：群馬県埋蔵文化財調査事業団調査報告書319集，八ツ場ダム建設工事に伴う埋蔵文化財発掘調査報告書，第3集[本文編]，久々戸遺跡・中棚遺跡・下原遺跡・横壁中村遺跡，p.356-380.
関俊明（2003d）：天明泥流に関する補完史料，―草津道と横壁の泥流被害―，群馬県埋蔵文化財調査事業団：群馬県埋蔵文化財調査事業団調査報告書319集，八ツ場ダム建設工事に伴う埋蔵文化財発掘調査報告書，第3集[本文編]，久々戸遺跡・中棚遺跡・下原遺跡・横壁中村遺跡，p.399-407.
関俊明（2005）：天明三年浅間山噴火災害遺跡の調査と成果，文化財レポート，日本歴史，2005年2月号，p.86-96.
関俊明（2006a）：天明泥流はどう流下したか，ぐんま史料研究, 24号, 群馬県立文書館, p.27-54.
関俊明（2006b）：第2章第3-8節，吾妻川・利根川沿岸の遺跡，中央防災会議災害教訓の継承に関する専門調査会『1783天明浅間山噴火』報告書，p.53-90.
関俊明（2007a）：『浅間山焼昇之記』，―信州上州天明三年（1783）浅間山噴火―，予報時報，231号，p.2-3.
関俊明（2007b）：天明泥流の流下，―史料を用いた経過と現象の整理―，かみつけの里博物館，第16回特別展図録「江戸時代浅間山大噴火」，p.55-66.
関俊明・石田真（2003）：遺跡内の天明泥流の流下，群馬県埋蔵文化財調査事業団：群馬県埋蔵文化財調査事業団調査報告書319集，八ツ場ダム建設工事に伴う埋蔵文化財発掘調査報告書，第3集[本文編]，久々戸遺跡・中棚遺跡・下原遺跡・横壁中村遺跡，p.321-346.
関俊明・中島直樹（2005）：玉村町における天明泥流到達範囲，研究紀要，23号，群馬県埋蔵文化財調査事業団，p.85-97.
関俊明・諸田康成（1999）：天明三年浅間災害に関する地域史的研究，―北関東地域に降下した浅間A軽石の降下日時の考古学的検証―，研究紀要，16号，群馬県埋蔵文化財調査事業団，p.43-60.
関口ふさの（1982）：緑よみがえった鎌原，上州文庫⑥，あさを社，160p. 関山直太郎（1959）：日本の人口，至文堂，230p.
早田勉（1990a）：浅間火山1783年噴火に伴う降下テフラ，1990年度日本火山学会講演要旨集，No.2, p.60.
早田勉（1990b）：群馬県の自然と風土，群馬県史，通史編，I, p.37-129.
早田勉（1991）：浅間火山の生い立ち. 佐久考古通信, 53号, p.2-7.
早田勉（1995）：テフラからさぐる浅間山の活動史，御代田町誌自然編，御代田町誌刊行会，

p.22-42.
早田勉（2003）：浅間山と榛名山の噴火と災害，新編高崎史，通史編，Ⅰ，p.143-157.
早田勉（2004）：火山灰編年学からみた浅間火山の噴火史，―とくに平安時代の噴火について―，かみつけの里博物館編：「かみつけの里博物館特別展1108―浅間山噴火―，中世への胎動展示解説図録」，p.55-66.
早田勉（2006）：古墳時代の榛名大噴火，―火山灰からさぐる噴火のうつりかわり―，かみつけの里博物館編：「第14回特別展図録　はるな30年物語―古墳時代に榛名山が大噴火した災害と向き合うヒト，そして復興へ」，p.54-66.
早田勉（2007）：浅間火山1783（天明三）年の噴火と災害の経過，―火山灰からの復元の試み，かみつけの里博物館，第16回特別展図録「最新の遺跡発掘調査からみた江戸時代浅間山大噴火」，p.45-54.
Thordarson T. & Self S. (2003) : The Laki (Skafter Fires) and Grimsvotn eruptions in 1783-1785, Bulletin of Volcanology, 55. 233-263.
高瀬正（1996）：埼玉県の近世災害碑，ヤマトヤ出版，205p.
高橋正樹（1998）：浅間火山―天明大噴火の爪あと，関東・甲信越の火山1―フィールドガイド，日本の火山〈1〉，p.93-118.
高橋正樹（2003）：浅間火山の地質と活動史，日本火山学会第10回公開講座インターネット公開資料
高橋正樹・荒牧重雄（1990）：浅間火山天仁・天明噴火のマグマ供給系，1990年度日本火山学会講演要旨集，No.2，p.65.
高橋正樹・向井有幸・柳田忠春・荒牧重雄（1990）：浅間火山噴出物全化学組成の時間的変化，1990年度日本火山学会講演要旨集，No.2，p.58.
高橋正樹・市川八州夫・安井真也・浅香尚英・下斗米朋子・荒牧重雄（2007）：浅間前掛火山噴出物の全岩主化学組成，日本大学文理学部自然科学研究所「研究紀要」，38号，p.65-88.
高橋正樹・安井真也・市川八州夫・上岡優子・浅香尚英・坂上雅之・田中栄史（2007）：浅間前掛火山噴出物の全岩主化学組成，日本大学文理学部自然科学研究所「研究紀要」，42号，p.11-26.
竹本弘幸（2007a）：吉田・須貝・坂口（2005）「利根川・吾妻川合流点付近の河川地形発達に及ぼす前橋泥流イベントの影響」の問題点，地理学評論，80巻14号，p.926-933.
竹本弘幸（2007b）：吉田論文（2004）「浅間火山を起源とする泥流堆積物とその関東平野北西部の地形発達に与えた影響」の問題点，地理学評論，81巻6号，p.506-515.
竹本弘幸（2007c）：吉田英嗣・須貝俊彦（2005）「24,000年前の中之条泥流イベントが中之条盆地の河川地形に与えた影響」の問題点，第四紀研究，46巻4号，p.385-389.
竹本弘幸・久保誠二・鈴木正章・高橋正樹・新井房夫（1995）：テフラからみた浅間火山前掛期の噴火史，1995年地球惑星科学関連科学合同大会予稿集，B22-02，p.96.
立松和平（2003）：浅間，新潮社，215p.
田中栄史（1999）：浅間火山・鎌原火砕流／岩屑なだれの発生・流下機構，日本火山学会予稿集，1999秋季，p.8.
田中栄史（2000MS）：浅間山鎌原岩屑なだれ発生・流下過程，日本大学大学院総合基礎科学科修士論文，51p.
田中栄史（2000）：火山地質の研究におけるGISの利用，―浅間山鎌原岩屑なだれ堆積物の研究事例―，地理情報システム学会講演論文集，9巻，p.7-10.
谷藤保彦（2002）：天明三年浅間山噴火後の耕地復旧について，―高崎市上滝町周辺の遺跡調査から―，研究紀要，20号，群馬県埋蔵文化財調査事業団，p.27-41.

田村知栄子・早川由紀夫（1995a）：浅間山の天明三年（1783）噴火で中軽井沢に被害を与えた沓掛泥流：古記録と堆積物からの証拠，1995 年地球惑星科学関連科学合同大会予稿集，B22-Q4，p.102．
田村知栄子・早川由紀夫（1995b）：史料解読による浅間山噴火天明三年（1783 年）噴火推移の再構築，地学雑誌，104 巻 6 号，P.843-863．
玉村町教育委員会（1993）：小泉大塚越遺跡，―玉村町立芝根小学校移転建設に伴う埋蔵文化財調査報告書―，玉村町埋蔵文化財調査報告書，第 10 集，235p.，写真 78．
中央防災会議災害教訓の継承に関する専門調査会（2006）：1783 天明浅間山噴火報告書，193p．
津金澤吉茂・関俊明（2003）：下原遺跡出土の石臼を中心に，群馬県埋蔵文化財調査事業団：群馬県埋蔵文化財調査事業団調査報告書 319 集，八ツ場ダム建設工事に伴う埋蔵文化財発掘調査報告書，第 3 集 [本文編]，久々戸遺跡・中棚遺跡・下原遺跡・横壁中村遺跡，p.421-426．
堤隆編（1993）：川原田遺跡―平安・中世編―，御代田町教育委員会，228p．
堤隆（2004）：浅間嶽大焼，浅間縄文ミュージアム，94p．
坪谷久四郎・塚田純一・勝呂博之・大石道夫・渡部真（1988）：天明三年浅間山噴火による鎌原火砕流について，昭和 63 年度砂防学会研究発表会概要集，p.283-286．
嬬恋村誌編集委員会（1976）：浅間山のおいたち，嬬恋村史，上巻，p.65-87．
嬬恋村誌編集委員会・萩原進（1977）：天明 3 年浅間山の噴火，嬬恋村誌，下巻，p.1893-1944．
嬬恋村教育委員会（1981）：鎌原遺跡発掘調査概報，―浅間山噴火による埋没村落の研究―，41p．
嬬恋村教育委員会（1994）：埋没村落鎌原村発掘調査概報，―よみがえる延命寺―，53p．
嬬恋村誌編集委員会（1977）：嬬恋村誌，下巻，天明三年浅間山噴火，鎌原村全滅の状況，p.1910-1927．
嬬恋村総務課（2003）：浅間山火山防災マップ（嬬恋村版），浅間山ハザードマップ検討委員会監修
富樫茂子（1983）：浅間火山第 1 軽石流堆積物の 14C 年代，火山，第 2 集，28 巻 2 号，p.162-165．．
土木学会水理委員会（1985）：水理公式集，第 1 編　基礎水理編，2.3　等流，土木学会，p.12-16．
中島直樹（2007）：天明の浅間焼けと利根川流域への影響，―群馬県平野部を中心に―，かみつけの里博物館：第 16 回特別展図録「江戸時代浅間山大噴火」，p.67-74．
中之条町誌編纂委員会（1976）：中之条町誌，一巻，1513p．
中之条町誌編纂委員会（1977）：中之条町誌，二巻，1442p．
中之条町誌編纂委員会（1978）：中之条町誌，三巻，1348p．
中之条町誌編纂委員会（1983）：中之条町誌，資料編，1513p．
中之条町歴史民俗資料館（2003）：中之条町歴史民俗資料館，常設展示解説図録，78p．
長野県佐久建設事務所（1999）：浅間山の火山災害と防災，製作／財団法人砂防フロンティア整備推進機構，日本工営株式会社，48p．及び同名の広報ビデオあり
長野県埋蔵文化財センター（1994）：長野県埋蔵文化財センター，11 号，95p．
長野原町誌編纂委員会・村井勇（1976）：浅間山火山の地形・地質，長野原町誌，上巻，p.27-48．
長野原町誌編纂委員会・萩原進（1976）：災害と凶荒・天明三年浅間山大噴火，長野原町誌，下巻，p.601-628．
長野原町総務課（2003）：浅間山火山防災マップ（長野原町版），浅間山ハザードマップ検討委員会監修
仲野秦裕（2003）：天明三年（1783）の浅間山噴火に伴う泥流下の畑跡出土の近世陶磁，群馬県埋蔵文化財調査事業団：群馬県埋蔵文化財調査事業団調査報告書 319 集，八ツ場ダ

ム建設工事に伴う埋蔵文化財発掘調査報告書，第3集[本文編]，久々戸遺跡・中棚遺跡・下原遺跡・横壁中村遺跡，p.381-384.
中村一明・荒牧重雄（1966）：浅間火山1281年（?）の噴火（予報），火山，11号，p.45.
中村庄八（1998）：吾妻川から失われつつある浅間石の記載保存，―中之条高校文化祭発表のまとめを兼ねて―，群馬県立中之条高等学校紀要，16号，p.15-25.
中村庄八（1999）：花綵通信，火山災害の猛威を伝える「浅間石」が消える，地学教育と科学運動，32号，p.61-62.
中山正民（1997）：中世・近世の利根川中流地域における地形環境と社会史，歴史地理学，39巻3号，p.1-24.
楢崎修一郎（2003）：中棚II遺跡・下原遺跡出土人骨，群馬県埋蔵文化財調査事業団調査報告書319集，八ツ場ダム建設工事に伴う埋蔵文化財発掘調査報告書，第3集[本文編]，久々戸遺跡・中棚遺跡・下原遺跡・横壁中村遺跡，p.427-433.
日本地形学連合（2003）：浅間山の噴火様式と山麓の地形，2003年秋季大会巡検案内資料・シンポジウム要旨，73p.
野口三郎（1985）：天明三年浅間山大爆発の記念碑，あさま，浅間研究会会誌，6号，p.58-62.
能登健（1988）：古墳時代の火山災害，―群馬県同道遺跡の発掘調査を中心にして―，第四紀研究，27巻，p.283-296
能登健（1993）：考古遺跡に見る上州の火山災害，新井房夫編，火山灰考古学，古今書院，p.54-82.
能登健・峰岸純夫（1989）：火山灰の上にできた国，よみがえる中世，平凡社，p.27-35.
萩原進（1982）：天明三年浅間山噴火史，吾妻郡嬬恋村教育委員会，76p.
萩原進（1985）：天明三年浅間山噴火史，鎌原観音堂奉仕会，74p.
萩原進編集・校訂（1985）：浅間山天明噴火史料集成，I，日記編，群馬県文化事業振興会，372p.
萩原進編集・校訂（1986）：浅間山天明噴火史料集成，II，記録編（一），群馬県文化事業振興会，348p.
萩原進編集・校訂（1989）：浅間山天明噴火史料集成，III，記録編（二），群馬県文化事業振興会，381p.
萩原進編集・校訂（1993）：浅間山天明噴火史料集成，IV，記録編（三），群馬県文化事業振興会，343p.
萩原進編集・校訂（1995）：浅間山天明噴火史料集成，V，雑編，群馬県文化事業振興会，343p.
ハザードマップ編集小委員会編（2005）：ハザードマップ―作成とその利用―，日本測量協会，240p.
長谷川強編（1991）：根岸鎮衛著：耳嚢，上下，岩波文庫，434p.
早川由紀夫（1990a）：堆積物から知る過去の火山噴火，火山34巻，S121-S130.
早川由紀夫（1990b）：浅間火山の新しい噴火史―最近の研究の整理，1990年度日本火山学会講演要旨集，No.2，p.59.
早川由紀夫（1991）：火山で発生する流れとその堆積物―火砕流・サージ・ラハール・岩なだれ，火山，36巻3号，p.357-370.
早川由紀夫（1993）：噴火マグニチュードの提唱，火山，38巻，p.223-226.
早川由紀夫（1995）：浅間火山の地質見学案内，地学雑誌，104巻4号，表紙，口絵写真p.1-13，本文，p.561-571.
早川由紀夫研究代表者（2003）：古記録・古文書と噴火堆積物の照合による日本火山の噴火史研究，平成12年度～14年度科学研究費補助金，基盤研究（B）（1）研究成果報告書，

165p.
早川由紀夫（2006）：『浅間山火山防災マップ 2003 年版』にみられる虚偽，日本地球惑星科学連合 2006 年大会，V-101-P015
早川由紀夫（2007a）：浅間山北麓の 2 万 5000 分の 1 地質図とその防災利用，日本地球惑星科学連合 2007 年大会，V-156-P025
早川由紀夫（2007b）：浅間山の 1783 年 8 月 4 日吾妻火砕流と鬼押出し溶岩流の上下関係，日本地球惑星科学連合 2007 年大会，V-156-038
早川由紀夫（2007c）：インターネット掲示板を用いた火山リスク・コミュニケーション，―浅間山 2004 年噴火で明らかとなった長所と課題―，自然災害科学，26 巻 1 号，p.6-11.
早川由紀夫（2007d）：浅間火山北麓の 2 万 5000 分の 1 地質図，A2 判，本の六四館
早川由紀夫・小山真人（1997）：1582 年以前の火山噴火の日付をいかに記述するか。―グレゴリオ暦かユリウス暦か？―，地学雑誌，103 巻，p.149-165.
早川由紀夫・小山真人・前嶋美紀（2005）：史料に書かれた日付の西暦換算と表記法，月刊地球，27 巻 11 号，p.848-852.
早川由紀夫・中島秀子（1995）：史料と堆積物から知る浅間山 1108 年噴火と 1281 年噴火，火山学会秋季稿集，B18,p.68.
早川由紀夫・中島秀子（1998）：史料に書かれた浅間山の噴火と災害，火山，43 巻 4 号，p.213-221.
早川由紀夫・前嶋美紀・宮永忠幸・長井隆行・湯浅（佐藤）成夫・新井雅之（2006）：浅間山 2004 年噴火：噴出物調査とインターネット掲示板によるリスク・コミュニケーション，地学雑誌，115 巻 2 号，表紙カラー，口絵カラー，2p.，p.149-171.
原町誌編集委員会（1960）：原町誌，二九，天明 3 年の浅間山噴火と原町・川戸，p.286-308.
樋口和雄（1994）：浅間山活動史の研究，千曲，66 号，p.15-33.
日野貴之・つじよしのぶ（1990）：天明三年（1783）の浅間山噴火に伴う鳴動音の記録，歴史地震，6 号，p.149-160.
日野貴之・郡司嘉宣（1993）：天明三年（1783）の浅間山噴火による降下堆積物に関する古文書記録と数値シミュレーション，地震研究所彙報，68 号 2 冊，p.71-90.
Hirooka A. (1971) : Archaeomagmanetic study for the past 2000 years in southwest Japan, Mem. Fac., Kyoto Univ., Ser.Geol. Mineral., XXXⅦ, p.167-207.
広岡公夫（1977）：考古地磁気および第四紀古地磁気の最近の動向，第四紀研究，15 巻 4 号，p.200-203.
平井幸弘（1983）：関東平野中央部における沖積低地の地形発達，地理学評論，56 巻，p.679-694.
藤根久（1991）：考古地磁気を用いた低地遺跡堆積物の堆積年代推定，日本文化財科学会要旨集，8 回，p.5-6.
古越百（2005）：浅間山物語，ほおずき書籍，272p.
古澤勝幸（1997）：天明三年浅間山噴火による吾妻川・利根川流域の被害状況，群馬県立歴史博物館紀要，18 号，p.75-92.
本多潔（1995）：砂防におけるリモートセンシング技術の応用，1．総論，新砂防，47 巻 6 号，p.38-41.
本間昇（2003）：地域教材としての女掘，研究紀要，21 号，群馬県埋蔵文化財調査事業団，p.97-110.
前嶋美紀・早川由紀夫・田中千尋・村井佳彦（2005）：山麓に設置したウェブカメラによる浅間山監視システム，火山，50 巻 5 号，p.411-416.
前橋市史編さん委員会（1973）：前橋市史，第 2 巻，p.798-824.

前橋市史編さん委員会（1975）：前橋市史，第3巻，p.997-1008.
町田洋・白尾元理（1998）：写真で見る火山の自然史，東大出版会，p.171-172.
町田洋・新井房夫（2003）：第3章 日本各地の後期第四紀テフラ，[5] 浅間・榛名・赤城・日光・北関東，新編 火山灰アトラス－日本列島とその周辺－，p.136-143
松島榮治（1991）：災害の記録と考古学，群馬県文書館，16号，p.1-3.
松島榮治（1996-2005）：シリーズ嬬恋村の自然と文化，No.1 ～ 117，広報つまごい，No.543 ～ 657，(No.27 浅間嶽下奇談，No.29 浅間山溶岩樹型，No.30 大笹駅浅間碑，No.36 鬼押出しの溶岩，No.47 延命寺の碑，No.59 常林寺の本堂，no.70-71 近世文学の中の嬬恋1.2，No.73 干川小兵衛のこと，No.74 浅間押し供養碑，No.75 黒岩長左衛門の事績，No.94 舞台公演される"浅間"，No.99 よみがえった延命寺
松島榮治（2006）：第2章2節，よみがえった鎌原村，中央防災会議災害教訓の継承に関する専門調査会『1783 天明浅間山噴火』報告書，p.45-52.
万膳英彦（2001）：浅間山火山防災ネットワーク構築に向けて，2001 火山砂防フォーラム，4p.
三浦恭子・高橋正樹・安井真也（2007）：浅間前掛火山歴史時代大規模噴火噴出物の斑晶斜長石の比較記載岩石学，日本大学文理学部自然科学研究所「研究紀要」，42号，p.73-84.
水上武（1940）：浅間火山最近の爆発により噴出せる火山弾の分布と爆発のエネルギーに就いて，火山，2号，p.141-156.
Minakami T. (1942) : On the distribution of volcanic ejecta, (Part Ⅱ) The distribution of Mt. Asama pumice in 1783. Bull. Earthq. Res. Inst. Univ. Tokyo, 20, p.93-106.
水上武（1959）：噴火と火山に関する地震の研究,―特に浅間火山の地震と噴火との関係―（第1報），火山，4巻2号，p.104-114.
水上武（1982）：噴火と火山に関する地震の研究，―特に浅間火山の噴火予知の問題に関して―，火山，4巻2号，p.357-370.
水上武・平賀士郎・内堀貞夫・宮崎務（1959）：噴火と火山に関する地震の研究（第2報），―特に浅間火山の噴火予知の問題に就いて―，火山，4巻2号，p.115-130.
水上武・佐久間修三・茂木清夫・平賀士郎（1959）：噴火と火山に関する地震の研究（第3報），火山，4巻2号，p.133-151.
水上武・行田紀也（1982）：火山学的考察（1），―天明大噴火の分布―，昭和56年度科学研究費補助金研究成果報告書，学習院大学，p.11-24.
峯岸純夫（1993）：東国古代を変えた浅間天仁の噴火，新井房夫編，火山灰考古学，古今書院，p.111-127.
峯岸純夫（2001）：三 浅間山の爆発と荘園の形成．中世 災害・戦の社会史，吉川弘文館，p.43-63.
宮崎勉（2003）:浅間火山活動記録の再構築,東京大学地震研究所彙報，78巻4号，p.283-463.
宮原智也（1991）：浅間火山1108年噴出物における密度と化学組成の変化，日本大学文理学部自然科学研究所紀要，26号，p.39-49.
宮本邦明・鈴木宏・山下伸太郎・矢沢昭夫・水山高久（1987）：火山泥流の流動機構とそのモデル化，昭和62年度砂防学会研究発表会概要集，p.232-235.
宮村忠（1976）：山地災害（Ⅲ），4. 天明3年浅間山噴火，水理科学，18巻5号，p.34-48.
御代田町誌編纂委員会（1995）：第2節 テフラからさぐる浅間山の活動史，御代田町誌自然編，p.22-43.
御代田町総務課（2003）：浅間山火山防災マップ（御代田町版），―活火山・浅間山を知り，火山と共存するために―，浅間山ハザードマップ検討委員会監修
御代田町文化財審議委員会（1969）：天明三年浅間山大焼け記録集，164p.

武者金吉（1943）：増訂大日本地震史料，第二巻，鳴鳳社，754p.
守屋以智雄（1966）：吾妻川の地形発達，地理評，39巻1号，p.51-62.
守屋以智雄（1978）：火山，空中写真による火山の地形判読，23, p.199-244.
守屋以智雄（1979）：日本第四紀火山の地形発達と分類，地理学評論，52巻，p.479-501.
守屋以智雄（1981）：火山災害の諸類型，地理，26巻6号，p.19-30.
守屋以智雄（1983）：日本の火山地形，東京大学出版会，135p.
村井勇（1976）：浅間火山，長野原町誌，上巻，p.27-48.
村山磐（1989）：日本の火山（Ⅱ），一増補版一，大明堂，286p.
八木健三（1998）：寺田博士と浅間山，岩波書店，寺田寅彦全集第二十三巻，月報23，p.1-4.
八木貞助（1936）：浅間火山（付浅間火山地質図），信濃教育会，533p.
矢島重美・石川芳治・山田孝・山下祐一・井上公夫（1991）：天明の浅間山噴火による鎌原火砕流と吾妻泥流の発生・流下の実態，平成3年度砂防学会講演予稿集，p.348-351.
安井真也（1997）：浅間火山1783年噴火の推移と噴火のメカニズム，一堆積物と古記録からみたプリニー式噴火活動の盛衰一，平成8年度深田研究所助成研究報告，深田地質研究所，p.177-198.
安井真也（2006）：第1章 浅間山の形成史と噴出物に記録された天明3年噴火，中央防災会議災害教訓の継承に関する専門調査会，『1783 天明浅間山噴火』，p.6-38.
安井真也・荒牧重雄（1997）：浅間火山・鬼押出溶岩流のボーリングコアの岩石組織と噴火様式，（演旨），1997年度地球惑星科学関連学会合同大会予稿集，p.182.
安井真也・小屋口剛博・荒牧重雄（1997）：堆積物と古記録からみた浅間火山1783年噴火のプリニー式噴火，火山，42巻，p.281-297.
安井真也・小屋口剛博（1998a）：浅間火山・東北東山腹における1783年噴火の噴出物の産状とその意義，日本大学文理学部自然科学研究所研究紀要，33号，p.105-126.
安井真也・小屋口剛博（1998b）：浅間山1783年のプリニー式噴火における火砕丘の形成，火山，43巻6号，p.457-465.
Yasui M. & Koyaguchi（2004a）：Sequence and eruptive style of the 1783 eruption of Asama Volcano, central Japan : a case study of an andesite explosive eruption generating fountain-fed lava flow, pumice fall, scoria flow and forming a cone. Bulletin of Volcanology, Official Journal of IAVCEI, 1-40.
Yasui M. & Koyaguchi（2004b）：Sequence and eruptive style of the 1783 eruption of Asama Volcano, central Japan : a case study of an andesite explosive eruption generating fountain-fed lava flow, pumice fall, scoria flow and forming a cone. Bull Volcanol., 86, 243-262.
安井真也・小屋口剛博・荒牧重雄（1995）：浅間火山天明噴火の降下火砕物と火砕流堆積物の層序関係，（演旨），日本火山学会講演予稿集，秋季，B16, p.66.
安井真也・小屋口剛博・荒牧重雄（1997）：堆積物と古記録からみた浅間火山1783年のプリニー式噴火，火山，42巻4号，p.281-297.
安井真也・高橋正樹・坂上雅之・日本大学浅間火山2004年噴火調査研究グループ（2005）：浅間前掛火山のブルカノ式噴火の噴出物の岩石組織の多様性，一天仁噴火から2004年噴火まで一，火山，50巻6号，p.501-517.
山口一俊（1955）：中之条盆地とその周辺の地形，駒沢大学大学院地理学研究，5号，p.28-39.
山口武夫（1983）：天明3年浅間山大噴火と中之条，変災受難供養費建設委員会，中之条歴史民俗資料館，62p.山里平・大賀昌一・大工豊・舟崎淳・松島正哉・内藤宏人・菅野智之（2004）：気象庁による火山活動度レベルの公表，火山，49巻p.217-222.
山下伸太郎・安養寺信夫・小菅尉多・宮本邦明（2001）：1783年浅間山噴火により発生し

た火山泥流の吾妻川沿いでの流下特性に関する水理学的研究，砂防学会誌，54 巻 4 号，p.4-11.

山下宏江・高橋正樹・荒牧重雄・市川八州夫（1990）：浅間火山天仁・天明噴出物の鉱物化学組成，1990 年度日本火山学会講演要旨集，No.2，p.64.

山田孝・石川芳治・矢島重美・井上公夫・山川克己（1992）：浅間山天明噴火にともなう鎌原火砕流の流下・堆積機構，平成 4 年度砂防学会講演予稿集，p.336-339.

山田孝・石川芳治・矢島重美・上公夫・山川克己（1993a）：天明の浅間山噴火に伴う北麓斜面での土砂移動現象の発生・流下・堆積実態に関する研究，新砂防，45 巻 6 号，p.3-12.

山田孝・石川芳治・矢島重美・井上公夫・山川克己（1993b）：天明の浅間山噴火に伴う吾妻川・利根川沿川での泥流の流下・堆積実態に関する研究，新砂防，46 巻 1 号，p.18〜25.

山田孝・宮本邦明・水山高久（1991）：火砕流の流動メカニズムとシミュレーション，新砂防，44 巻 3 号，p.20-27.

八ッ場ダムを考える会編（2005）：八ッ場ダムは止まるか，首都圏最後の巨大ダム計画，岩波ブックレット，No.644，70p.

吉田英嗣（2004）：浅間火山を起源とする泥流堆積物とその関東平野北西部の地形発達に与えた影響，地理学評論，77 巻，p.544-562.

吉田英嗣・須貝俊彦（2005）：24,000 年前の中之条泥流イベントが中之条盆地の河川地形に与えた影響，第四紀研究，44 巻，p.1-13.

吉田英嗣・須貝俊彦・坂口一（2005）：利根川・吾妻川合流点付近の河川地形発達に及ぼす前橋泥流イベントの影響，地理学評論，78 巻，p.649-660.

渡辺尚志（2003）：浅間山大噴火，吉川弘文館，歴史文化ライブラリー，166 号，204p.

渡部真（1987）：1783 年浅間山噴火に伴う泥流の流下状況，東京都立大学理学部地理学科卒業論文，64p.

萩原進（1985-96）：『浅間山天明噴火史料集成』（群馬県文化事業振興会）の史料一覧（市町村名はこの本による）

Ⅰ　日記編　昭和 60 年（1985）12 月 25 日発行

刊行の辞―天明三年浅間山噴火史料調査五十五年の道程―，p.1-22.
天明三年浅間山噴火関係資料目録，p.7-18..
『川越藩前橋陣屋日記』，（一）天明三年（抄），p.33-127.，（二）天明四年（抄），p.127-179.，（三）天明五年（抄），p.180-181.
『川越藩日記』，（一）天明三年（抄），p.182-219.，（二）天明四年（抄），p.219-263.
『沙降記』，伊勢崎藩（国家老），関重嶷，p.264-275.
『小諸藩日記（抄）』，天明三年，p.276-281.
『小諸藩江戸邸日記（抄）』，天明三年，p.282-294.

『歳中万日記（抄）』，上野国群馬郡大久保村名主，中島宇右衛門，p.295-306.
『浅間焼砂一件日記』，上野国群馬郡惣社町名主，三雲源五右エ門，p.307-315.
『浅間山焼砂石大変地方御用日記』，上野国碓井郡下磯部村名主，須藤源左衛門，p.316-348.
『島高堅自記（抄）』，上州吉井藩藩士，橳島高堅，p.349-350.
『高山彦九郎日記』，（一）高山正之道中日記（天明三年・抄），p.351.，（二）再京日記（天明三年・抄），p.351-352.，（三）北中旅中日記（天明五年・抄），p.353-352.
『足利学校庠主日記』，千渓，p.355.
『上州草津道法　夢中三湯遊覧』，信濃国松代藩士，某，（一）艸津湯治（抄），p.356-357.，（二）夢中三湯日記（抄），p.357-360.
『山吹日記（抄）』，国学者奈佐勝皐，p.361-364.
『多(材ノ)忠職（タダヨリ）日記（抄）』，京都宮廷附属の雅楽家，多忠職，p.365.
『森山孝盛日記（抄）』，上総国武射郡木戸村・下横地村・松谷村の旗本，森山孝盛，p.366.
『天明日記（抄）』，著者不明，p.367-368.
『浚明院殿御実紀』，著者不明，（一）巻四十九（抄），p.369-371.，（二）巻五十一（抄），p.371-372.

Ⅱ　記録編（一）　昭和61年（1986）12月25日発行

天明三年浅間噴火記録採訪記―自序にかえて―，p.1-2.
天明三年浅間山噴火古記録に就いて―，群馬師範四年，昭和六年（1931），p.3-26.
淺間燒出關係史料目錄，p.27-34.
『浅間大変覚書』，上野国吾妻郡大笹村，無量院住職，p.47-53.
『浅間山焼之日并其外家并名前帳』，上野国吾妻郡鎌原村，山崎金兵衛，p.54-57.
『浅間山焼荒一件』，上野国吾妻郡大笹村名主，黒岩長左衛門，p.58-107.
『浅間焼出山津波大変記（浅間山大変記）』，上野国吾妻郡草津村，山口魚柵，p.108-120.
『浅間記（浅間山津波実記）上，下』，上野国吾妻郡原町，富沢久兵衛，p.121-153.
『浅間山大変附凶年之事』，上野国吾妻郡須賀尾村，伊兵衛，p.154-156.
『天明浅間山焼見聞覚書』，著者不明（吾妻郡吾妻町金井，片山豊慈氏蔵），p.157-177.
『天明三癸卯年浅間山大変諸伝違大饑饉記録』，上野国吾妻郡横尾村，松風庵，p.178-184.
『信州浅間山噴出泥押シ実記』，著者不明，p.185-196.
『浅間山大変実記』，上野国群馬郡渋川宿，蓉藤庵，p.197-211.
『浅間焼出大変記』，著者不明，p.212-228.
『浅間焼出大変記』，大武山義珍（沼田市下川田，深代茂雄氏蔵），p.229-237.
『信上両国堺浅間山焼流失砂押聞書』，上野国利根郡大原村，金子重右衛門照泰，p.238-244.
『浅間山大変日記』，著者不明（高崎市相生町，相川鍋次郎氏蔵），p.245-255.
『浅間山焼出し大変記』，著者不明（群馬県北群馬郡吉岡村大久保の旧家，中島宇右衛門氏蔵），p.256-260.
『万覚書（抄）』，上野国群馬郡大久保村名主，中島宇右衛門，p.269-287.
『浅間山荒頽村里記事』，著者不明（藤岡市藤岡五丁目，山田嘉雄氏蔵），p.288-291.
『文月浅間記』，上野国群馬郡高崎宿，羽鳥一紅，p.292-298.
『浅間嶽大焼泥押次第』，著者不明（群馬県群馬郡群馬町棟高，木村吉太郎氏蔵），p.299-300.
『浅間山変水騒動記』，著者不明（群馬県群馬郡国府村東国府，住谷修氏蔵），p.301-302.
『浅間洒消息』，湯浅義保，p.303-313.
『浅間山大焼変水巳後日記』，上野国群馬郡公田村，石原清蔵，p.314-320.
『浅間山焼覚』，上野国群馬郡新堀村惣代，伝左衛門，p.321-325.
『浅間山焼記録』，著者不明（元静岡県，小笠原長通氏蔵，現在千葉県柏市柏，小笠原直彦氏蔵），

p.326-331.
『浅間山焼に付見聞覚書』，幕府勘定吟味役，根岸九郎左衛門，p.332-348.

Ⅲ　記録編（二）　平成元年（1989）3月1日発行

序，p.1-2.
記録編（二）について，p.7-21.
『天明浅嶽砂降記（浅間嶽変記・天明三年砂降記・浅間嶽火記）』，上野国佐位郡伊勢崎藩，常見一之，p.25-48.
『天明追懐録』，上野国佐位郡伊勢崎藩，常見一之，p.49-60.
『浅間山大変実記』，上野国那波郡上今村，須田久左衛門，p.61-66.
『慈悲太平記』，上野国那波郡，西宮新六，p.67-72.
『石砂降慈悲　浅間震旦記』，上野国那波郡伊勢崎，今井説道斎・他，p.73-92.
『乍恐以書付奉申上候事』，上野国佐位郡伊勢崎，佐藤春信，p.93-101.
『天明三浅間山大変実録』，上野国佐位郡小保方村名主，孫　市，p.102-111.
『天明年中大変集』，上野国佐位郡境宿，竹林亭川古，p.112-115.
『信州浅間山焼附泥押村々并絵図』，森村新蔵編『北国見聞記』『享和以来見聞記附録雑集』抄録，p.116-138.
『天明三年七月砂降候以後之記録』，上野国新田郡世良田村，毛呂義卿，p.139-152.
『信州浅間山之記』，上野国新田郡世良田村，毛呂義卿，p.153-156.
『上州浅間山焼出し砂降り次第　附り家人馬押流大数記』，上野国群馬郡板井村，大久保某，p.157-159.
『天明三年十一月御普請中万書留帳』，玉村領沼上村（区有文書），p.160-168.
『利根川五料河岸泥流被害実録』，上野国那波郡五料川岸問屋，高橋清兵衛，p.169-176.
『天明度砂降記』，武蔵国児玉郡本庄宿，柳沢　某，p.177-180.
『浅間山焼抜利根川筋泥入聞書集』，武蔵国児玉郡西今井村，柴崎　某，p.181-184.
『泥濫觴』，武蔵国榛沢郡深谷宿，向伯輔，p.185-188.
『砂降泥押浅間山焦之記』，武蔵国幡羅郡飯塚村，原口周蔵，p.189-208.
『高崎記録（抄）』，著者不明（高崎藩関係資料），p.209-211.
『癸卯災異記』，高崎藩儒・川野辺寛，p.212-222.
『文つきの記（文月浅間記）』，上野国群馬郡高崎宿，羽鳥一紅，p.223-230.
『訳一紅上野大変記』，京都相国寺住職，釋顕常，p.231-236.
『砂降り以来三年日記』，上野国碓氷郡東上秋間村，石井与左衛門，p.237-244.
『信濃国浅間嶽焼荒記（浅間嶽焼荒記）』，上野国碓井郡原市村，成風亭春道，p.245-268.
『浅間山焼大変記（上，砂降場之部）』，上野国碓井郡人見村，彦兵衛，p.269-280.
『浅間焼見聞実記』，上野国甘楽郡宇田村，横田重秀，p.281-314.
『浅嶽放火記』，上野国甘楽郡下仁田，高橋道斎，p.315-319.
『天明三年六月浅間山大焼一件記』，上野国甘楽郡菅原村名主，長左衛門，p.320-341.
『浅間山石降次第之事并運上之事』，上野国甘楽郡下丹生村，松本勘五郎，p.342-345.
『焼山私記』，上野国多胡郡下日野村，小此木重宇，p.346-348.
『明和安水記（抄）』，上野国多胡郡下日野村，小菅嘉武，小菅吉寛，p.349-353.
『信濃国浅間山大変日記』，碓井峠熊野神社神主，曽根出羽亮忠名，p.354-367.
『浅間山焼記（浅間山焚記）』，上野国群馬郡大久保村医師，元　龍，p.368-381

Ⅳ　記録編（三）　平成5年（1993）8月5日発行

自序，p.1-2.
記録編（三）について，p.7-12.
『天明信上変異記』，信濃国佐久郡臼田町神官，井出貝川，p.15-33.
『天明雑変記』，信濃国佐久郡香坂村，佐藤雄右衛門将信，p.34-88.
『浅間山夜分大焼之図（浅間山焼昇之記）』，著者不明（小諸市八満，美斉津洋夫氏蔵），p.89-102.
　　　有名な絵図を含む
『天明卯辰物語』，信濃国佐久郡塩野村，内堀幸助，p.103-113.
『浅間山癸卯之記』，信濃国佐久郡小諸町，高栗寛喬，p.114-117.
『信州浅間山伝記』，信濃国佐久郡岩村田宿，荻原吉静，p.118-126.
『浅間焼覚帳』，信濃国佐久郡小諸与良町，与良与兵衛，p.127-130.
『信濃国浅間ヶ嶽の記（抄）』，信濃国佐久郡塩名田宿，時々庵丸山柯則，p.131-139.
『天明三年癸卯年ヨリ同六年丙午年迄　四ヶ年記』，信濃国佐久郡塩名田宿，丸山柯則，
　　　p.140-149.
『浅間山大焼無二物語』，著者不明（栩澤龍吉氏蔵），p.150-155.
『天明三年癸卯年浅間山大焼之事　附リ飢饉ニ付百姓騒動狼藉之叓』，著者不明（前橋市立図
　　　書館蔵），p.156-162.
『浅間山大焼記　上下』，著者不明（小諸市立火山博物館の故美斉津一夫氏収集寄贈資料），
　　　p.163-167.
『天明三年癸卯年八月認メ信州浅間山焼并吾妻山津浪書』，著者不明（小諸市立火山博物館の
　　　故美斉津一夫氏収集寄贈資料），p.168-172.
『浅間天明録（信陽浅間天明実記）』，信濃国佐久郡田口村，丸山虹波，p.173-177.
『文政六年卯之四月信陽浅間嶽年代記』，信濃国高井郡湯田中村，緑屋伴七享鷟，p.178-183.
『浅間山大変実記』，信濃国安曇郡牧村，古籏玉寳，p.184-190.
『新焼煙乱記』，著者不明（長野県佐久市平尾，栩澤龍吉氏蔵），p.191-199.
『浅間震動の覚大意』，雫田覚右衛門，（長野県佐久市平尾，栩澤龍吉氏蔵），p.200-201.
『天明三年卯年浅間山焼砂降候大変之事』，上野国甘楽郡宇田村，神宮　某，p.202-203.
『天明三年癸卯年七月八日浅間山大焼石砂降御地頭所御検分御出之節覚書』，上野国甘楽郡富
　　　岡村，見沢佐平二政永，p.204-212.
『新刕浅間砂降之記』，著者不明（群馬県太田市，鹿沼誠氏蔵），p.213-216.
『信州浅間山上州石砂之大変』，三河国設楽郡長篠村医師，阿部玄喜，p.217-224.
『砂降ニ付用向扣』，武蔵国幡羅郡小島村名主，平兵衛，p.225-241.
『天明浅間焼見聞記』，近江国神埼郡山上村，端　庄兵衛，p.242-246.
『天明三年同七天保四帳（抄）』，常陸国筑波郡小田村，長島尉信，p.247-253.
『信山噴火始末（信濃国浅間岳之記）』，著者不明（国立公文書館の内閣文庫蔵），p.254-263.
『浅間山焼出記事（全）』，著者不明（国立公文書館の内閣文庫蔵，166-488），p.264-283.
『浅間山大変略記』，著者不明（国立国会図書館蔵），p.284-289.
『天明三年卯年浅間山焼実記』，著者不明（旧群馬県師範学校郷土室蔵の『天明打毀騒動』に
　　　収録），p.290-292.
『浅間山焼失流失之図（抄）』，松平阿波守家中手廻り役，文　平，p.293-295.
『甲子夜話（巻四十）』，肥前国平戸藩主，松浦静山，p.296-310.
『一話一言（抄）』，太田南畝（蜀山人），p.311-317.
『加賀藩史料（第九編抄）』，昭和11年旧加賀藩主前田家の編さん史料，p.318-323.
『天明年録（抄）』（幕府の触書を集録），p.324-329.
『豊暦現来集（抄）』，山田桂翁（信濃国天領御影代官所役人），p.330-334.

『秋之友（抄）』，新美清太夫正倫（高崎市上和田町，本多夏彦氏蔵），Ⅳ，p.335-343.

Ⅴ　雑編　平成7年（1995）7月5日発行

序，p.1-2.
雑編について，p.16-18.
随筆編，Ⅴ，p.19-88.
『耳袋（抄），巻之二』，幕府勘定吟味役，根岸九郎左衛門鎮衛，p.21-24.
『宇下人言（抄）』，奥州白川藩主　松平定信，p.24-28.
『後見草【下】（抄）』，杉田玄白，p.28-37.
『浅間焼之書付』，杉田玄白，p.37-38.
『後見草附録』，滋賀紀豊，p.38-42
『蜘蛛の糸巻（抄）』，山東京山，p.43-44.
『農喩』，下野国那須郡黒羽藩士　為蝶軒　鈴木武助，p.44-48.
『菅江真澄遊覧記』，菅江真澄，p.49-50.
『北窓瑣談（抄）』，在京都　橘南谿，p.50-51.
『真佐喜のかつら（抄）』，青葱堂冬圃，p.51-52.
『親子草（巻之二抄）』，喜田順右，p.53
『浅間山の記』，信濃国，多胡昌蔵源安利，p.54-61.
『半日閑和（巻十五抄）』，太田南畝，p.61-62.
『譚海（抄）』，津村正恭，p.62-64.
『浅間の記』，筆者不詳，p.64-72.
『浅間岳炎上記』，加藤景範，p.73-75.
『安中志　附録』，板倉勝明，p.75-76.
『見聞記（抄）』，上野国前橋俳人，松井素輪，p.76-79.
『さたなし草（抄）』，p.79-80.
『信浅間山の事』，p.81-83.
『越中旧事記』，p.83.
『天明三癸卯』，p.84-85.
『ききのまにまに（抄）』，喜多村信節 p.85-86.
『天明紀聞（抄）』，p.86-87.
『塵塚談（下の巻・抄）』，小川顕道 p.87-88.

詩文編，Ⅴ，p.89-156.
『吾妻川焦石記』，平沢旭山，p.91-92.
『信州浅間焼「文月浅間記」』，上野国高崎宿，羽鳥一紅，p.93-98.
『文月浅間記』，上野国高崎宿，羽鳥一紅，p.98-104.
『浅間の消息「文月浅間記」』，上野国高崎宿，羽鳥一紅，p.105-111.
『浅間変災逸事』，釈顕常，p.112.
『加舎白雄の浅間山噴火記事』，著者不明，p.113-114.
『うそ八百浮世之寐言』，京都三条堀川，隠遁頑最，p.114-143.
『旅枕時雨の実記』，伊勢国山田，稲村盛利，行脚僧，梅　雲，p.143-155.
『浅間山炎災詩并序』，梅園欽，p.112.

供養・記念碑編，Ⅴ，p.157-177.

一　吾妻郡嬬恋村所在供養碑，p.159-163.
(一)　鎌原観音堂前三十三回忌供養碑，p.159.
(二)　同二百回忌供養碑，p.159-160.
(三)　鎌原観音堂前謝恩碑，p.160-162.
(四)　鬼押出の鬼押出し園蜀山人書噴災記念碑，p.162-163.
(五)　鎌原観音堂死馬供養碑，p.163.
二　小野上村小野子の供養塔，p.163-164.
三　吾妻郡吾妻町善導寺門前供養碑，p.164-166.
(一)　天明八年六回忌供養碑，p.164.
(二)　文化二年二十三回忌供養碑，p.165.
(三)　文化十二年三十三回忌供養碑，p.165.
(四)　天保三年五十回忌供養碑，p.165-166.
(五)　百五十回忌供養碑，p.166.
四　吾妻郡中之条町伊勢町林昌寺門前浅間噴火供養記念碑，p.166-167.
(一)　噴災百年供養記念碑，p.166-167.
(二)　同所二百年供養記念碑，p.167.
五　北群馬郡子持村北牧記念碑，p.168-169.
(一)　北牧興福寺入口噴火記念碑，p.168-169.
(二)　北牧人助け榧の碑，p.168-169.
六　碓氷郡松井田町坂本砂除記念碑，p.169-170.
七　群馬郡倉渕村三ノ倉の浅間山噴火記念碑，p.170.
八　渋川市の供養塔，p.170.
(一)　並木町真光寺大門入口流死万霊塔，p.170.
(二)　金井の流死者墓，p.170.
九　前橋市総社町総社元景寺境内供養碑，p.171.
十　伊勢崎市の供養塔，p.172-173.
(一)　長沼町の碑，p.172.
(二)　八斗島の供養碑，p.172.
(三)　伊勢崎市戸谷塚供養碑，p.172-173.
十一　佐波郡境町の供養塔，p.173-174.
十二　藤岡市緑埜斉藤家墓地供養碑，p.174.
十三　邑楽郡千代町舞木の供養碑，p.175.
十四　江戸川区の供養碑，p.175-176.
(一)　東小岩善養寺，p.175-176.
(二)　善勝寺石造六地蔵塔，p.176.
十五　葛飾区柴又題経寺供養碑，p.177.

書翰編，Ⅴ，p.179-193.
『浅間山噴火を報じた津国屋往復書翰』，p.181-184.
『羽鳥一紅より姉の富永柳旨宛書翰』，p.184-185.
『発信者宛先不詳書翰』，p.185-187.
『七月十一日島屋佐右衛門一門方より書付写信刕浅間焼け砂石降候事』，p.188-190.
『信刕上刕騒動書附』，p.190-193.

瓦版編，Ⅴ，p.195-202.

一　信州浅間山上刕あかつま震動続波実説，p.197.
二　よしや版文字瓦版（一），p.197-198.
三　よしや版文字瓦版（二），p.198-199.
四　よしや版文字瓦版（三），p.199.
五　浅間焼之次第，p.200-201.
六　絵入り瓦版，p.201-202.

文書編，V，p.203-352.
災害届書・訴状・願書類，p.205-269.
一　大笹村より山麓の道路改修願，p.205.
二　吾妻郡嬬恋村大笹田畑被害書帳，p.205-206.
三　大笹湯開業に付申合せ結果申報書，p.206-207.
四　被害欠失田畑の税人足免除願，p.207-209.
五　吾妻郡雁宿関所番より噴火被害関係報告書，p.209-213.
六　吾妻郡六合村赤岩の報告書，p.213-214.
七　吾妻郡田代村他三カ村報告書，p.214.
八　上野国吾妻郡岩井村赤岩の願書，p.214-216.
九　安中藩主より呈出した百姓騒動の届，p.216-219.
十　碓井郡坂本宿被害報告書，p.219.
十一　高崎宿役人御用留（抄），p.220-222.
十二　利根郡下川田村被害訴状，p.223.
十三　利根郡下川田村夫食拝借願，p.223.
十四　利根郡東入地方村々検見願，p.223-224.
十五　利根郡月夜野町月夜野毛見改帳，p.224-226.
十六　群馬郡西横手村浅間山泥流被害状況報告書扣，p.226-229.
十七　吾妻郡羽尾村より代官所へ救助金小屋掛料諸道具費支給方願書，p.228.
十八　桐生市上久方惣百姓より村役人への願書，p.228-229.
十九　村名不詳被害と救助願，p.229.
二十　山麓九カ村より被害状況訴状，p.229-231.
二十一　吾妻郡吾妻町矢倉文書，p.231-238.
二十二　吾妻郡平村浅間噴火による田畑被害書上帳，p.238-240.
二十三　群馬郡大久保村検見願書，p.240-241.
二十四　群馬郡子持村中郷報告書，p.241-242.
二十五　高崎市西横手村名主より麦年賦拝借願書，p.242-243.
二十六　打毀された被害者届書，p.243-244.
二十七　碓井郡松井田町土塩村報告書，p.244.
二十八　和田極楽院被災訴状，p.244-245.
二十九　新田郡世良田村被害状況報告書，p.245-246.
三十　信州岩村田村よりの年貢減免願書，p.246-247.
三十一　武州中瀬川岸村より訴書，p.247-248.
三十二　勢多郡津久田村の万留，p.247-257.
三十三　吾妻郡小雨村御触書書留帳，p.257-265.
三十四　その他，p.265-269.

復旧工事関係，p.269-320.

一　大笹村長左衛門鎌原村復旧工事世話人承諾書，p.269-270.
二　吾妻郡羽尾村田畑復旧工事報告，p.270.
三　吾妻郡厚田村他六カ村田畑越反し願書，p.270-271.
四　吾妻郡原町焼崩泥開発，p.271-277.
五　吾妻郡岩井村（現吾妻町）災害関係村入用覚帳，p.278-294.
六　天明三年卯十一月信汎，p.294-299.
七　幕府の復旧工事に付群馬・吾妻両郡村々回状況，p.299-299.
八　群馬郡下滝村天明四年四月用水堰砂浚普請手当拝借帳，p.299-300.
九　上野国那波郡村々田畑．復旧につき願，p.300-301.
十　緑野郡本動堂村復旧工事終了届，p.301-307.
十一　碓井郡村々浅間山焼ニ付御救御普請御他領金高覚帳（天明四年閏五月），p.307-309.
十二　碓井郡五料村田畑降砂取除書上，p.309.
十三　文政二年松井田町字原村荒地起返案内帳（抄），p.309-312.
十四　田野郡新町関係報告書など，p.312-314.
十五　天明六年上州新田郡利根川道四カ村の水害復旧工事願書，p.314-316.
十六　植野堰復旧工事目論見書扣，p.316.
十七　上州新田郡亀岡村外三カ村組合堤工事願書，p.316-317.
十八　上州新田郡武蔵島村外五カ村利根枝川洲浚普請出来形帳，p.317-320.

被災者救助関係，p.321-352.
一　吾妻郡嬬恋村芦生田流失改帳，p.321-325.
二　鎌原村流死人戒名帳，p.325-337.
三　鎌原村他八カ村黒岩長左衛門に春作資金願，p.337-338.
四　吾妻郡被災二十六カ村総代救助願出府帰村願書，p.338-339.
五　門貝村より救助願，p.339.
六　吾妻郡羽根尾村救助嘆願書，p.340.
七　吾妻郡袋倉村被害報告と救助嘆願書，p.340-343.
八　草津村民浅間山変災による困窮につき鎌原村等へ家屋建築人足稼ぎ方村役へ嘆願書，p.343-344.
九　災害後奇特行為者旌表状，p.344.
十　干俣村小浜衛羅災民救助につき代官所へ提出書，p.344-347.
十一　飢人麦貸与扣，p.347-350.
十二　本庄宿飢人夫食救助一件報告書，p.350.
十三　碓井郡小日向村破産者処置，p.350.
十四　群馬郡下滝村飢餓人夫食拝借帳，p.350-352.
十五　武州藤木河岸の飢人貸付報告，p.352.
あとがき，―全巻刊行を終えて―，p.353-354.

著者紹介
井上公夫　いのうえきみお

砂防フロンティア整備推進機構。1948年東京都生まれ。
東京都立大学理学部地理学科卒業。日本工営株式会社を経て現職。
農学博士（京都大学）。専門は防災地形学、歴史地震、土木災害史。
日本砂防学会、日本地すべり学会、日本地形学連合、歴史地震研究会などに所属。
主な著書に、『地震砂防』（共著、古今書院）、『天然ダムと災害』（共著、古今書院）、『建設技術者のための地形図判読演習帳初・中級編』（共著、古今書院）、『建設技術者のための土砂災害の地形判読実例問題中・上級編』（単著、古今書院）など。
中央防災会議災害教訓の継承に関する専門調査会「1707富士山宝永噴火」、「1923関東大震災」、「1847善光寺地震」、「1858飛越地震」分科会委員

シリーズ繰り返す自然災害を知る・防ぐ　第5巻

書　名	噴火の土砂洪水災害 －天明の浅間焼けと鎌原土石なだれ－
コード	ISBN978-4-7722-3121-3　C3344
発行日	2009年3月10日初版第1刷発行
著　者	井上公夫 Copyright © 2009　INOUE Kimio
発行者	株式会社古今書院　橋本寿資
印刷所	株式会社カシヨ
製本所	株式会社カシヨ
発行所	古今書院 〒101-0062　東京都千代田区神田駿河台2-10
電話	03-3291-2757
FAX	03-3233-0303
振替	00100-8-35340
ホームページ	http://www.kokon.co.jp/

検印省略・Printed in Japan